JN418095

孔子行教像

秀軒趙英俊

수헌(秀軒), 조영준(趙英俊) 작

내가 살아가는 이유가 되어버린 세분,

자식이 다칠까 평생 가시를 안고 살으셨던 어머니
소선(素嬋) 박옥선(朴玉琁)여사

예학의 길로 인도하여주신 이 시대 마지막 연성공(衍聖公)이며
대성지성선사봉사관(大成至聖先師奉祀官)이셨던
달생(達生) 공덕성(孔德成)선생님

그리고, 늘 묵향으로 옆자리를 지켜주고 있는 아내
수헌(秀軒) 조영준(趙英俊)께

이 책을 바칩니다.

예기
상례의 인문관

예기 상례의 인문관

| 공 병 석 |

學古房

머리말

인간이 동물과 구별 되는 것은 동물은 본능에 의하여 행동을 하지만 인간은 규범에 따라서 생활을 하는 데 있다. 또 동물의 행동이 환경에 대한 본능적 반응이라면, 인간의 행동은 사회적 문화적 상징체계적인 규범에 의하여 이루어진다고 할 수 있다. 이러한 규범은 개인의 효율적인 행위와 사회적 조화를 위하여 쌓여진 역사적 지혜의 산물이다. 이렇게 만들어진 규범은 관습과 구별된다. 물론 관습도 동일한 환경에 적응하는 과정에서 자연발생적으로 형성된 행동양식으로 그것이 갖는 효율성은 상당한 규범성도 수반된다.[1] 이러한 관습 중에서 특히 중요하다고 판단되는 것은 원칙으로 발전하고, 문명이 발달하는 과정에서 종교적 신념과 철학적 의미가 부여되어 규범의 성격이 일반화되고 체계화되며 또 추상화 되는 것이다. 이러한 규범은 기본적으로는 인간의 자연스런 심성에 기초하여 제정되는 것이지만, 역사적 체험과 사회적 조건의 변화에 따라서 형식은 변한다. 이러한 규범의 하나로 형성되고 발전한 것이 예(禮)이다.

이른바 예는 인류가 원시시대로부터 이어져온 습속으로서 인류의 생산・생활・습관・종교・경험・지식 등의 지속적인 발전을 통하여 누적된 문화의 결정체이다. 넓은 의미에서 예는 그 예가 갖는 형식을

---

1) 全炳梓, 「禮의 社會的 機能」, 『현대사회와 禮』, 연세대 인문과학연구소 편, 탐구당, 1989, p.287 참고

모두 포함하는 개념이다. 예의 정신이 철학적 근거에서 만들어진 윤리의식이라면, 예의 형식은 이 같은 정신을 의식화하여 인간이 갖는 사회적 관계질서를 구축하기 위하여 만들어진 형식이다. 전자를 규범적 정신이라고 한다면 후자는 이 정신을 실천하기 위한 형식이라고 할 것이다. 다시 말하면 예라는 개념은 유가의 이상과 더불어 그 이상을 현실사회에 적용하기 위한 실천적 행위라는 양 측면이 모두 함축되어 있다.[2)]

사실 옛 사람들은 이와 유사한 인식을 하고 있었다. 단지 이러한 문제를 제기하지 않은 것뿐이다. 예를 들면『예기 · 곡례상』에 다음과 같은 기록이 있다.

> 도덕과 인의는 예가 아니면 완성되지 않으며, 교육과 훈도로 풍속을 바로잡는 것은 예가 아니면 완전하지 않으며, 다툼을 분별하고 송사를 판별하는 것은 예가 아니면 결정되지 않으며, 군주와 신하 · 윗사람과 아랫사람 · 아버지와 자식 · 형과 아우 사이에도 예가 아니면 분수가 정해지지 않으며, 벼슬과 학문하는데 있어 스승을 섬기는 것은 예가 아니면 서로 친애할 수 없다. 조정의 위차(位次)를 정하고, 군대를 통솔하고 벼슬에 나아가고 법령을 시행하는 일은 예가 아니면 위엄이 서지않는다. 도사(禱祠)와 제사에 귀신에게 제물을 바치는 것이 예에 맞지 않으면 정성스럽지 않고 공경스럽지도 않다. 그러므로 군자는 공경하고 절제하고 겸양함으로서 예를 밝히는 것이다. 앵무새도 말을 할 수 있지만 나는 새에 지나지 않으며 원숭이도 말을 할 수 있지만 짐승에 지나지 않는다.

---

2) 李文周,「韓國에서 儒家 禮의 展開過程과 現代的 意味」,『儒教思想硏究』第15輯, 韓國儒教學會 참고.

지금 사람으로서 예가 없다면 비록 말을 할 수 있다하더라도 이 또한 짐승의 마음이 아니겠는가?

(道德仁義, 非禮不成 ; 教訓正俗, 非禮不備 ; 分爭辨訟, 非禮不決 ; 君臣上下, 父子兄弟, 非禮不定 ; 宦學事師, 非禮不親 ; 班朝治軍, 涖官行法, 非禮威嚴不行 ; 禱祠 祭祀, 供給鬼神, 非禮不誠不莊. 是以君子恭敬・撙節・退讓, 以明禮. 鸚鵡能言, 不離飛鳥 ; 猩猩能言, 不離禽獸. 今人而無禮, 雖能言, 不亦禽獸之心乎?)

상문에서 「道德仁義」는 철학윤리사상이라 말 할 수 있으며, 「教訓正俗」은 습속, 「分爭辨訟」은 법률, 「君臣上下, 父子兄弟」는 정치 인륜관계, 「宦學事師」는 교육, 「班朝治軍, 涖官行法」은 군사, 「禱祠祭祀, 供給鬼神」은 종교라 말 할 수 있다. 이 모든 것들은 예가 주재하고 있다. 만약 예가 없다면 이 모든 판단의 잣대는 잃어버리게 될 것이며 동물과 다를 바 없을 것이다. 그러므로 예가 어찌 인류 문화의 근본이 아니라고 말 할 수 있겠는가?

유가 경전중 예와 관련된 『주례』, 『의례』, 『예기』는 「삼례(三禮)」라 불리고 있다. 「삼례」중 『의례』에는 「사상례(士喪禮)」, 「기석례(旣夕禮)」 두 편이 상장(喪葬)과정과 의식에 관해 전술하고 있고 「상복(喪服)」은 복제(服制)에 관해 전술하고 있으며, 『주례』는 「총인(冢人)」, 「묘대부(墓大夫)」, 「직상(職喪)」, 「상축(喪祝)」, 「하채(夏采)」 등에서 치상(治喪)의 관직에 대해 전술하고 있다. 그리고 『예기』중 「분상(奔喪)」은 사신이 상을 당하여 귀국하는 과정을 전술하였고, 「상대기(喪大記)」는 「사상례(士喪禮)」에 대한 보충이라 할 수 있다. 그 다음으로 「단궁(檀弓)」 상하, 「증자문(曾子問)」, 「상복소기(喪服小記)」, 「대전(大傳)」, 「잡기

(雜記)」상하, 「문상(問喪)」, 「복문(服問)」, 「삼년문(三年問)」, 「간전(間傳)」, 「상복사제(喪服四制)」등은 모두 상례에 관해 전문적으로 토론한 편장들로서 그 내용의 풍부함과 의의 또한 소홀히 할 수 없다. 분량 면에서도 『예기』의 1/4에 해당한다. 이를 통해서도 삼례 중 상례가 차지하는 비중이 크다는 것을 알 수 있으며, 이는 유가가 상례를 매우 중시하였음을 반증하고 있다.

이른바 상례(喪禮)는 망자의 시신을 처리하는 방식과 죽은 자를 애도하는 일체의 예의활동을 지칭하는 것으로써, 간단히 말해 망자를 처리하는 방식과 방법을 이르는 말이다. 사람들이 상장예의를 통하여 망자를 만족케 하고, 산자들의 마음을 편안케 하는데 그 최종목적이 있다. 인류학과 고고학의 자료에 의하면, 상장예속은 인류의 탄생과 동시에 생겨난 것이 아니며, 인류의 문명이 일정한 수준에 이른 후 비로소 생겨난 것이다. 다시 말해 인류문명의 발전이 일정한 수준에 도달하고, 인류의 사유능력이 향상되어, 사회구조 역시 원시규범적 기미가 갖추어진 연후에 상장예속이 비로소 싹트기 시작하였다. 상장습속이 생겨날 당시 자연의 규율에 기초하여 형성된 습관규범에 불과 하였으나, 인류 문명의 발달로 인해 상장예속은 도덕규범을 근본으로 삼기 시작하였고, 다시 제도로 확충되어 나갔다.

상례는 인간 최후의 귀착점이며, 인생예의 중 내용이 제일 풍부할 뿐만 아니라, 최고의 관심거리이다. 상례는 민족과 지역에 따라 망자에게 거행되는 염빈(殮殯)·제전(祭奠)방면의 예절을 포함하고 있으며, 또한 자신의 조상과 자연 및 주위사물에 대한 존경과 숭배의 의식을 포함하고 있기도 하다. 상례 역시 기타 예속과 마찬가지로 그 시대의 정신문화와 깊은 관계가 있으며 정치·경제·사회의 모든 분야에 있어 그 영향력은 상당하다.

상례는 인류만이 가지고 있는 독특한 일종의 사회활동이며 문화행위일 뿐만 아니라, 동양의 역사와 문화에 있어 상당히 중요한 부분이며, 그가 내포하고 있는 의의 또한 복잡하다. 인류역사의 발전을 따라 역사이전 사회의 간단한 매장방식에서 번거롭고 복잡한 상장예의와 상장문화로 발전되어 왔으며, 유가의 예학사상 중 가장 광범위하고, 중국 선진(先秦)시기 문명의 상징 이였다.

학문 연구는 근원 연구가 중요하다. 이를 통하여 그 역사적 변화와 수용 및 근접문화에 미친 영향을 살펴보는 것이 바른 순서이다. 「삼례」 중 예(禮) 사상의 본질에 대해 논술한 것은 『예기』가 대표적이다. 이는 『예기』가 예 사상을 포괄하고 있을 뿐만 아니라 이론 체계를 총괄하고 있고, 그 내용은 모두 예 이론과 인문의식을 논하고 있기 때문이다. 그러므로 『예기』는 한(漢) 이전의 고대 유가사상을 대표하며, 최초의 예 기록임과 동시에 예의 근간을 논한 자료라고 할 수 있다. 따라서 그 내용을 정확히 분석해 본다면, 유가문화에 대한 정확한 이해와 고대사회의 정치, 사상 및 사회제도의 특성을 이해하는 데 적지 않은 도움이 될 것이다. 그러므로 『예기』를 연구 범위로 하여 상례이론의 기원과 상장풍속의 발전추세를 통하여 상례의 인문적 의의를 논하고, 아울러 상복제도의 기원과 내용을 통해 그 인문의식을 살펴보고자 한다.

차례

1 선진(先秦) 상례(喪禮)의 기원과 발전 • 17

2 제2장 『예기』의 상장(喪葬)이론 • 99

3

『예기』의 상복제도 • 193

부 록 • 251

1

선진(先秦) 상례(喪禮)의 기원과 발전

제1절
상례의 기원

이른바 상례(喪禮)란 망자(亡者)의 시신을 처리하는 방식과 망자를 애도하는 일련의 예의(禮儀)활동을 지칭하는 것으로서, 간단히 말해 망자를 처리하는 방식과 방법을 이르는 말이다. 사람들이 상장예의(喪葬禮儀)를 통하여 죽은 자를 위로하고, 산자들의 마음을 안정되게 하는 데 그 최종목적이 있다. 인류학과 고고학의 자료에 의하면, 상장예속(喪葬禮俗)은 인류의 탄생과 동시에 생겨난 것이 아니며, 인류의 문명이 일정한 수준에 이른 후 비로소 생겨난 것이다. 다시 말해 상장예속은 인류문명의 발전이 일정한 수준에 도달하고, 인류의 사유 능력이 향상되어 사회구조 역시 원시규범의 기초가 갖추어진 이후에 비로소 싹트기 시작하였다 하겠다. 초기 상장습속은 자연의 규칙에 기초하여 형성된 당시의 습관규범(習慣規範)에 불과 하였으나 인류 문명의 발달로 인해 상장예속은 도덕규범에 근거하여[1] 다시 제도로 확충되어 나갔다.

---

1) 徐吉軍・賀雲翺, 『中國喪葬禮俗史』, 杭州, 浙江人民出版社, 1991년, p.81.

상례는 인간 최후의 귀착점이며, 인생예의(人生禮儀) 중 내용이 제일 풍부할 뿐만 아니라 최고의 관심거리로 주목되어 왔다. 상례는 민족과 지역에 따라 망자를 위하여 진행되는 염빈(殮殯)・제사(祭祀)의 예절을 포함하고 있다. 또한 자신의 조상과 자연 및 주변사물에 대한 존경과 숭배의식을 포함하고 있기도 하다. 상례 역시 기타 예속과 마찬가지로 전통적이고 다변적이며 발전적이다. 모든 풍속은 시대의 정신문화를 흡수하여 당대의 정치・경제・사회・문화의 영향을 받는다.

상례는 인류만이 가지고 있는 일종의 독특한 사회활동이며 문화행위일 뿐만 아니라, 동양의 역사와 문화에 상당히 중요한 부분이며, 그 함의 또한 매우 복잡하다. 인류역사의 발전을 따라 역사이전 사회의 간단한 매장방식에서 번거롭고 복잡한 상장예의와 상장문화로 발전되어 왔으며, 유가(儒家)의 예학(禮學)사상 중 가장 광범위하고 중국 선진(先秦)시기 문명의 상징이었다.

1. 영혼불멸관에 기원된 상장풍속

상장(喪葬)은 타인의 사망에 대한 일체의 처리 의식으로서 그 과정과 방식이 매우 복잡하다. 문자로서 분석 해 보면 「喪」자는 그 뜻이 죽은 자를 의미하며[2], 「葬」은 매장(埋葬)을 의미하는 것으로 「藏」의 뜻이며, 망자의 처리 방식을 말 한다[3]. 그러므로 상장이란 것은 곧 망

2) 『說文解字・口口部』云 : 「喪, 亡也」, 臺北, 天工書局, 1996년, p.63.

3) 「葬」자의 전서체는 「𦵯」이며, 『說文解字』에서는 聲訓으로서 「葬」자의 뜻을 해석하였는데 그 뜻은 「藏」의 의미이다. 아울러 그 자형을 분석하기를 「从死在 茻中, 一 其中, 所以荐之」라 하였고, 또 시체를 초목으로 엮은 자리에 올려

자에 대한 일종의 매장 처리 방법이다. 처리 방법에는 토장(土葬)・화장(火葬)・현관장(懸棺葬)등이 있으며, 이러한 다양한 특징을 가진 각종 장법(葬法)의 기원과 원시인의 영혼불멸관념(靈魂不滅觀念)과는 밀접한 관계가 있다.

인류의 긴 역사 속에서 영혼관념이 언제부터 생겨났는지는 정확히 알 수 없다. 그러나 인류 진화 과정에 근거해 보면 적어도 인간의 사유와 의식, 언어의 출현, 그리고 인류 주변의 자연계와 이해 할 수 없는 불가사의한 역량 및 인류의 생리 구조에 관해 정확한 인식이 부족한 상황 아래 영혼불멸관이 형성되었다 할 수 있다.

최초의 영혼관념은 죽음에 대한 인식에 근거하여 생겨난 것이다. 그 주체는 인간의 존재가 죽음 때문에 종결되지 않는다는 것이다. 산자의 입장에서 망자는 결코 소멸 된 것이 아니고 단지 생존방식이 변화한 것이다. 즉 육체적 본질이 정신적 본질로 변화한 것이다. 따라서 죽음 역시 삶의 일부분으로서 유한한 육체를 벗어나, 오히려 영원한 삶을 얻는 것이기에 육체는 죽어도 영혼은 죽지 않으며 인간 활동에 관여한다고 여겼다. 그러나 영혼불사관념(靈魂不死觀念)은 원시인류에게 정서상의 위안과 심리적 만족을 주지는 못하였다. 비록 죽음에 대한 공포감은 덜어줄 수 있었으나 한편으론 인간에게 새로운 불안감을 주었다. 왜냐하면 영혼의 존재와 활동을 어렴풋하게나마 지각 할 수는 있

놓거나, 혹은 나무 가지로 엮어 만든 자리에 시체를 누이고 그 위에 풀을 덮어 버리는 것이다. 이러한 방식은 고문헌에서도 찾아 볼 수가 있는데, 『周易・繫辭下』에 이르기를 「古之葬者, 厚衣之以薪, 葬之中野.」라 하였고, 또 『禮記・檀弓』편에서는 「葬也者, 藏也, 欲人之弗得見也.」라 하였는데, 「厚衣之以薪」・「欲人之弗得見也」의 뜻이 바로 나무 가지나 풀로서 시체를 덮어 버리는 것을 의미한다.

었으나 망자의 영혼이 어떠한 방식으로 존재하고 활동하는지, 망자의 영혼과 생존자와의 관계가 어떤식으로 이루어 지는지를 몰랐기 때문이다. 인류는 망자의 시체가 부패되어 가는 과정 속에서 망자의 영혼 역시 큰 변화가 일어난다고 여겼다. 형태와 기능면에 있어서도 산자의 영혼과 구별되기 시작하였다. 이로 인해 인류에게는 새로운 영혼(귀신) 관념이 생겨나게 되었다[4]. 그들의 관념 속에는 망자 역시 산자와 마찬가지로 생리적, 심리적 욕구가 있고 사후의 세계도 현세와 다름없이 생전과 같은 생활을 한다고 여겼다. 단지 유일한 차이점은 망자 특히, 성년 혹은 노년의 죽은 영혼은 산자보다 훨씬 강한 능력을 갖추고 있어 인간에게 화복(禍福)을 준다고 생각한 것이다. 때문에 인류는 자연을 숭배하듯 망자를 숭배하기 시작하였고 마침내 그들을 산자와 같이 대하였다. 심지어 영혼과 가까워지기를 갈망하며 망자와의 우호적인 관계를 유지하고자 하였고, 영혼을 보호받으며 재앙을 피하는 안식처로 생각하기에 이르렀다. 따라서 이 시기의 인류는 죽은 자와 영혼에 대해 기도와 기념활동을 하게 되는데, 이것이 바로 원시종교 발생의 기원이 되었고 상장예속 형식의 정신적 전제조건이 되었다. 이러한 관념아래 자연히 영혼을 보내고 망자를 안장하는 상장예속이 생겨나게 되었다. 상장예속의 발생은 영혼관념의 진일보적인 발전을 촉진시켰으며 동시에 상장예속의 변화에도 영혼불멸관념의 영향을 받게 되었다[5].

중국 국경내의 초기 원시영혼관념은 약2만 년 전의 산정동인(山頂洞人)[6]들에게서 이미 생겨났고, 망자를 위한 장례를 거행하였다. 그들의

---

4) 朱天順, 『原始宗教』, 上海, 人民書局, 1964년, p.45.

5) 徐吉軍・賀雲翱, 『中國喪葬禮俗史』, 杭州, 人民出版社, 1991년, pp.1~2.

6) 1933년 중국 베이징의 저우커우뎬[周口店]에서 발견된 화석인류(化石人類)로, 베이징원인[北京原人]의 화석이 발견된 룽구산[龍骨山] 정상 부근의 동굴에서

유적에서 고분의 흔적이 발견되었는데, 체계적인 발굴을 통하여 출토된 것은 완전한 두개골 3개, 두개골 조각과 턱뼈, 신체 일부의 뼈 및 소량의 치아가 발견되었다. 분석 결과 남성노인(101호), 중년 혹은 장년(108호)과 장년(110호) 각 1인, 5세가량의 유아와 영아(혹 태아) 각 1인임이 밝혀졌다[7]. 그 중 노인과 부녀시신 주변에는 붉은 색의 철광석 분말이 뿌려져 있고, 구멍이 뚫린 동물 치아와 돌 구슬 등의 장식품, 및 부싯돌 석기 등이 발견되었다. 학계에서는 이것을 영혼관념존재의 증거로 보고 있다[8]. 왜 이러한 물건들을 부장품으로 사용했는지 그것이 상징하는 바가 무엇인지 정확하게 알 수는 없다. 그러나 자료에 의하면, 붉은 색은 선혈(鮮血)을 상징하며, 피는 생명의 근원과 영혼이 육체를 의탁하는 곳이다[9]. 그러므로 시신주변에 뿌려진 붉은 색 철광 분말은 망자에게 새로운 혈액을 공급하여 새로운 생명을 부여하는 것을 상징하는 것이다. 망자는 결코 죽은 것이 아니라 단지 긴 수면 상태에 있는것이라 생각하였거나 혹은 망자가 다시 살아나기를 희망하는 의미에서였다[10]. 그리고 망자의 영혼은 다른 세계에서 영생을 얻기를 바라는 의미이기도 했다[11]. 이러한 상장습속과 관념들은 고대 인류의

발견되어 산딩둥인(山頂洞人)이라고 불린다. '상동인(上洞人)'이라고도 불리며, 유럽에서 발견된 크로마뇽인(Cro-Magnon man)과 마찬가지로 1.1만년~2만여년 전에 살았던 후기 구석기시대의 인류이다. 슬기슬기사람(Homo sapiens sapiens)으로 분류되며, 오늘날의 동아시아인들과 유사한 특징을 지니고 있어 북방계 몽골로이드(Mongoloid)의 선조(先朝)로 추정된다. 산딩둥인(山頂洞人)은 동아시아에서 최초로 발견된 현생인류(現生人類)의 화석이다.

7) 吳新智「周口店山頂洞人化石的研究」,『古脊椎動物與古人類』, 1961년, 제3기.

8) 賈蘭坡,『中國大陸上的遠古居民』, 天津出版社, 1998년. 참고.

9) 馬昌儀, 劉錫誠,『石與石神』, 學苑出版社, 1994년. 참고

10) 楊福泉,『灶與灶神』, 學苑出版社, 1994년. 참고

11) 賈蘭坡,『中國大陸上的遠古居民』, 天津出版社, 1998년. 참고

영혼에 대한 인식정도가 어떠했는지를 간접적으로 잘 표현하고 있다. 만약 영혼 혹은 영혼불멸관념이 없었다면 이러한 현실적인 요구를 모방한 상장방식은 없었을 것이다.

인류 최초의 상장활동은 시신을 보호하기 위한 것에 불과하였다. 그러나 사회 생산력의 꾸준한 증가와 인류의 지각능력이 날로 발전하게 되자 영혼관념도 발생하게 되었으며, 인간은 육체와 영혼 두 부분으로 이루어져 있다고 믿게 되었다. 그래서 죽음은 영혼이 육체를 떠난 것으로 생각하였고 그 영혼은 다시 육체로 돌아올 수 있다고 여겼다. 이 때문에 산자는 망자의 육체를 잘 보호하려 하였고 영혼은 죽지 않으니 망자의 육체를 소중히 여기는 것은 당연하였다.

망자의 육체에 대한 관심 및 영혼과 영혼불멸관념의 영향아래에 산자가 망자의 시신을 함부로 버릴 수 없게 되자 적절한 사후처리 방법을 모색하게 되었다. 이러한 시신의 보호관념 이 바로 원시적 상장방식의 출현계기가 되었다.

2. 영혼관념에 따른 상장풍속

원시사회는 생산력이 매우 낮아 인류는 그들 주변의 자연계와 자신들의 생리구조에 대한 정확한 인식이 부족하였다. 따라서 영혼불멸관념과 귀신관념이 생겨나게 되었다. 고고자료에 따르면 인간의 영혼관념은 사회 발전을 따라 변화하였고 당시 사회 관념의 변화와 깊은 관계를 맺고 있다. 특히 원시시대의 영혼관념은 당시 사회와 밀접하게 연관되어 있기 때문에 상장문화에 많은 변화가 생겨나게 되었다. 이러한 상황 아래 상장습속에 중대한 변화가 일어나게 되는데 그 주요한 변화는 아래와 같다.

첫째, 공동묘지를 만들어 집중적으로 매장한 방식이다.

대략 수 만 년 전 중국은 씨족사회로 접어들기 시작하였다. 씨족사회는 혈연친족관계로 이루어져 있다. 이 씨족사회는 모계(母系)를 중심으로 한 씨족조직으로 이루어져 있어 당시 사회의 기초 단위가 되었고, 비교적 안정된 생산 집단을 이루었다. 모계씨족사회는 혈연관계에 기반을 두었기에 분리 될 수 없는 통일체였다. 동일 씨족의 구성원이라면 생전에 생활을 같이 할 뿐만 아니라 사후에도 같이 매장되어 그들 영혼끼리 서로 관계를 유지하고 돌봐야 한다고 생각하였다. 이 때문에 공동묘지를 만들어 집중적으로 매장하기 시작하였으며[12], 이러한 방식은 씨족사회 매장제도에 주요한 특징이 되었다.

혈연씨족사회의 공동묘지는 중국각지에 분포되어 있는데, 특히 황하유역과 장강유역에서 대량 발견되고 있다. 이러한 공동묘지는 모두 거주지 부근에 있는데, 일반적으로 거주지의 구조와 흡사하며 고분은 질서 정연하게 배열되어 씨족사회의 응집력을 잘 표현하고 있다[13].

둘째, 부장품의 현저한 차이이다.

망자의 세계 역시 생전의 인간생활과 유사할 뿐만 아니라 생존을 위해서는 노동을 필요로 한다고 여겼다. 그래서 매장 시 일상용품과 노동에 필요한 물품들을 함께 수장하여 망자의 욕구를 만족시키고자 하

---

12) 雷中經은 「史前葬俗的特徵與靈魂信仰的演變」에서 말하기를, 「씨족사회에 공동묘지가 있었다는 사실은 당시 인류가 인간의 사회구조에 근거하여 영혼세계의 사회구조를 추측하였다는 것을 반영한다. 생전의 씨족 동료들이면 사후의 영혼세계에서도 여전히 동일한 씨족을 이루고 생활한다고 생각하였으며, 씨족공동묘지는 곧 망자들의 영혼이 공동 생활하는 취락으로 여겼다.」『世界宗教研究』, 1982년, 제3기.

13) 賈蘭坡, 『中國大陸上的遠古居民』, 天津出版社, 1998년, p.7.

였는데 이것 역시 영혼불멸관념의 반영이다.

고분 중의 부장품은 도기(陶器)류 그릇이 대부분이고, 그 다음으로 석제 혹은 골제 공구들이다. 장식품과 곡물, 가축도 간혹 발견된다. 일부 고분 중 남성 묘 일 경우 돌도끼, 돌 부삽, 돌칼 류가 대부분이며 여성 묘에는 도기 혹은 석제의 방륜(紡輪)이 대부분이다. 이것은 남녀가 생산 활동을 분업화하였음을 보여 준다[14]. 지역과 부족의 차이로 인해 각 지역의 부장품 종류와 수량에는 다소 차이가 있다. 그러나 동일한 고분일 경우 각 묘의 부장품에 큰 차이가 없는 것을 미루어 보면 원시사회 중 각 구성원의 경제지위는 평등함을 알 수 있다. 그러나 후기에 이르러서는 그 차이가 현저하다. 부장품의 수량과 종류에 차이가 크게 증가 할 뿐만 아니라 전대에 발견되지 않았던 얇은 흰색도기, 철기 및 옥공예품 등의 각종 장식구가 발견되며, 더욱 중요한 것은 동일한 고분 중 각 무덤의 부장품 종류와 수량에 현저한 차이를 보이는 것이다. 이러한 현상은 사유재산의 부단한 증가와 빈부격차의 결과임을 말해주는 것이다. 예를 들면, 문문구문화(文汶口文化) 후기의 비교적 큰 고분 중 수장된 도기가 무려 백 여 개가 넘으며, 돼지 두개골도 십 여 개가 넘게 발견된 고분이 있는데 이것은 묘 주인이 일반인보다는 많은 부를 소유하였음을 설명하고 있는 것이다[15]. 그리고 이러한 현상이 원시인들의 영혼관념과 내세관을 반영하고 있음을 의심할 여지가 없으며, 부장습속은 뒷날 명기예속(明器禮俗)으로 발전해가며, 명기(明器)는 명기(冥器)・귀기(鬼器)로서 망자의 세계에서 사용하는 것임을 간

---

14) 南京博物院, 「江蘇邳縣四戶鎭大墩子遺址發掘報告」, 『考古學報』, 1964년 제2기. 清海省文物管理處考古隊, 「清海樂都柳灣原始社會墓地反映出的主要問題」, 『考古』, 1976년, 제6기.

15) 安金槐, 『中國考古』, 上海古籍出版社, 1992년, p.94.

접적으로 설명하고 있다.

셋째, 다양한 매장 방식을 취 하였다는 한 점이다.

다양한 매장방식이 성행 할 수 있었다는 것은, 매장방식을 통해 영혼을 통제하여 인간에게 복을 가져오게 하거나 자신이 평안 무사하기를 바라는 목적임을 증명하는 것이다. 기존의 고고발굴에서 알 수 있듯이 합장된 고분의 경우 대체로 이차 매장 후 합장한 것이다. 이들은 결코 동일한 시간에 사망하였거나, 동일한 시간에 일차적 매장을 한 것이 아니다. 전후 사망시기가 다른 사람들의 유골을 이차 매장을 통하여 합장한 것이다. 이러한 이차 합장의 매장 방식은 영혼관념과 씨족관념의 산물이다. 당시에 성행한 매장 방식에는 앙신장(仰身葬, 등이 바닥에 닿도록 눕힌 잠자는 형태의 매장방식)·부신장(俯身葬, 엎드린 자세로 묻은 매장방식)·굴지장(屈肢葬, 사지를 구부려 매장한 방식) 및 이차장등 방식이 있다. 그중에 미성년자로서 요절한 아동인 경우, 즉 자연사가 아닌 비정상적인 사망일 경우 대부분 옹관장(甕棺葬, 대부분 단독으로 매장하였다.)으로 처리하였다. 이러한 매장풍속은 황하유역에서 많이 성행하였는데, 이미 발굴된 대표적인 씨족 유적 중 대부분이 옹관장이다[16].

부신장 역시 비정상적인 사망인 경우 취하는 매장 방식이다. 일부 학설에 의하면 당시 사람들은 사람이 죽으면 얼굴을 땅으로 향하게 하여야 사후 세계로 진입한다고 여긴 것에 기인했다고 한다. 그러나 대부분의 학자들은 「흉사(凶死)」설에 더 비중을 둔다. 지금도 일부 민족

---

16) 이미 발굴된 옹관장은 반파(半坡)유적에 73개, 강채(姜寨)유적에 280개, 북수령(北首嶺)유적에 60개, 하남낙양왕만(河南洛陽王灣)유적에 47개 등이 발견된 것으로 보아 옹관장이 씨족사회에서 이미 성행했음을 알 수 있다. 北京大學考古實驗隊, 「洛陽王灣遺址發掘簡報」, 『考古』, 1961년, 제4기.

들은 「흉사」일 경우 부신장을 선택하는데, 예를 들면 일본 홋카이도 아이누족은 병사 인 경우 부신장을 선택하며, 시베리아의 일부 소수 민족들은 비정상적 사망인 경우 부신장을 채택한다. 그리고 굴지장 역시 「흉사」의 매장풍속에 속하는데, 그들의 영혼은 아마도 흉한 것으로 생각되어 씨족묘지에 함께 매장 하지 않은 것 같다[17].

이차장(二次葬) 풍속의 발생원인은 매우 복잡하다. 그러나 영혼불멸관과 밀접한 관계가 있으며, 사망 후 영혼불멸은 고대 씨족사회의 보편적인 관념이었다. 그리고 영혼은 사망 즉시 피안의 세계로 옮겨가는 것이 아니고, 일정한 기간 동안 자신의 시신 주위를 배회하거나, 생전의 가족들을 전전하며 참기 힘든 외로움을 견딘다고 믿었다. 이 때문에 영혼이 산자들에게 해를 끼치는 것을 방지하고, 영혼에 대한 두려움을 제거하기 위하여, 사람들은 일차장(一次葬)을 먼저 치렀으며, 망자를 위하여 필요한 음식물을 제공하고, 시신이 완전히 부패하면, 비로소 영혼이 산자들에게서 완전히 멀어져 다른 세계로 옮겨간다고 믿고 안심하며 이차장 즉, 골장(骨葬)을 치렀다. 사후 영혼과 육체의 관계에 대해서는 시대와 민족에 따라 그 인식이 각기 달랐으며 시신처리 방식도 각기 다른 다양한 방법으로 처리하였다. 민족학과 고고학의 자료에 의하면, 이차장을 사용한 원인은 매우 다양하다. 그 중 제일 중요한 부분은 망자의 유골을 영혼의 안식처로 여겼다는 것이다. 유골은 영혼의 신체로서 청결하고, 신성한 것 이여서 만약 유골이 오염된다면, 영혼은 산자들에게 해를 끼치며, 피와 육신은 인간 세상 것이므로 불결한 것으로 여겨 시신의 혈육(血肉)이 완전히 부패한 이후에 그 유골을 다시 안장 하였다. 이것이 곧 망자에 대한 경외와 관심을 표현하는 것으로

17) 李仰松, 「談談仰韶文化的甕棺葬」, 『考古』, 1976년, 제6기.

생각하였으며, 그 영혼이 안식을 얻어 산자들에게 다시는 해를 끼치지 않는다고 여겼다. 조상의 유골은 이차장을 통하여 비로소 영혼의 귀착지를 얻게 되고 후손들은 이러한 의식을 통하여 자신들의 본분과 책임을 완성하는 것으로 생각하였다.

이러한 각종 매장방식들은 영혼신앙에 대한 농후한 표현일 뿐만 아니라, 각기 다른 사인(死因)의 영혼에 대해, 각각 다른 매장 방식을 선택하였다는 점에서 그 의의가 크다 하겠다.

인류가 역사 사회로 접어든 이후에도 영혼 관념은 쇠퇴하지 않았을 뿐 만 아니라 물질 관념이 풍부해 짐에 따라 더욱더 거리낌 없이 표현되어 갔다.

앞서 말한 내용을 종합해 보면, 상장풍속의 기원은 다양한 요소들이 상호작용하고 복잡하며 점진적으로 발전하였다. 오늘날의 자료를 근거해보면 우리는 아직도 이 과정의 기점을 명확하게 판단 할 수 없다. 그러나 적어도 상장풍속의 기원이 영혼 및 영혼불멸관념과 밀접한 관계가 있음을 명확하게 말 할 수 있다. 인류의 상장풍속은 바로 영혼관념 때문에 출현된 것이며 영혼관념의 발전을 한 걸음 더 촉진시켰다. 사람들은 영혼불멸과 조상의 영혼이 지각이 있음을 믿었기 때문에 상고(上古)시대부터 망자의 시신을 땅에 묻고 처리하는 풍속이 나타난 것이며, 이로써 최초의 매장(埋葬)문화가 생겨 난 것이다. 상장(喪葬)문화는 결국 인류의 영혼불멸관념을 따라 점차적으로 발전 하였다. 이러한 관념은 이후에 유가(儒家)에 의해 재정리 되고 유가의 이른바 상례(喪禮)로 발전 되었다. 유가학설은 동양 봉건사회의 정통사상이었으므로 사회의식형태의 여러 방면에 영향을 미쳤다.

3. 매장 풍속

상고인(上古人)들은 삶과 죽음을 본질적으로 동일시하였다. 죽음이란 것은 단지 다른 세계로 옮겨 가는 것뿐이며, 영혼은 다른 세계에서 생전과 같은 생활을 하기 때문에 망자를 대할 때 시신을 소중이 여기는 방법이 생겨났고 생전의 생활습관에 따라서 망자의 안식처를 정하였다.

당시 사람들은 사후 육체와 영혼은 이미 분리된다고 생각하였으면서 왜 가족이나 동료의 시신을 매장하고 처리하였을까? 오늘날의 관점에서 본다면 효심(孝心)으로서 망자를 보내는 예(禮)를 행하였다고 해석 할 수 있다. 왜냐하면, 친인의 시신을 땅에 묻지도 않고 적합한 처리를 하지 않는다면 시신이 부패되거나 가축과 들짐승들이 시신을 훼손시킬 수도 있기 때문이다. 물론 이런 상황은 인류의 지적 수준과 관념이 이미 일정한 단계에 도달한 후에 생겨난 것이다. 상고(上古)시대 초기 인류는 아직 매장 풍속이 없었다. 중국의 전국(戰國)시기 이른바, '고대의 장례방법은 섶으로 시신을 두껍게 싸서 벌판에 장례 지냈으나 무덤을 만들지 않았으며 나무도 심지 않았다.'[18]고 하였다. 시신을 매장하지도 않고, 묘나 봉분을 만들지도 않았으며 나무를 심어 표지로 삼지도 않고 야산에 버렸다. 최초의 매장 풍속은 인류의 사고와 감성의 발전과 무관하지 않다. 『맹자』에 다음과 같은 말이 있다.

> 대체로 상고시대에는 그 부모를 장례(매장) 치르지 않았다. 그 부모가 죽고 나면 시신을 들어다 구렁에 버렸다. 후일에

18) 「古之葬者, 厚衣之以薪, 葬之中野, 不封不樹.」, 『易經 · 繫辭下』

> 이곳을 지나가다가 여우와 살쾡이가 뜯어먹으며 파리와 모기가 시신을 핥고 있는 것이었다. 자식의 이마에는 땀이 흐르고, 곁눈질을 할 뿐, 차마 눈뜨고 볼 수 없었다. 무릇 땀을 흘리는 것은 남에게 보이기 위해 흘리는 것이 아니라 속마음이 얼굴에 드러난 것이다. 아마 그는 집으로 돌아와 삼태기와 들것에 흙을 담아 시신을 가리었을 것이다.
> (蓋上世嘗有不葬其親者；其親死, 則擧而委之於壑. 他日過之, 狐狸食之, 蠅蚋姑嘬之；其顙有泚, 睨而不視. 夫泚也, 非爲人泚, 中心達於面目. 皆歸反虆梩而掩之.『孟子・滕文公上』)

맹자는 부모의 시신을 매장하지 않으면, 시신이 들짐승에게 먹히고 파리와 모기가 시신을 핥는 것을 차마 볼 수가 없고 부모에 대한 송구스러운 마음에 시신을 매장 하게 되었다고 하였다. 이것은 육체가 점점 소멸되어가는 부모에 대한 정감(情感)과 윤리의식의 발전에서 비롯된 것이다. 대략 구석기시대 중기부터 인류는 이미 망자를 위해 의미있는 매장을 하기 시작하였다. 물론 이것은 집단생활 구성원에 대한 관심과 배려에서 생겨난 것이지만, 죽은 친인(親人)에 대한 그리움이 가장 중요한 원인이다. 즉 앞서 언급한 영혼관념과 원시종교의 발생과 깊은 관련이 있다. 영혼은 죽지 않고 넋이 된다. 넋은 저승, 즉 다른 세상으로 옮겨가 살아 있는 사람처럼 생활하고 자유롭게 두 세상을 왕래하며, 사람이 갖추지 못한 신비로운 힘을 갖추고 사람들에게 복을 주기도 하며 화(禍)를 끼칠 수 있다고 생각하였다. 영혼에 대한 경외(敬畏)심과 사후세계에 대한 환상 때문에 사람들은 자연히 망자를 숭배하게 되었고 시신을 일정하게 처리해야 할 필요가 생겼으며, 시신을 잘 보호하여 망자의 영혼을 만족케 하였다. 이로써 다양한 매장방식과 장례의식이 발생하였으며 동시에 다양한 사후세계관이 나타나게 되었다.

옛 사람들이 시신을 땅속에 묻어 장사지내는 토장(土葬)을 선택한 이유는 실질적인 사고의 결과이다. 옛 속담에 '눈으로 보지 않으면 걱정하지 않는다.'는 말이 있다. 사람이 죽어 시신이 황량한 들판에 나뒹굴며 들짐승들이 그 시신을 뜯어 먹고 부패되어 구더기가 들끓고 있는 것을 보게 된다면 보기에도 좋지 못할 것이며 사후의 처량함을 느끼게 될 것이다. 시신을 땅에 묻으면 이러한 불편한 심기를 면할 수 있기 때문이다. 『여씨춘추 · 맹동기 · 절상』에 다음과 같은 말이 있다.

> 효성스러운 아들이 그 어버이를 중히 여기고, 자애로운 어버이가 그 자식을 사랑하는 것은 그 비통함이 살갗과 뼈에 파고들 정도인데, 이것이 본성이다. 소중히 여기는 사람과 사랑하는 사람을 죽었다고 하여서 도랑이나 골짜기에 버린다는 것은 사람의 정(情)으로 차마 못 할 짓이므로 죽은 자를 땅에 묻고 장사지내는 의미가 생겨난 것이니 장사지낸다는 것은 묻어 넣어두는 것이다.
> (孝子之重其親也, 慈親之愛其子也. 病於肌骨, 性也, 所重所愛, 死而棄之溝壑, 人之情不忍爲, 故有葬死之義, 葬者, 藏也. 『呂氏春秋 · 孟冬紀 · 節喪』)

그리고 정이(程頤)는 『장법결의(葬法決疑)』에서 말하기를,

> 장사 지낸다는 것은 감추어 넣어둔다는 뜻이니 한번 장사지낸 뒤에는 다시 변경할 수 없으며 반드시 영원한 안식을 필요로 하기 때문에 효자와 자손들은 더욱 신중하여야 한다.
> (夫葬者, 藏也, 一藏之後不可復改, 必求其永安. 故孝子慈孫, 尤所愼重.)

부모께서 길러준 은혜에 보답하려는 자식들의 마음과 일상생활상의 주변 환경에 대한 요구에 의해 당시 사람들은 토장(土葬)을 선택하게 된 이유이다.

토장은 매우 위생적인 장례방식중 하나이다. 특히 농경사회에 환경 오염을 방지하는 등 위생의 관점에서도 취할 만한 장례 방식이다. 일반적으로 우리는 토장 형식의 출현은 동물의 모방에서 비롯되었다고 한다. 사실은 동물계에서 수많은 동물들도 동류(同類) 혹은 이류(異類)의 시체를 매장하는 행위를 찾아 볼 수 있다. 예를 들면 코끼리의 경우 동료가 죽으면 나뭇가지나 화초 등으로 시체를 덮어버리는 경우를 볼 수 있다. 이 외에도 코뿔소, 젖소, 물소, 개미 등의 경우 역시 유사한 방법을 취한다. 생태학자의 분석에 따르면 코끼리가 동료 혹은 다른 동물의 시체를 매장하는 행위는 부패한 시체에서 발생하는 악취를 제거하기 위해서 이며 생존에 적합한 주위 환경의 정화(淨化) 목적이라고 한다.[19] 이러한 점을 통해 볼 때, 최초의 인류들이 망자의 시신을 야산에 방치하고 나뭇가지 등으로 시체를 덮어 버리는 것은 아마도 코끼리나 개미와 같이 생존 환경의 필요에서 기인 된 듯하다. 특히 인류의 생활환경이 점점 발전해져감에 따라 이러한 처리 방법은 그 현실생활을 바탕으로 발전되어 왔고, 아울러 후대의 상장(喪葬)으로 발전하였다. 토장(土葬)은 인류의 본능적인 물질적 행위이며 뒷날 영혼관념이 싹튼 후, 비로소 정신적 행위로 변천해 갔다. 따라서 인간들은 일련의 규정된 예의(禮儀) 양식에 따라 무덤을 정성들여 만들어 시신을 합리적으로 알맞게 처리 매장(埋葬)하게 되었다.

---

19) 『探索神秘事物的眞相』, 友誼出版社, 1990년, pp.164~166. 참고.

제2절

상장풍속의 발전추세

구석기 시대 말기부터 인류는 동료의 시신을 엄폐하거나 매장하기 시작하였다. 이러한 역사는 불과 2,3만 년의 역사에 불과하다. 이 2,3만 년의 역사 중 특히 신석기 시대 부터 현재까지 만 여 년 동안 매장제도의 발전은 매우 복잡하다. 매장제도를 중심으로 형성된 상장 문화는 각 민족 전통문화의 중요한 구성 성분이 되었다.

중국은 다민족 국가이다. 따라서 상장풍속(喪葬風俗)은 자연히 풍부하며 다채롭다. 상장(喪葬)은 묘장(墓葬)을 그 중심으로 한다. 묘장은 매장제도(埋葬制度)의 한 종류이며 동시에 주요한 매장 방법이다. 「묘(墓)」는 시신이나 다른 관련 물건을 방치해 두는 고정된 시설을 의미하며, 「장(葬)」은 망자의 시신을 일정한 방식으로 처리하여 고정된 장소에 안치해 둔다는 뜻이다. 통상 고고학에서는 합하여 「매장(埋葬)」이라 통칭한다. 묘가 있는 곳은 영(塋) 혹은 영역(塋域)이라고 하며 묘 주위의 봉토(封土)를 분(墳)이라 하였다. 또 분 주위에 제사용 건축물이 있다. 영 주위에는 순장한 무덤과 관련 시설물이 갖추어져 완정한 체계를 이룬다.

1. 원시사회의 장속(葬俗)

현재까지 발굴된 중국 원인(猿人)문화 유적 중, 망자를 매장한 흔적은 아직 발견 되지 않았다. 구석기 말기 산정동인(山頂洞人)에게서 초기단계의 매장이 비로소 나타나기 시작하였다. 이때부터 망자를 매장하는 습속이 시작되었다 하겠다. 이 유적의 지하는 아마도 공동묘실인 듯한데, 이곳에서 젊은 여성, 중년여성과 노년남자의 유골이 모두 장식품을 패용(佩用)하고 있으며, 유골 주변에는 붉은 철광석 분말이 뿌려져 있고, 망자 생전에 사용한 구멍 뚫린 석주(石珠)와 동물 뼈로 만든 장식품들이 발견되었는데, 이들은 모두 망자에 대한 원시종교 관념을 뚜렷하게 보여주고 있는 증거들이다[1]. 이러한 사실은 망자가 생전에 사용한 물품을 부장품으로 사용한 것으로 보아 당시에 이미 죽음을 장식하는 수장품의 습속이 있었고, 매장은 이미 보편적이었음을 알 수 있다.

신석기시대 장속(葬俗)은 대부분 배열이 규칙적인 집중식 씨족묘지로서, 흔히 발견되는 장속방식은 직사각형의 직립식 묘혈인 「장방형수혈토갱묘(長方形豎穴土坑墓)」위주이다. 이러한 장속방식은 앙소문화(仰韶文化)[2]에서도 이천여 개의 묘지가 발견되었다. 이 들의 매장방식

---

1) 구석기시대 말기, 매장은 이미 보편적이었다. 중외고고자료에 반영된 장속을 살펴보면, 당시의 망자들은 모두 장식품을 패용하고 있는데, 망자가 생전에 사용하였던 도구, 식물과 심지어 제조공구와 무기원료까지도 함께 매장하였다. 그리고 붉은 색은 선혈을 상징하는 것으로 생명의 근원과 영혼이 기거하는 곳으로 생각하였고, 사망 후 영혼은 육체를 떠나 다른 세계로 옮겨가 생전과 같은 생활을 한다고 여겼다. 山頂洞人들의 망자에 대한 처리 방식은 바로 영혼관념의 반영이며, 동시에 원시적 종교 신앙과 관계가 있다 하겠다. 吳新智, 「周口店山頂洞人化石的硏究」, 『古脊椎動物與古人類』, 1961년, 제3기, 徐吉軍, 『中國喪葬史』, 江西高校出版社, 1998년, pp.2~6 참고.

은 팔 다리가 펴진 잠자는 형태의 일인 매장 방식인 「단인앙신직지(單人仰身直肢)」형이 대부분이며, 간혹 두 사람이 합장한 「쌍인 합장(雙人合葬)」 혹은 여러 명의 이차합장들이다. 부장품은 일상생활용의 도기와 생산도구 위주이다. 영아의 사망인 경우 옹기나 소래기 등을 사용하여 거주지 부근에 매장하였다. 그리고 목제장구와 부장용의 소형 도기는 신석기시대에 이미 출현되고 있다.

고고유적 조사에 따르면, 일반적으로 앙소문화를 중국 신석기시대 조기의 대표문화로 보고 있다[3]. 이들의 고분은 대부분 부락부근에 분포되어 있는데, 배열이 정연한 집중 식으로 이루어져 있다. 이것은 씨족혈연 관계와 씨족공동묘지의 특징을 잘 나타내고 있는 것으로서, 각 씨족묘지는 모두 같은 매장방향과 매장방식을 가지고 있다. 다시 말해 대다수가 머리를 서쪽 혹은 서북쪽으로 향하고 있고, 매장방식도 「단인앙신직지장(單人仰身直肢葬)」 위주이며, 「이차장(二次葬)」·「굴지장(屈肢葬)」 및 합장도 발견되고 있다. 앙소문화의 합장방식은 이성합장(異性合葬), 동성합장(同性合葬), 그리고 모자합장(母子合葬)등이 발견

---

2) 중국 황허[黃河]의 중류 지역에서 나타난 신석기시대(新石器時代) 문화로서 기원전 5000년에서 기원전 3000년 무렵까지 존속하였다. 1921년 스웨덴 사람인 안데르손(Johan Gunnar Andersson, 1874~1960)이 허난성[河南省] 싼먼샤시[三門峽市] 민츠현[澠池縣] 양사오촌[仰韶村]에서 유적(遺蹟)을 처음 발견하여 양사오문화[仰韶文化]라고 불리며, 그 뒤 황허[黃河]의 중류(中流)와 그 지류(支流)인 웨이수이[渭水], 펀수이[汾水], 뤄수이[洛水] 유역에서 1,000여 곳의 유적(遺蹟)들이 발견되었다. 양사오문화[仰韶文化]의 유적은 산시성[陝西省]에서 가장 많이 발견되고 있으며, 허난성[河南省] 서부와 산시성[山西省] 남부를 중심으로 서쪽으로는 간쑤성[甘肅省]과 칭하이성[靑海省]의 경계, 남쪽으로는 후베이성[湖北省]의 서북지방까지 폭넓게 분포하고 있다. 라오관타이[老官台] 문화의 특징을 계승하여 나타난 것으로 여겨지며, 시대 순서에 따라 반포[半坡] 유형, 먀오디거우[廟底溝] 유형, 반포[半坡] 만기(晚期) 유형 등으로 나뉜다.

3) 蒲慕州, 『墓葬與生死 : 中國古代宗教之省思』, 聯經出版社, 1993년, p.29.

되었으며, 묘갱(墓坑)은 대부분 「장방형수혈묘(長方形豎穴墓)」로 이루어져 있다. 부장품은 대다수가 생전에 사용하던 일용기물들이며, 소수의 생산도구와 장식품도 있다. 영아와 아동의 사망에는 모두 「옹관장(甕棺葬)」을 하였다.

앙소문화 말기의 고분은 지역에 따라 그 차이가 비교적 크게 나타나는데, 중원지역의 고분은 일반적으로 토갱묘(土坑墓)와 옹관장 두 종류이다. 토갱묘는 대부분 성인의 묘로서, 매장 방식도 「단인앙신직지장(單人仰身直肢葬)」이고, 머리는 서쪽을 향하고 있다. 서쪽은 해가 지는 곳으로서 망자의 머리가 서쪽을 향했다는 것은, 아마도 일몰이 죽음을 상징하고, 그 일몰의 방향은 사후 세계의 방향과 망자가 가야하는 곳으로 여긴 것이 아닌가한다. 이러한 해석은 세계의 기타 문명에서도 유사한 경우가 많이 발견 된다[4].

용산문화(龍山文化)[5]의 매장풍속 또한 대부분 「장방형수혈묘(長方形豎穴墓)」이며, 고분방식도 「단인앙신직지장(單人仰身直肢葬)」 위주로, 간혹 성인 남녀합장도 발견된다. 그러나 앙소문화 시기의 여러 사

---

4) 『西安半坡』, 文物出版社, 1963年, p.219.

5) 중국 신석기시대 만기(晩期) 문화로 1928년 山東城 章丘縣 龍山鎮 城子厓에서 처음 발견되어 이러한 이름이 붙었고, 1930년에 발굴되었다. 룽산문화의 특징 가운데 하나로 검은색의 광택이 나는 토기가 있기 때문에 과거에 '흑도문화(黑陶文化)'라고도 불리었다.
최근까지의 연구에 의하면 룽산문화는 하나의 계통이 아니라 산똥룽산문화(山東龍山文化), 미아오띠꼬우 2기문화(廟底溝 2期文化), 허난룽산문화(河南龍山文化), 샨시룽산문화(陝西龍山文化)의 네 계통으로 나뉜다. 이 가운데 전형(前型) 룽산문화가 산똥룽산문화이다. 유적들은 주로 산똥지방에 분포하며 방사성탄소 보정연대로는 B.C. 2500~2000년에 해당하는데 위로는 大汶口文化를 이어서 아래로는 岳石文化를 열어준다. 미아오띠꼬우 2기문화는 예서(豫西)지방을 중심으로 분포하며 방사성탄소 교정연대는 B.C. 2900~2800년 사이이다.

람을 합장한 다인합장(多人合葬)방식은 점점 도태 되어가고 일부 유적지에서 남성숭배의 토우(土偶)와 옥함(玉琀)이 발견되었다. 대부분의 유적지에서는 돼지・소・양의 견갑골(肩胛骨)을 태워 만든 「복골(卜骨)」도 발견되는데, 이것은 점술의 풍조가 이미 유행했음을 증명하는 것으로서, 이러한 현상은 용산문화 시기의 사회형태가 앙소문화 시기보다는 현저한 질적 변화를 하고 있음을 설명하고 있다.

대문구(大汶口)문화[6] 매장풍속은 망자의 머리가 동쪽으로 향하고 있다. 고분방식은 역시 「단인앙신직지장(單人仰身直肢葬)」위주이며, 소량의 합장과 이차 이장(移葬)도 발견되고 있다. 조기의 합장묘는 모두 동성 혹은 이성 합장묘이며, 쌍을 이룬 남녀합장은 중・말기에 비로소 나타난다. 그리고 망자의 치아를 뽑거나, 머리뼈를 인위적으로 변형시킨 풍속, 또는 일부 망자들은 귀갑(龜甲)을 패용하거나 노루 치아를 쥐고 있는 습속이 나타난다. 물론 다른 묘지에서는 단지 시체만 있을 뿐, 어떠한 부장품도 없는 경우가 있는데, 이것은 아마도 당시 신분사회형성의 상징으로 해석 된다. 말기로 접어들면서 사회상 씨족 내부구조의 변화가 비교적 크게 나타나는데, 이때의 중요한 매장방식은 목곽(木槨) 혹은 목관(木棺)의 출현이다. 곽은 원목을 서로 교차되게 포

6) 1959년에 산동 태안 대문구에서 발견되었다. 분포 지역은 산동 태안을 중심으로 강소성 북부 지역으로 보고 있다. 기원전 4300~2500년으로 추정되며, 세 시기로 나누어 살펴볼 수 있다. 초기는 기원전 4300~3500년, 중기는 기원전 3500~2800년, 후기는 기원전 2800~2500년으로 보는데, 그 전신은 북신 문화 아니면 청련강(青蓮崗) 문화로 보며, 이를 계승한 것이 산동성 용산문화로 보고 있다. 이 시기에는 농업이 이미 보편화되어 조가 재배되고 주거지가 고정되어 있었다. 농업 생산 도구도 돌로 만든 삽, 가마솥, 칼과 뼈로 만든 낫 등이 있고, 여러 곳에서 돌로 만든 창, 뼈로 만든 화살촉, 낚싯바늘 등 어렵 도구가 발견되고 있다. 이 밖에도 방직과 바느질 도구도 발견되었으며, 가축으로는 돼지, 개, 소, 양 등을 사육하였다.

개어 「정(井)」자형의 곽실(槨室)을 이루고 있다.

양저(良渚)문화[7] 매장풍속은 서로 분산되고 질서가 없으며, 특별한 규칙이 없다. 이것은 부계씨족 사회로 접어들면서 씨족의 혈연 유대가 이미 느슨해졌음을 설명하는 것이다. 이 시기의 부장품 중에는 옥·종(琮)·옥벽(玉璧)·옥원(玉瑗)이 자주 발견된다. 이러한 기물들은 이미 장식품의 작용을 완전히 잃고 노예제 시대에 사용한 제사용 「예기(禮器)」로 변화해 갔음을 설명하고 있다.

양저문화 말기에 일남이녀(一男二女)의 합장묘가 출현하는데 이것은 일부다처제의 영향이다. 이러한 합장묘내의 남성은 부장품이 많고 다채롭다. 생전의 지위가 높은, 일반 씨족 성원이 아닌 비교적 많은 재력을 소유한 씨족 귀족임을 반영하는 것이다.

황하(黃河)유역 이외에도 장강(長江)중류와 한수(漢水)유역에 위치한 대계(大溪)문화[8]가 있다. 이 文化의 고분방식은 대부분이 직립식 묘혈

---

7) 중국 신석기시대 문화로, 방사성탄소보정연대는 B.C 3300~2200년에 해당한다. 1936년 절강성(浙江省) 여항현(余杭縣) 량저(良渚) 유적을 발굴하여 이 같은 이름을 얻었다. 유적들은 주로 태호(太湖)지방과, 남으로는 전당강(錢塘江), 서북으로는 강소성(江蘇省) 상주(常州)일대에 분포하고 있다. 량져(良渚)문화는 조기와 만기로 나눌 수 있다. 전산양(錢山樣), 장릉산(張陵山) 등의 유적은 조기를 대표하며 량저, 작막교(雀幕橋) 등의 유적은 만기를 대표한다. 수공업 가운데서도 옥 다듬는 솜씨는 매우 뛰어난데 최근 들어 무덤에서 대량으로 출토되고 있다. 이들의 형태도 다양하며 구슬, 청옥, 도끼모양 등 의례성 옥기와 새, 물고기, 거북 등 동물성 옥기, 옥관식, 옥 허리장식, 옥팔찌, 옥가락지 등 종류도 복잡한 편이다.

8) 중국 신석기시대 문화로, 방사성탄소보정연대는 B.C 4400~3300년에 해당한다. 1959년 사천성(四川省) 무산현(巫山縣) 대계(大溪) 유적을 발굴하여 이 같은 이름을 얻었다. 주요 유적들은 사천성(四川省), 호북성(湖北省) 및 호남성(湖南省) 내의 장강(長江) 및 그 지류인 한수(漢水) 연안에 분포하는데 호북성(湖北省) 의도현(宜都縣) 홍화투(紅花套), 지강현(枝江縣) 관묘산(關廟山), 송자현(松滋縣) 계화수(桂花樹), 호남성(湖南省) 풍현(豊縣) 삼원궁(三元

의 일인장인 「수혈단인장(竪穴單人葬)」이며, 매장방식은 「앙신직지(仰身直肢)」·「부신장(俯身葬)」등, 각종 형식의 「굴지장(屈肢葬)」이 그 특색이다. 이러한 굴지장은 또 앙곡(仰曲)·측곡(側曲)·부곡(俯曲)의 세 종류가 있으며, 앙곡 형태가 제일 보편적이다. 팔 다리를 구부린 각도는 상당히 심한 편으로, 다리를 구부려 엉덩이에 닿게 하거나, 무릎을 가슴에 닿게 하여 팔로 껴안는 모양을 취하고 있다[9]. 아동의 경우 매장풍속은 기본적으로 성인과 같으나 장구(葬具)가 발견 되지 않았다. 그리고 부장품은 다소 차이가 있으나 석기(石器)·골기(骨器)·도기(陶器) 위주의 부장품 이외에 개를 부장품으로 사용하기도 하였다.

이상의 서술을 통해, 중국내 원시사회의 매장풍속은 신석기말기에 이르러, 씨족 구성원간의 귀천(貴賤) 문화가 심해지면서 매장풍속 역시 점진적으로 복잡해지고 종교적 의식 행위도 증가하여 감을 알 수 있다. 예를 들면, 대문구문화 말기 이미 목곽(木槨)이 출현하고 있고, 용산문화 유적 중 옥함(玉琀)이 발견되는 등, 이러한 것들은 모두 후대에 상장의례(喪葬儀禮)중의 중요한 일환이 된다. 또 원시사회의 영혼관념과 조상숭배 역시 후대 예속으로 자리 잡게 되며, 각 문화권의 유사성도 발견된다. 예를 들면, 수혈토갱(竪穴土坑)·옹관장(甕棺葬)·이차

宮), 안향현(安鄉縣) 획성강(劃城崗) 등 10여 곳이 있다.
무덤은 움무덤(土壙墓)에 펴묻기(伸展葬)한 것이 가장 많아 大溪 유적 무덤의 50%를 차지하지만 몸을 펴고 사지를 구부린 특징적인 방식도 있으며, 엎어묻기도 소량 나온다. 부장품은 많은 편이며 물고기가 사용된 것이 특징적이다. 농업은 벼농사 위주이며 채집과 물고기 잡이도 상당한 비중을 차지했다. 대계문화는 앙싸오문화(仰韶文化)와의 관계 및 長江 중류지방의 신석기문화를 연구하는 데 중요한 자료를 제공한다.

9) 이러한 굴지장(屈肢葬)의 각도와 중원지역의 신석기시대 굴지장과는 현저한 차이가 있다.「四川巫山大溪新石器時代遺址發掘記略」,『文物』, 1961년, 제11기 참고.

장(二次葬)・합장(合葬)등이 있으며 상이(相異)한 부분은 굴지준장(屈肢蹲葬)・무묘갱장(無墓坑葬)등이 있다. 이러한 매장 방식의 유사점과 차이점은 중국내 각 문화권간의 상호 영향과 융합이 이미 명확하게 나타나고 있음을 알 수 있으며, 이러한 물질적 문화 차이는 한대(漢代)에 이르러 비로소 문화상의 통일을 이루게 된다.[10)]

중국최초의 매장방식은 지금으로부터 약 일만 팔천년 전의 산정동인에게서 시작되었다. 고고발굴의 자료에 따르면 신석기 중기 상장은 이미 일정한 풍속으로 형성되었을 뿐만 아니라 씨족 구성원들 간에 지켜야 할 관례로 형성 되었다. 예를 들면, 씨족 공동묘지는 혈연관계 위주로 매장을 하여 왔고, 남녀 간의 부장품에 차이가 있는 반면, 고분의 부장품 수량과 묘실(墓室)의 형식에 이미 수량과 크기의 차이가 생겨났다. 그리고 매장 방식에도 변화가 생겼는데, 정상적인 「앙신직지장(仰身直肢葬)」외에도 신분과 사망원인에 따라 「부신장(俯身葬)」・「굴지장(屈肢葬)」・「이차장(二次葬)」등을 채용하였고, 요절한 영아의 경우 「옹관일차장(甕棺一次葬)」등을 채용하였다. 당시의 인류들이 가족에 대한 애도와 제사의식 및 망령을 위로하는 의식이 있었는지는 문자의 기록이 존재하지 않아 알 수는 없다. 그러나 가족을 잃어버린 슬픔과 애정으로 미루어 보았을 때 분명 그에 상응하는 원시적인 상장(喪葬)의식이 있었음을 추측 할 수 있다.

10) 蒲慕州, 『墓葬與生死 : 中國古代宗教之省思』, 聯經出版社, 1993년, p.39.

2. 하상(夏商) 시기의 상장

중국 하상(夏商)시기, 인생예속(人生禮俗)은 점진적인 발전을 하였다. 이것은 바로 원시사회로부터 문명사회로 전환되어 가는 과정에서 각종 신구(新舊) 예속의 교차와 융합의 결과이다. 그러나 인류는 비록 문명사회로 진입은 하였으나, 원시시대의 인생예속은 여전히 각종 형태로 존재하였다. 때문에 상장에 있어서도 원시적인 전통이 적잖게 남아있었다. 그러나 문명의 역사 발전과정을 따라 상장 역시 많은 발전을 하였다. 원시시대의 영혼불멸관념은 여전히 성행하였기 때문에 산 자들의 가슴속에 중요한 위치를 차지하게 되었다. 따라서 상장은 더욱 조상들을 중요시하게 되고 효(孝)관념도 더욱 발전 하게 된다. 특히 상대 반경(盤庚)[11]이 은(殷)으로 천도한 후 중국역사상 처음으로 후장(厚葬)풍습이 고조되어, 비인도적인 순장(殉葬)과 사람을 희생으로 쓰는 인생(人牲)제도는 절정에 달하게 되고, 족장(族葬)제도와 「장방형수혈토광묘(長方形豎穴土壙墓)」위주의 묘장 제도 역시 성행한다. 고분 중에 사용한 청동명기(明器)는 수량과 종류에 있어서 현저한 증가를 하며, 그 중 주기(酒器)는 특별한 지위를 차지하고 있다[12]. 묘위의 건축

---

11) 반경(般庚)으로도 쓴다. 상(商)나라 때의 국군(國君). 탕(湯)의 9대손이고, 제조(帝祖)의 아들이다. 형 양갑(陽甲)을 이어 왕위에 올랐다. 당시 국력이 쇠약해져 제후(諸侯)들이 입조(入朝)하지 않았다. 귀족들의 교만하고 사치스런 풍조를 일소하고, 수재(水災)를 면하려 피한 군중들을 이끌고 도읍을 은(殷)으로 옮겼다. 신민(臣民)들이 원망하자 글을 써서 백성들에게 고하니, 이것이 『서경(書經)』 반경(盤庚)편이다. 재위 기간 중에 상나라가 부흥했는데, 역사에서는 은상(殷商)이라 부른다. 28년 동안 재위했다.

12) 상대(商代)의 고분 중, 청동 예기(禮器)는 주기(酒器)가 중시되고, 식기(食器)는 경시되었다. 考古발굴에서 알 수 있듯이 상대 노예주인 귀족들은 대부분 청동 주기를 곽(槨)속에 함께 매장하였고, 식기는 곽밖에 매장하였다. 곽내는

은 은상(殷商)시기 이미 그 원형이 갖추어졌고, 조상에게 제사를 지내는 것 역시 이 시기의 상장과 종교 사이에서 상당히 중요한 위치를 차지한다.

하왕조로 진입하면서 중국역사는 중대한 변혁을 맞게 된다. 부자(父子)의 세습제도가 이전의 선양제도(禪讓制度)를 대신하게 되고, 성지(城池)를 만들며, 관리와 군대를 설치하고, 형벌을 제정하는 등, 국가정권의 마지막 단계가 이미 형성되었다. 국가의 정권이 출현함에 따라 정치・경제・문화는 전대미문의 발전을 했을 뿐만 아니라, 사상과 의식방면 그리고 상장방면에 있어 큰 변화와 발전을 가져왔다[13]. 문헌의 기록에 따르면, "하왕조 시대의 치국 원칙은 군주의 정교를 존경하고 귀신을 섬기고 공경하나 그것을 멀리 하였고, 사람을 가까이 하여 충성하게 하였다."[14]라고 하였다. 그리고 『예기・단궁상』편에서도 "하후씨(하왕조)는 명기를 사용하였다. (夏后氏用明器)"는 기록들이 보이는데, 이러한 문헌의 기록은 하왕조 사람들은 귀신을 믿었으며, 더욱이 당시 사람들이 천명(天命)사상에 대해 유신론적 종교사상을 가지고 있었음을 잘 나타내고 있다. 물론 하왕조 사람들의 이러한 사상은 그 들의 상장풍속에 큰 영향을 미쳤다는 것을 알 수 있다.

하왕조 사람들의 영혼불멸관념은 상장에 반영되어 후장(厚葬)풍습의 성행을 불러오게 된다. 예를 들면 1975년 발굴된 언사이리두(偃師二里

관(棺)과 가깝게, 곽외는 관과 멀게 하였는데 이러한 원근의 차이는 묘주가 주기를 가까이 하고 식기를 멀리한 관념을 잘 반영하고 있다. 다시 말해, 묘주인이 생전에 특별히 좋아하고 중시 여긴 물건은 신변에 가깝게 하고, 덜 중시한 물건은 조금 떨어져 매장하였다. 상인(商人)의 이러한 관념은 당시 사회생활과 관련이 있다.

13) 張捷夫, 『中國喪葬史』, 文津出版社, 1995년, p.100 참고.

14) 『禮記・表記』. 「夏道尊命, 事鬼敬神而遠之, 近人而忠焉.」

頭)[15]유적지는 하왕조 시대의 대표적인 묘로 불리는데, 그 부장품은 상당히 풍부하다. 대갱(大坑, 墓穴로 간주됨)내 출토된 부장품에는 동작(銅爵)・도화(陶盉)・원포형동기(圓泡形銅器)・석경(石磬) 등이며, 소갱(小坑, 棺室로 간주됨)내 출토된 부장품은 원형동기(圓形銅器)・옥산형품(玉鏟形品)・옥월(玉鉞)・옥과(玉戈)・골관주(骨串珠) 및 바다조개 등이 발견되었는데, 그 규모와 부장품을 비교해 보면 묘의 주인은 아마도 노예주의 무덤인 듯하다[16]. 그리고 이러한 고분은 묘의 주인이 생전에 비교적 많은 재력을 소유하고 있었을 뿐만 아니라, 일종의 특권을 누렸으며, 사회적 지위도 당시의 귀족신분인 듯하다.

귀족신분에서만 풍부한 부장품이 발견된 것이 아니고, 일반 평민에게서도 후장(厚葬)의 풍습이 유행되었다. 이리두(二里頭)유적지에서 발견된 20여개의 소형 묘 속에는 다소의 차이는 있으나 모두 부장품이 발견되었다. 그중 주요한 것은 도기류로서, 정(鼎)・두(豆)・고(觚)・규(鬶)・화(盉)・분(盆)・관(罐) 등이며, 옥기(玉器)와 조개류등도 있다.[17] 이들의 묘 주인은 노예가 아닌 자유인으로 모두 부장품이 있다.

---

15) 중국 허난성 낙양의 동쪽 29km 언사현 현성의 서남 9km에 있는 촌락. 중국과학원 고고연구소 및 허난성 문화국이 1960~64년 8회, 1972~83년 3회에 걸쳐 발굴 조사하여, 하남 용산문화보다 늦고 정주(鄭州)의 이리강(二里岡) 문화보다 빠른 은대(殷, 商) 초기의 문화층을 발견하였다. 석기, 골각기, 토기 외에 복골(卜骨)과 칼, 낚싯바늘 등의 원초적인 청동기가 있고 토기에는 화, 작, 호 등의 술잔 종류에 용무늬, 번개무늬, 원와(円渦) 무늬가 들어 있는 것도 포함된다. 이리두 유적에는 궁전자리로 보이는 판축(版築)에 의한 일변 약 100m의 방형 토단이 검출되어 중앙에는 폭 8간, 안길이 3간, 4면 행랑방의 전당이 있고 주위에 회랑을 두르고 남면하는 대문이 있었음이 판명되었다. 또 옥기와 청동기제의 작(爵) 등도 발견되었다. 은나라 초대의 탕왕이 하나라를 멸망시키고 천도한 서박유적으로 추정된다.

16) 「偃師二里頭遺址新發現的銅器和玉器」, 『考古』, 1976년, 제4기 참고.

17) 蒲慕州, 『墓葬與生死 : 中國古代宗教之省思』, 聯經出版社, 1993년, pp.39~41.

이것은 생전에 일정한 재력을 소유하고 있었음을 설명하고 있고, 또 부장품의 수량 차이는 빈부 차이가 있었음을 말하고 있다. 그들의 신분은 자유민으로, 재력이 풍부한 자는 아마도 노예주인 듯하다.

은상(殷商)시대로 접어들면서 상장풍속은 이미 복잡한 추세였다. 고대 예서(禮書)상의 기록에 의하면 이러한 상황은 은상인의 사회 관념에서 비롯된 것이다. 고인들은 다음과 같이 생각하였다.

> 은왕조 사람들은 신을 존경하고, 백성을 이끌어 신을 섬기게 하여 귀신(조상)을 우선으로 하고, 예(禮)를 뒤로 여겼다.
> (殷人尊神, 率民以事神, 先鬼而後禮. 『禮記・表記』)

이른바 「귀(鬼)」는 조상의 영혼을 일컫는 것으로서 당시 사람들의 영혼신앙과 밀접한 관계가 있다. 은왕조 사람들의 사고 속에는 「귀」의 개념과 생자(生者)의 개념을 혼합시켜 사후 영혼이 존재한다고 확신하였으며, 영혼은 항상 사람의 운명에 영향을 미친다고 여겼다. 이러한 점에 비추어 보면, 상장 중의 조제(祖祭)는 은상시기 종교 활동의 중요한 내용으로 자리 잡게 되고, 조상의 제사는 빈번해져 갔다. 그리고 대부분 산 사람을(人牲, 혹은 人祭) 제물로 바치는 등, 국가정권의 강화와 종교미신의 성행으로 말미암아, 순장(人殉)현상은 역사상 절정기에 이른다.[18)]

---

18) 人牲(人祭)과 人殉은 각기 다른 습속이다. 사람을 순장한 인순은 망자를 동반하거나 시봉(侍奉)의 의미로 함께 수장하는 것이다. 때문에 머리 부분을 비롯해 전신이 온전한 상태이며, 사람을 희생으로 한 인생(인제)은 산 사람을 죽여 제물로 썼기 때문에 대부분 전신이 온전하지 못하다. 전문가들의 통계에 의하면, 지금까지 발굴된 인생과 관련된 갑골문이 1350편, 복사문(卜辭文)이 1992개, 모두 13,052명의 인생이 발견되었다. 이외에 1145개의 복사문에 인생

은왕조 사람들의 영혼신앙은 후장(厚葬)풍습으로 반영되어 성행하였다. 이 때문에 상대는 중국 고대 후장풍습의 일차적 고조기가 되며, 그 첫 번째 특징으로 노예의 주인인 귀족의 능묘(陵墓) 규모가 방대하고 웅장하며, 청동기・옥석제품들을 부장품으로 사용하였는데, 그 수량과 종류는 최고 절정에 이른다. 두 번째 특징은, 노예와 가축 등의 순장이 보편적이다 는 것이다. 1976년 발굴된 안양(安陽) 은허 부호묘(婦好墓)의 부장품 중, 예기(禮器)・악기(樂器)・병기(兵器) 등이 이미 발굴되었고, 생활용구와 공예품도 발굴되었다[19].

하상(夏商) 시기, 사용된 부장품은 수량과 종류가 전대에 비해 증가한 것 외에 최대의 변화는 아래와 같다.

첫째, 동기(銅器)의 유행이다. 동기 제조기술은 씨족사회 말기에 이미 출현하였지만 당시는 홍동(紅銅)위주였다. 그러나 하왕조에 이르러

의 수량이 기록되지 않았는데, 만약 복사문 하나 당 한 사람으로 계산한다면, 복사에 기록된 모든 인생의 수량은 적어도 14,197명이 된다. 그리고 은허원수북안(殷墟洹水北岸)에서 발굴된 은왕실능묘(殷王室陵墓)의 제사 장소에서 제사 갱(坑)이 모두 1,433개가 발견되었는데, 인생으로 사용된 수는 적어도 1,178명이나 되며, 상대 귀족 고분에서 발굴된 인생 수는 15,000명이 넘는다. 인생을 대량으로 사용한 것 외에, 상대 귀족들이 사후에도 적잖은 수의 인순을 수장하였는데, 은허에서 발견된 대형 묘에서는 인순이 많은 것은 수십 명에서 백여 명이 넘으며, 중형 묘는 수십 명 혹은 몇 명이며, 소형 묘에서는 한 두 명의 인순이 발견되었다. 은허 고분 중 순장의 수량 통계는 모두 508명으로 조상을 제사 지내는데 사용한 인생에 비해 그 수량이 적은 편이다. 胡厚宣, 「中國奴隸社會的人殉和人祭(上・下)」, 『文物』, 1974년, 제7・8기, 黃展岳, 「中國古代的人牲人殉問題」, 『考古』, 1987년, 제2기 참고.

19) 묘 중에 발굴된 순인(殉人)은 16명, 순구(殉狗)는 6마리이며, 468개의 청동기(예기(禮器)200여개, 병기(兵器)130여개, 공구44개, 동령(銅鈴)18개, 동경(銅鏡)4개)・700여개의 옥기・560여개의 골각품(骨角品)・63개의 석기・47개의 보석제품・11개의 도기・3개의 상아기명(象牙器皿) 및 7000여개의 바다조개 등이 발굴되었다. 『殷墟婦好墓』, 文物出版社, 1980년, p.15.

홍동은 청동(靑銅)으로 발전하였고, 주물공예도 고도로 발전하여 세계에 이름이 알려진 청동문화를 창조하였다. 그리고 부장품은 보통 생전에 상용하고 애용하던 물건을 사용하였기 때문에 청동기를 부장품으로 사용하는 것이 상당히 유행하였다[20].

둘째, 부장품으로 수레와 말을 사용한 것이다. 이러한 현상은 대부분 왕실귀족에게서 발견된다. 그들은 생전에 외출 시 거마(車馬)를 사용하였기 때문에 사후 역시 수레와 말을 사용하는 것은 이상한 것이 아니었다. 따라서 매장 시 수레와 말을 수장 하였다[21].

무덤 속에 매장된 많은 부장품들은 묘 주인이 사후 생활을 위한 산자들의 세심한 안배로서, 사후의 세계에서도 생전과 같은 사치와 호화로운 귀족생활을 영위하기를 희망하는 이유에서이다. 이것은 하상인들의 영혼관념이 얼마나 강렬하고 농후했는지를 알 수 있다.

고대 예서의 기록에 의하면, 하・상의 상장제도는 조금의 차이가 있다[22]. 예를 들면 「빈(殯)」의 위치에 관하여 다음과 같이 말하고 있다.

---

20) 상대 부장품에 사용된 청동기의 종류는 매우 풍부하다. 하대에 수종에 불가하던 것이 수십 종에 이르는데, 보편적으로 발견되는 용기류에는, 정(鼎)・유(卣)・준(尊)・궤(簋)・호(壺)・화(盉)・고(觚)・작(爵)・가(斝)등이며, 병기류에는, 과(戈)・모(矛)・도(刀)・월(鉞)・족(鏃)등, 그리고 공구류에는, 분(錛)・착(鑿)・도(刀)・산(鏟)등이다. 이 외에도 악기, 화장용구, 말과 수레 장신구, 및 기타 공예품등도 발견 된다.

21) 「殷墟西區發現一座車馬坑」, 『考古』, 1984년, 제6기, 張捷夫, 『中國喪葬史』, 文津出版社, 1995년, pp.13~15.

22) 『禮記』의 일부 편장에서 하, 상 이대의 묘장풍속에 대한 서술에 차이가 있다. 그 중 일부는 상당한 가치가 있는 반면, 일부는 그 신뢰도가 조금 떨어진다. 예를 들면, 「曾子問」편에서 : 「夏后氏三年之喪, 旣殯而致事, 殷人旣葬而致事.」라 하였는데, 이 경문에 의하면, 하상시기 이미 삼년지상의 풍속이 있다고 하였다. 그러나 이것은 명확한 증거가 부족하다.

하왕조 시대는 동쪽계단위에 빈소를 만들었으니 죽은 자를 주인으로 대우한 것이고, 은왕조 사람들은 당(堂)의 두 기둥 사이에 빈소를 만들었으니 그것은 빈객과 주인의 사이로 간주한 것이다.
(夏后氏殯於東階之上, 則猶在阼也 ; 殷人殯於兩楹之間, 則與賓主夾也. 『禮記 · 檀弓上』)

그리고 상례의 치제(致祭)에 있어서,

하왕조 시대는 흑색을 숭상하여 상사에는 어두운 때 염습을 하였고, 전쟁에는 검은 말을 탔으며, 희생은 검은 빛의 것을 사용 하였다. 은왕조 사람들은 백색을 숭상하여 상사에는 정오에 염습을 하였고, 전쟁에는 흰 말을 탔으며 희생은 흰빛의 것을 썼다.
(夏后氏尙黑, 大事斂用昏, 戎事乘驪, 牲用玄. 殷人尙白, 大事斂用日中, 戎事乘翰, 牲用白. 『禮記 · 檀弓上』)

또 장구(葬具)면에 있어서,

유우씨(舜임금)시대는 와관을 썼고, 하왕조 시대는 직주를 썼고, 은왕조 사람들은 관곽을 썼다.
(有虞氏瓦棺, 夏后氏堲周, 殷人棺槨. 『禮記 · 檀弓上』)

부장품에 관하여는,

하왕조 시대는 죽은 사람에게 명기를 사용하였는데 그것은 백성에게 죽은 사람은 아는 것(인지능력)이 없다는 것을 보인 것이며, 은왕조 시대는 죽은 사람에게 제기를 사용하였는데 그것은 백성에게 죽은 사람도 아는 것(인지능력)이 있다는 것을 보인 것이다.
(夏后氏用明器, 示民無知也. 殷人用祭器, 示民有知也.『禮記·檀弓上』)

이상의 경문(經文)에서 알 수 있듯이, 각각 그 시대에 따라 조금의 차이가 있다. 그러나 상술한 기록들은 전혀 그 근거가 없는 것은 아니다. 예를 들면, 은왕조는 상사에 빈렴(殯斂)을 모두 정오에 한 것을(大事斂用日中), 갑골문에 근거해 보면 은상시대는 하루에 두 끼를 먹는 일일양찬제(一日兩餐制)였음을 알 수 있다. 오전 8시 전후와 오후 4시 전후의 양찬제(兩餐制)로서, 일중(日中) 즉 정오 전후가 은상시대의 시간으로는 하루 중의 주요한 활동 시간이 된다. 그리고 은왕조 사람들은 백색을 숭상하여, 희생도 백색을 썼다는 기록은(殷人尙白, 牲用白), 현존하는 자료에 의하면, 적어도 은왕조 사람들이 백마를 숭상한 사실은 갑골문에서도 밝혀진 사실이다[23].

관곽(棺槨)을 매장에 사용한 것은 대략 하상(夏商)시기에 출현하는 상장풍습이다. 하왕조의 유적에 속하는 이리두유적(二里頭遺跡)에서 발굴된 고분은 고고학자들에 의하면, 대갱(大坑)은 묘혈(墓穴)이며, 소갱(小坑)은 관실(棺室)에 해당된다고 한다. 그리고 기타 고분의 갱 밑부분에 주사(朱砂)가 뿌려져 있다. 이러한 고분은 소수에 지나지 않는데, 지금까지 발굴된 하왕조의 고분에서는 대부분 관곽이 존재하지 않는다. 관곽을 중요한 장구(葬具)로 사용하기 시작한 습속은 은상시대에 이미 보편적이었다[24]. 따라서 이른바 「은인관곽(殷人棺槨)」의 기록

23) 裘錫圭, 「從殷墟甲骨卜辭看殷人對白馬的重視」, 『殷墟博物苑苑刊』, 창간호, 1989년. 참고.

은 믿을 만한 사실이다.

3. 서주(西周)와 춘추전국(春秋戰國)시기의 상장

사회 발전에 따라 물질 생산력이 높아지고 빈부귀천의 차이가 생겨나기 시작하자, 상장예의(禮儀) 역시 크게 발전했다. 복서(卜筮)가 성행하던 하상시기, 상장은 의식화, 체계화가 되었을 뿐만 아니라, 이미 제도화 되었었다. 『주례(周禮)』·『의례(儀禮)』·『예기(禮記)』등의 예서에서도 알 수 있듯이, 적어도 주왕조의 상장예는 이미 상당한 수준에 이르고 있었다. 상장풍속은 물론이며, 상례·묘지·관곽·부장품 및 예제 방면에서 구체적이고 상세한 규정과 엄격한 요구들이 갖추어졌다.

서주(西周)시기는 이전에 볼 수 없었던 강성한 국가를 건설하여 정치·경제·문화의 수준이 전대에 찾아 볼 수 없는 고도의 발전을 이룩하였다. 주왕조 사람들의 「중민경천(重民敬天)」과 「경귀신이원지(敬鬼神而遠之)」의 관념[25]은 상장관념에 자연히 반영되었다. 따라서 상장 방면에서도 현저한 변화가 있었다. 예를 들면, 순장과 부장 및 청동기는 상왕조와 비교해 보면 감소하는 추세였다. 그러나 고고발굴 자료에 의하면, 주왕조 초기의 상장예속은 여전히 전대의 귀신 숭상습속을 벗어나지 못하였고, 후장풍속 역시 그대로였다. 서주시기 목왕(穆王)때 이르러(서주중기 이후) 특히 후장 풍조는 감소되는 추세였고, 더욱이

---

24) 「偃師二里頭遺址新發現的青銅和玉器」, 『考古』, 1975년, 제4기 참고.

25) 「주나라 사람들은 예를 존중하고 베푸는 일을 숭상하였으며, 귀를 섬기고 신을 공경하였으나 그것을 멀리하였다. (周人尊禮尙施, 事鬼敬神而遠之).」, 『禮記·表記』

인순(人殉)의 현상은 거의 소멸되고, 부장품 또한 감소하였으며, 동기(銅器)의 조합으로 망자의 신분을 대표하였다. 인순(人殉)의 대량 감소와 정(鼎)제도의 출현은 주왕조 인들이 은왕조의 귀신숭배 본질에서 이미 벗어남을 상징하며, 새로운 이성문화를 창조한 것을 의미 한다[26].

서주 시기의 상장은 기본적으로 은상시기의 전례를 따랐다. 기록에 의하면, 당시의 관곽(棺槨)제도는 이미 성숙한 단계에 도달하였고, 또 엄격한 신분등급제였다. 『예기』에서 다음과 같이 말하고 있다.

> 천자의 관은 4겹으로 한다. 물소 가죽과 외뿔소 가죽으로 만든 관이며, 그 두께는 3치이고, 피나무로 만든 관 한 겹, 가래나무로 만든 관 두 겹이니 4겹의 관이 6면을 둘러싼다. 관을 묶는 데는 세로로 2번, 가로 3번, 나비 은살대는 묶음마다 하나씩 한다. 측백나무로 만든 곽은 그 밑동으로 만드는데 길이가 6자이다.
> (天子之棺四重. 水兕革棺被之, 其厚三寸 ; 杝棺一, 梓棺二. 四者皆周. 棺束縮二衡三, 衽每束一. 柏槨以端長六尺. 『禮記・檀弓上』)

정현(鄭玄)은 주(註)에서 아래와 같이 설명하고 있다.

> 제공은 3겹으로 하며, 제후는 2겹, 대부는 1겹, 사는 부중이라 하였다.
> (諸公三重, 諸侯兩重, 大夫一重, 士不重. 『禮記・檀弓上』)

---

26) 王明珂, 「愼終追遠-歷代的喪禮」, 『港臺及海外學者論中國文化(下)』, 姜義華 編, 上海人民出版社, 1988년. 참고.

청(淸)대 학자 김악(金鶚)은 정현의 해석에 오류가 있다고 여겼다. 그는 『구고록예설(求古錄禮說)』 권8의 「관곽고(棺槨考)」중에서 다음과 같이 말하고 있다.

> 천자의 아래는 곧 제후이므로 제공으로 다시 구분 할 수 없다. 그러므로 이 서주시기의 관곽제도는 당연히 천자는 4겹, 제후는 3겹, 대부는 2겹, 사는 한 겹이 되어야 한다.
> (天子之下卽應是諸侯, 不該再分出諸公, 故此西周時期的棺槨制度應該改爲「天子四重, 諸侯三重, 大夫二重, 士不重.」

예제(禮制)에 의하면, 곽의 외부에 다시 한 층의 곽을 추가하여야 한다. 즉 천자는 일곽사관(一槨四棺), 제후는 일곽삼관(一槨三棺), 대부는 일곽이관(一槨二棺), 사는 일곽일관(一槨一棺), 서민은 곽이 없다.[27] 그러나 이들의 설과 이미 발굴된 고고자료와는 차이를 보이고 있다.

천자의 일곽사관 여부는, 현존 고고자료를 보면 서주 왕릉에서는 아직 발견 되지 않아 확인 할 수 없다. 그러나 제후국의 제후 고분은 지금까지 다량 발견되었지만, 일곽삼관의 현상은 찾아 볼 수가 없다. 예를 들면 「증후을묘(曾侯乙墓)」는 일곽이관이며, 「어백묘(魚伯墓)」역시 내외 이중 곽으로 이루어져 있다. 문헌상에 기록 된 관곽제도와 고고유적에서 발굴된 상황과는 조금의 차이가 있음을 알 수 있다. 서주시기 관곽제도가 엄격히 실행되었는지는 알 수 없으나, 관곽제도의 등급이 형성 된 것은 춘추시대 이후가 합리적인 추측이다. 선진(先秦)문헌의 기록을 살펴보면,

---

27) 陳華文, 『喪葬史』, 上海, 文藝出版社, 1999년, p.139.

> 천자 관곽 10겹, 제후 5겹, 대부 3겹, 사 2겹.
> (天子棺槨十重, 諸侯五重, 大夫三重, 士再重.『荀子集解・禮論』)

> 천자 관곽 7겹, 제후 5겹, 대부 3겹, 사 2겹.
> (天子棺槨七重, 諸侯五重, 大夫三重, 士再重.『莊子集釋・天下』)

상문과『예기』내용과는 일치하지 않는다.[28] 이른바「재중(再重)」이란 것은, 일관일곽을 말하는 것이고,「삼중」이란 것은 쌍관일곽을 말하는 것으로, 정현이 말한「사 부중은 관만을 이르는 것으로 곽은 언급하지 않았다.(士不重指棺而言, 未及槨)」는, 실제로 일관일곽이다[29]. 보기에는 이러한 관곽제도가 차이가 있는 듯하나, 서주 중형 묘를 살펴보면 중관일곽(重棺一槨)의 제도가 존재했음을 알 수 있다[30].

서주시기, 수장한 명기의 범위는 은상시기에 비해 그 종류가 증가하였다. 노예용(奴隷俑)과 옥석(玉石)의 의장병기(儀仗兵器) 등이 발견되며, 소형 묘에서는 골제거마(骨製車馬), 혹은 동제거마기(銅製車馬器) 중의 마초(馬鑣)・당려(當廬)・동포(銅泡) 등 거마기(車馬器)를 상징하는 현상들이 나타난다. 서주 중기에 이르러, 부장품중 청동예기(禮器)의 조합에 큰 변화를 가져오기 시작한다. 그러나 은상시기와 비교해

---

28) 考古유적 중 아직『荀子』와『莊子』의 기록과 일치하는 유적은 발견되지 않았다. 아마도, 두 기록은 춘추이후의 사실로, 천자의 사중관곽제가 제후들의 참례(僭禮)로 인해 이미 파괴된 후의 새로운 제도인 것 같으나, 그러나, 춘추이후 주실(周室)이 쇠퇴했기 때문에 구 예제를 유지하기는 쉽지 않은 일이다. 따라서 필자의 견해로는 새로운 제도 역시 실행되기 어려웠을 것이다.

29) 葉驍軍,『中國墓葬發展史』, 甘肅文化出版社, 1994년, p.51.

30) 同前注 p.43.

주기(酒器)는 감소하는 반면 식기는 증가하였다. 서주 말기 가장 보편적인 예기는 대부분 정(鼎)・궤(簋)・반(盤)・이(匜)・호(壺) 등 다섯 종류들이며, 그 다음이 역(鬲)・언(甗)・두(豆)이다. 그중 정과 궤는 가장 중요한 예기로서[31], 주대의 예제 규정은 천자 9정, 제후 7정, 대부 5정, 사 3정 혹은 1정의 홀수로서 모두 다섯 등급으로 나누어져 있고, 궤는 짝수로 二・四・六・八의 네 등급으로 차등 하였다. 이러한 정제도(鼎制度)는 비교적 명확한 등급질서를 상징하는 것으로, 주왕조 예제에 의하면 당시 노예주인 귀족들이 사용한 정의 수량은 그들의 신분에 따라 다소 차이가 있는 비교적 엄격한 정제도가 형성되었다.[32]

춘추전국시기는 중국 고대역사상 급변의 시기였다. 사회 생산력의 발전과 과학의 진보, 사회제도의 변화 및 주왕실 천자의 권위쇠퇴로

---

31) 王仲殊는 「中國古代墓葬概說」에서 말하기를 : 「각종 식기 중, 정(鼎)과 궤(簋)가 가장 중요하다 .주대의 예제규정에 의하면, 天子는 九鼎, 諸侯는 七鼎, 大夫는 五鼎, 士는 三鼎 혹은 一鼎. 을 사용하였고, 동주 때 이르러서는, 천자와 제후 모두 9정, 경 7정, 대부 5정, 사 3정 혹은 1정을 사용하였다. 그리고 궤와 정을 함께 사용하는 경우에도 8궤 9정, 6궤 7정, 4궤 5정, 2궤 3정, 등 그 규정이 명확하였다」. 王仲殊 「中國古代墓葬概說」, 『考古』, 1982년, 제5기. 참고.

32) 俞偉超는 고고자료와 문헌자료를 종합하여 주왕실 정제도(鼎制度)를 연구하였는데, 그의 이론에 의하면, 서주 전기(武王~恭王) 三禮중의 大牢九鼎(諸侯)・七鼎(卿・上大夫)・小牢五鼎(下大夫)・三鼎・一鼎(士)과 일치하는 일련의 예제는 이미 완비되었다고 주장하였다. 그리고 서주 후기 춘추 초 사이에 이러한 예제는 일차적으로 파괴가 된다. 즉, 하급신분이 상급신분의 예제를 참용하는 상황이 일어나며, 동시에 청동 예기를 모방한 도제(陶製)품이 출현하기도 한다, 춘추말기와 전국초기에는 제후의 경(卿)들이 천자의 예제를 참용하기 시작하며, 서인들도 사의 예를 사용하는 등, 주초 예제의 진일보적인 붕괴를 맞게 된다. 그러나 이 시기 예제의 기본적인 형태는 여전히 유지가 되고 있었으나, 전국 중기와 말기에 이르러 九・七・五・三・一의 정제도는 불완전하게 되고, 한(漢)초에 구제도를 회복하고자하는 기도가 있었으나, 정치사회 상황의 변화로 주왕실 정제도는 역사의 옛 흔적으로만 남게 되었다. 俞偉超 「周代用鼎制度硏究」, 『先秦兩漢考古學論集』, 1985년. 참고.

말미암아 봉건유대가 붕괴되고, 세력이 강대한 제후들은 패권을 다투게 되었다. 이러한 변화로 인해 사람들의 의식형태도 비교적 큰 변화가 일어났다. 일부 진보적인 사상가와 정치가들은 영혼의 존재유무에 회의를 갖게 되고 「천하재(天下宰)」가 인사(人事)를 주재하는 상황에서 벗어나고자 하였다. 이러한 상황아래 공자·묵자·노자 등은 각각 자신들의 사상에 기초한 새로운 상장관을 제시하는데, 이들의 상장관은 후대에 막대한 영향을 끼친다.[33]

유가(儒家)의 기본적인 상장예의는 이미 이 시기에 거의 확립되었다. 당시 상장예의의 특징은 윤리질서의 충실한 이행과 도덕 확립에 그 중심을 두었다. 그래서 친족간의 등급과 친소(親疏)관계가 확정되고, 신분제도와 결부되어 윤리질서와 정치질서는 상장예속 속에서 유기적인 통일을 이루게 되었다. 상례는 윤리질서와 정치질서에 근본하기 때문에 외재적 표현형식도 매우 복잡해졌다.

고고발굴 자료에 의하면, 중국은 늦어도 춘추말기에 이미 철기문화가 시작 되었다. 철기의 생산과 사용이 점점 일반화 되고, 사회생산력이 꾸준히 향상됨에 따라 생산관계도 새로운 변화가 일어났다. 사학자들에 의하면, 대략 춘추와 전국시기 노예사회에서 봉건사회로 전환되었다고 한다. 이 시기 통치계급의 묘장제도에 중대한 변화를 가져오는데, 그 현저한 특징은 높은 봉분(封墳)과 대규모 묘상건축의 유행이다. 춘추이전만 하더라도 일반적으로 묘만 있고 봉분이 없는(墓而不墳) 묘장형식을 채용 했었다. 그런데, 춘추시기에 들어와 동남지역 일대에서만 성행하던 봉분이 있는 묘장형식이 점점 중원 대부분 지역으로까지 그 영향을 미치게 되었다. 이러한 점은 고대문헌에 명확한 기록이 있

33) 徐吉軍, 『中國喪葬史』, 江西高校出版社, 1998년, p.97.

다. 『예기』의 기록에 의하면, 공자가 자신의 부모를 합장한 후 다음과 같이 말하였다.

> "내 들으니, 옛날에는 묻기만 하고 봉분은 만들지 않았다고 하였는데, 지금 나는 동서남북으로 분주히 다니는 사람이라 표지를 하지 않을 수 없다." 하고는 이에 봉분을 만들었는데 그 높이가 4척이었다.
> ("吾聞之, 古也墓而不墳. 今丘也, 東西南北人也, 不可以弗識也." 於是封之, 崇四尺. 『禮記・檀弓上』)

공자는 열국을 분주히 떠돌아다니는 형편이라 만약 고례(古禮, 봉분이 없는 지면과 수평인 묘)를 따른다면, 부모의 묘를 찾기가 어렵다고 여겼다. 그래서 부모의 묘를 4척 높이로 쌓아 표지로 삼았다. 그리고 공자는 자신이 과거에 보아온 봉분의 형태를 말하고 있는데,

> "나는 봉분 만들기를 당(堂)처럼 쌓은 것을 보았고, 제방처럼 쌓은 것을 보았고, 하왕조 때의 집을 덮는 것처럼 쌓은 것을 보았고, 도끼처럼 쌓은 것을 보았는데, 나는 도끼처럼 쌓는 것을 따르겠다." 라고 하셨으니 그것을 마렵봉이라고 하는 것이다.
> ("吾見封之若堂者矣, 見若坊者矣, 見若覆夏屋者矣, 見若斧者矣. 從若斧者焉." 馬鬣封之謂也. 『禮記・檀弓上』)

상문을 통해 알 수 있듯이 묘에 흙을 쌓아 높이 봉분을 만드는 형식은 춘추시기에 이미 보편적으로 통행하였던 매장 방식이다. 봉분묘의 흥기와 당시 사회의 발전과는 밀접한 연관이 있다. 춘추전국시기는 예악(禮樂)이 붕괴된 사회변혁의 시대로서, 전통적 묘장방식(墓而不墳)은

시대 발전의 요구에 이미 적합하지 않았다[34]. 따라서 전국시기에 이르러 봉분묘의 형식은 더욱 보편화되었고, 봉분묘는 봉건시대 신분등급을 상징하게 되었는데 신분이 높을수록 봉분은 더 크며 그 봉분의 높이는 신분의 높이를 상징하는 것으로 엄격한 규정이 있었다. 이러한 현상은 선진(先秦)문헌 속에 적잖은 기록들이 있다.

> 작위의 등급에 따라 봉분의 높이와 심을 나무의 수량을 결정한다.
> (以爵等爲丘封之度, 與其樹數.『周禮·春官·冢人』)

> 왕공대인들이 상을 당했다면 겉관은 반드시 여러겹으로 할 것이고 매장은 반드시 깊게 할 것이며, 수의는 반드시 많이 입히고 무늬와 수를 화려하게 할 것이며, 봉분은 크게 할 것이다.
> (王公大人有喪者, 曰棺槨必重, 葬埋必厚, 衣衾必多, 文繡必繁, 丘隴必巨.『墨子閒詁·節葬』)

> 상사에 대한 규율을 바로 잡아 상복에 대한 경중의 등급과 수를 정하고 관곽의 두께를 자세히 나누고 분묘 면적의 크고 작음과 높이의 높고 낮음과 후하고 박하게 하는 정도를 정하여 귀천의 등급을 도모하게 한다.
> (飭喪紀, 辨衣裳, 審棺槨之厚薄, 塋丘壟之大小·高卑·厚薄

34) 당시 전통적 매장제도는 묘를 땅속에 건설하고, 묘실의 규모를 크게 하여, 부장품을 풍부하게 하였다. 이러한 매장방식은 일반 사람들로 하여금, 망자 생전의 신분지위를 이해하는데 어려움이 있고, 봉건통치자들이 무덤으로서 봉건신분제를 확립하려는 정치 목적을 이루는데도 어려움이 있었다. 따라서 봉분묘는 이러한 결점을 보완하여 봉분형식이 더 보편화 되었다. 徐吉軍,『中國喪葬史』, 江西高校出版社, 1998년, pp.135~136.

之度, 貴賤之等級.『禮記 · 月令』)

춘추전국시기 묘의 관곽(棺槨)은 여전히 엄격한 등급제도가 있었다. 서주(西周)이후 예제(禮制)가 성숙해짐에 따라 관곽 역시 상장예속 등급제의 엄격한 상징이 되었다. 이러한 엄격한 관곽제도에도 불구하고 춘추시기 「예악붕괴(禮樂崩壞)」의 국면에 분수를 뛰어 넘는 참월(僭越)의 현상이 나타났다. 전국시기에 이르러 이러한 관곽제도는 단지 묘 주인의 신분등급만 대체적으로 반영하였다. 이것은 혼란한 현상이 이미 심각해졌기 때문이었다. 유적 발굴을 통해보면 전국시기 제도에 위배되는 매장방식(一槨四棺)은 제후국에서도 많이 나타난다. 중산국왕(中山國王)[35]이 사용하였던 관곽제도가 바로 일곽사관이었다. 그 외에 일곽삼관과 일곽이관의 고분이 비교적 대형 고분에서도 가끔 발견되는데 이것은 관곽의 예법이 실행됨과 동시에 참월 되었다는 증거이다.

사회생산력의 발전과 수공업의 발달로, 귀족 묘 속의 부장품의 종류와 수량, 품질방면에서 전대와 현저한 발전을 보였다. 예를 들면, 당시 칠기의 제작기술이 이미 높은 수준에 도달했고, 부장품 중 그 비중이 현저하게 증가하였다. 그러나 예기(禮器)와 악기(樂器)는 여전히 통치계급의 최고 중요한 부장품이었다.[36]

---

35) 중국의 춘추전국시대에 북방 유목민족인 백적(白狄)의 선우부(鮮虞部)가 허베이성[河北省] 중부에 세운 나라로, 기원전 296년 조(趙) 나라에 의해 멸망되었다.(BC 506~BC 296)

36) 예를 들면, 「증후을묘(曾侯乙墓)」중 편종 한개, 모두 64건(초왕이 증증한 박종(鎛鐘) 하나를 포함하여 모두 65건이 됨), 편경 한개 모두 32건이 발견 되었는데, 이들은 제후들이 예와 악을 중시했음을 알 수 있다. 그리고 청동기 예기(禮器)중에는, 「승정(升鼎)」 1조 모두 9건, 궤(簋)1조, 모두 8건이 발견 되었는데, 이 들은 모두 제후신분에 부합되는 부장품들이다. 「湖北隨縣曾侯乙墓發掘簡報」, 『文物』, 1979년, 제7기. 참고.

하층 귀족과 서민 중에서도 상층 서민들은 묘 속에 「예기(禮器)」를 수장하는 현상이 많이 발견되는데, 이 들은 청동기가 아닌 청동기를 모방하여 만든 도기(陶器)들로, 대부분 묘의 부장품에는 청동기·병기·거마기(車馬器)가 없으며, 도기만 있을 뿐이다. 춘추 중·말기에 이르러, 역(鬲)·두(豆)·분(盆)·관(罐), 혹은 정(鼎)·역·관·분등으로 조합된 청동예기 모조품의 도기가 일부 소형 묘의 주요한 명기(明器)로 자리 잡았다. 이러한 명기는 일상생활용품이지 「예기(禮器)」가 아니다. 그 중 「도정(陶鼎)」의 사용은 중하층 신흥지주 혹은 평민들이 자신들의 신분에 불만을 가지고, 참제(僭制)의 방식을 통하여 내세에 신분 상승을 희망한 것들이라 할 수 있으며, 동시에 당시사회의 예악붕괴현상을 대변한다 할 수 있다. 이러한 현상은 대부분 제후 귀족들의 「참월(僭越)」 현상을 지칭하는 것이지, 예제(禮制)자체가 존재하지 않은 것을 의미하는 것은 아니다.

사람을 죽여 순장하는 정황은 춘추말기와 전국초기의 일부 대형 묘에서 여전히 대량으로 존재한다. 「증후묘(曾侯墓)」에서 총 21명의 순장이 발견되었고 대부분이 여성 청소년들로 묘주의 시중들던 첩인 듯하다. 그리고 산동 임해(臨海)의 제나라 귀족 묘와 거남(莒南)의 거국(莒國) 귀족 묘에서도 유사한 순장이 발견되었는데[37], 후자는 시녀들의 순장 외에도 사람을 죽여 희생으로 쓴 인생(人牲)의 흔적도 발견되었다[38]. 산서성 후마(侯馬)의 일부 전국중기 묘에서도 비록 규모는 작으나, 묘 주위에 살해된 노예들이 발견되었는데, 이 들은 대부분 형구(刑具)를 착용하고 있다[39].

---

37) 「臨海郎家莊一號東周殉人墓」, 『考古學報』, 1977년, 제1기. 참고.
38) 「莒南大店春秋時期莒國殉人墓」, 『考古學報』, 1978년, 제3기. 참고.

춘추전국시기, 인순(人殉)과 인생(人牲)의 상황은 이미 쇠퇴하였고 사람들의 강렬한 반대와 관부(官府)의 금지를 초래하게 된다. 『좌전』 소공 11년 조에 다음과 같이 기록 되어 있다.

> 초나라 군주가 채나라를 멸망시키고 채나라의 은 태자를 강산에서 드리는 제사의 희생으로 썼다. 그러자 신무우는 말하기를 " 상서롭지 못한 일이다. 소, 양, 돼지, 개, 닭의 다섯 가지 가축도 희생으로 쓰일 바가 정해져 있어, 쓰임에 바뀌어지지 않는 것인데, 하물며 제후를 쓴다 말인가?"
> (楚子滅蔡, 用隱太子于岡山. 申無宇曰 : 「不祥, 五牲不相爲用, 況用諸侯乎!」.『左傳・昭公・十一年』)

그리고 『사기・골계열전』에서 말하기를,

> 위 문후 때 서문표가 업의 영이 되었다. 표가 업에 이르러 장로들을 모아 백성들이 괴로워하는 바를 물었다. 장로가 「하백에게 아내를 바치는 일로 고통을 당하고 있습니다. 이 때문에 가난합니다.」라고 하였다. 표가 그 까닭을 묻자 대답하기를 「업의 삼노와 아전이 해마다 백성들에게 돈을 수 백만 전 거두어 갑니다. 그중에서 20・30만 전을 써서 하백에게 아내를 바치게 하고는 그 나머지 돈은 무당과 함께 나누어 가지고 돌아갑니다. 그 시기가 되면 무당이 다니면서 어려운 집안의 딸 중에서 아름다운 여자를 보고 말하기를, 이 여자는 마땅히 하백의 아내가 될 것이다 하고 곧 폐백을 주고 데려 갑니다. …… 그날이 되면 화장을 시키고 시집가는 여자의 상석처럼 만들어 여자를 그 위에 앉힌 뒤 물 위에 띄

---

39) 「侯馬戰國奴隸殉葬墓的發掘」, 『文物』, 1972년, 제1기. 참고.

> 웁니다. 처음에는 떠서 수십 리를 가지만 곧 물에 잠겨버립니다.」
> (魏文侯時, 西門豹爲鄴令. 豹往到鄴, 會長老問之民所疾苦. 長老曰 : 「苦爲河伯娶婦, 以故貧.」豹問其故, 對曰 : 「鄴三老・廷掾常歲賦斂百姓, 收其錢得數百萬, 用其二三十萬爲河伯娶婦, 與祝巫共分其餘錢持歸. 當其時, 巫行視小家女好者, 云是當爲河伯婦, 卽娉取……, 共粉飾之, 如嫁女, 床席, 令女居其上, 浮之河中. 始浮行數十里乃沒.」『史記・滑稽列傳』)

또,『태평어람(太平御覽)』권 팔백십 이편의 기록을 보면, 진 소왕(秦昭王)때, 촉령(蜀令) 이빙(李冰)은 동녀 두 사람을 수신(水神)에게 시집보내는 것을 금지하는 기록들도 있다. 그러나 비록 인생(人牲)을 강력히 반대하고, 지방관원들의 금지가 날로 증가하였으나 인생(人牲)의 풍속은 당시에 여전히 존재하였다.

춘추전국시기의 순장은, 은주시기의 순인(殉人) 풍속보다 훨씬 적었다. 중・소형의 고분에서는 순장의 현상이 현저히 드물다. 그러나 최고 통치계층에서는 여전히 순장 풍속이 보편적으로 존재 한다. 이러한 상황은『시경』・『좌전』・『예기』・『전국책』・『사기』・『묵자』및『여씨춘추』등의 기록에 당시 순장에 관한 내용들이 있다[40]. 그러나 엄격히 말해 당시 인순(人殉)의 현상은 상대와 서주시기의 그것과는 확실한 차이를 보이고 있으며, 당시에 목용(木俑)과 도용(陶俑)을 수장한 풍습이 오히려 성행하였다. 하남성 신양(信陽)과 호남성 장사(長沙) 지역의 초(楚)나라 고분은 비교적 완전한 방부(防腐)로 인해 고분 내의 목용이 완전하게 보존 되었다.[41] 이것은 사람대신 용(俑)을 사용함으

---

40) 徐吉軍,『中國喪葬史』, 江西高校出版社, 1998년, p.161.

로서 인순(人殉)의 잔인한 풍습을 대체한 것이라 생각된다.

이상의 서술을 종합해 보면, 춘추전국시기의 상장습속은, 당시 사회 변화의 중대한 특징을 잘 표현하고 있다 하겠다. 관곽제도와 부장품 면에서 신분 등급제도의 혼란으로 인한 예악붕괴의 현상이 나타났다. 그리고 묘장방식면에 있어서는 황장제주(黃腸題湊)[42]·봉분 등 새로운 설비가 출현하였고 인순제도는 보편적으로 여전히 존재 하였으나, 이미 쇠퇴해져 당시 사람들의 반대를 불러일으켰다. 이러한 모순이 교차하는 상황은 바로 사회의 신·구제도가 교체되는 과정에서 일어나는 필연적인 현상이라 하겠다.

---

41) 中國科學院考古研究所, 『長沙發掘報告』, 科學出版社, 1957년, 『河南信陽楚墓出土文物圖錄』, 河南人民出版社, 1959년. 참고.

42) 중국 춘추시대부터 한대(漢代)에 이르기까지 귀족층에서 사용한 분묘의 형태. 옥의(玉衣) 재궁(梓宮) 외장곽(外藏槨)등을 갖추고 있는데 사용자들은 황제와 그 처첩, 황실의 총신 및 제후국의 국왕 및 왕후, 그리고 특혜를 받은 훈신들이었다. 황장제주 중의 황장은 누른 심(心)을 가진 잣나무, 제는 나무의 뿌리 부분에 가까운 곳, 주는 안쪽을 향해 결합시켜 놓은 것을 말한다. 동한(東漢)때 황장석이 황장목으로 대체되고 한대 이후에는 황장의 형식이 점차 사라졌다.

제3절

삼년지상(三年之喪)의 기원

삼년지상(三年之喪)은 유가에서 가장 중요시한 상기(喪期)이다. 『예기 · 삼년문』에서,

> 삼년지상은 사람의 도리에 지극히 완벽한 표현이니 이것을 일러 최고 엄숙한 것이라고 이른다. 이것은 역대 제왕들이 함께 준수한 것이며 고금이 한결같이 이어온 것으로 아직 그 유래를 아는 자는 있지 않다.
> (三年之喪, 人道之至文者也. 夫是之謂至隆. 是百王之所同, 古今之所壹也, 未有知其所由來者也.)

『논어』에 기록된 공자의 해설에 따르면 「삼년지상」이란 부모가 돌아가신 후에 효자가 부모를 위하여 삼년동안 상복을 입고 애도를 표하는 것이며 또한 제왕이 죽으면 세자가 상복을 입고 애도를 표하고 삼년동안 정사에 관여하지 않고 재상들이 대신 정사를 맡아 본다 하였다.

삼년지상의 제도가 언제 기원 되었으며 언제 제도화 되었는지에 대해 지금껏 논쟁이 끊이지 않고 있다. 당요(唐堯)시기부터 존재 하였다

는 설이 있으며, 은상(殷商)시대의 제도라는 설도 있고 주대(周代)에 규정된 예법이라는 설도 있다. 그리고 춘추시대에 공자로부터 처음 개창된 것이라는 설 등 그 이론이 분분하다. 동주(東周)이래로 사람들은 이를 삼대(三代, 夏商周)의 제도로 여기고 받들며 백성들에게 널리 인식시켜 봉건사회 예서의 최고법전에 기록하였다.— 『의례』와 『예기』 —— 그러나 이러한 설들은 논란이 끊이지 않고 있다. 청말(淸末) 학자는 공자가 그 체제를 바꿨다는 이유로 삼대의 제도란 것을 부정하였다. 근래에는 이것을 고대 제도로 보는 견해가 적지 않다.[1] 현재에 이르러 이천 오백 년 전의 문제를 정확히 논하기는 매우 어렵지만 각종 설의 진위와 득과 실을 구별하는 것은 결코 무의미한 것은 아닐 것이다.

1. 당요(唐堯) 설

공영달(孔穎達)은 『주역・계사하』, '고대의 장례방법은 섶으로 시신을 두껍게 싸서 벌판에 장례 지냈으나 무덤을 만들지 않았으며 나무도 심지 않았고 상기도 없었다.[2]라는 대목의 소(疏)에서,

> 『상서』에 요임금이 돌아가시자 백성들이 부모를 잃은 듯이 하여 3년 동안 온 나라에 음악을 금지하였다 하니, 상기가 없는 것은 요임금 이전의 일이다.
> (案『書』稱堯崩, 百姓如喪考妣, 三載, 四海遏密八音. 則喪期無數在堯以前.)

---

1) 顧洪, 「試論[三年之喪]起源」, 『齊魯學刊』, 1989년, 제 3기. 참고
2) 「古之葬者, 厚衣之以薪, 葬之中野, 不封, 不樹, 喪期無數.」『周易・繫辭下』.

그는 또 『예기 · 삼년문』 소(疏)에서 말하기를,

> 그러므로, 요임금이 돌아가시자 부모를 잃은 듯이 3년을 하였다 하니, 요임금 이전에 부모 거상 3년이 이미 있었음을 알 수 있다.
> (故堯崩云如喪考妣三載, 則知堯以前喪考妣已三年.)

가공언(賈公彦)은 『의례 · 상복』 서두 소(疏)에서 다음과 같이 말하였다.

> 그러므로 『우서』에 이르기를 '순임금이 섭정 28년에 제요가 돌아가시자 백성들이 부모가 돌아가신 듯이하며 3년 동안 음악을 금지 하였다' 고 하니 이것은 심상 3년은 복제에 있지 않은 명확한 증거이다.
> (故『虞書』云 : 「二十八載帝乃殂落, 百姓如喪考妣. 三載, 四海遏密八音.」是心喪三年未有服制之明驗也.)

공영달, 가공언, 두 사람은 모두 「삼년지상」이 요임금 시대부터 시작되었다고 여겼다. 이에 대한 주요한 근거는 『상서』중의 「요전」과 「순전」의 기록이다. 순임금이 섭정 28년에 요임금이 죽었을 때 백성들이 마치 부모가 돌아가신 것처럼 슬퍼하고 애통해하며 삼년 동안 전국에 음악을 연주하지 않았다. 그러나 이 기록을 완전히 믿기는 어렵다. 『상서』 각 편에 기록된 내용의 시대와 기록 시대가 동일하지 않을 수 있기 때문이다. 예를 들면 「요전」은 요순의 사적을 기록하였지만 「요전」이 요순시대에서 기록된 것이 아니고[3] 후대인들이 고대의 이야기를 추리하여 기록해 후인들이 첨삭한 것이다. 이러한 기록은 비록 역사적 가치는 있지만 완전히 확신 할 수 있는 것은 아니다. 따라서 삼년지상은 당요(唐堯)시기 부터 시작되었다는 논지의 근거는 부족하다.

만약 요임금 시기부터 이미 삼년지상이 실행되었다면 순임금 역시 당연히 삼년지상을 채용했을 것이다. 그러나 『예기 · 단궁상』의 기록에는,

> 순을 창오의 들에 장사 지냈다.
> (舜葬於蒼梧之野.)

정현(鄭玄)은 다음과 같이 해석하였다.

> 순이 유묘를 정벌하다가 죽었으므로 그곳에 장사지냈다.
> (舜征有苗而死, 因留葬焉.)

그리고 『주역 · 계사하』의 내용을 보면,

> 고대의 장례방법은 섶으로 시신을 두껍게 싸서 벌판에 장례지냈으나 무덤을 만들지 않았으며 나무도 심지 않았고 상기도 없었다.
> (古之葬者, 厚衣之以薪, 葬之中野, 不封, 不樹, 喪期無數.)

라고 하였다.

3) 屈萬理선생이 『尙書集釋』에서, 「요전은 공자 사후, 맹자 전으로, 대체로 전국초년에 만들어졌다 하였다.(「堯典」之作當在孔子歿後, 孟子之前. 蓋戰國初年. 儒家者流, 據傳說而筆之於書者也.)

『예기』는 서한(西漢) 인이 여러 기록을 모아 편집한 것이고, 「십익(十翼)」은 공자가 서술한 것으로 전해 온다.[4] 이러한 견해는 당(唐)이전의 학자들의 일치된 설이다. 따라서 공영달은 공자가 만든 것이라 여겼으며 선유들도 이견이 없다고 하였다.[5] 그러나 근대 학자들의 「십익」에 대한 고증에 따르면 대략 전국말기에서 한나라 초기 사이에 작성된 것이라고 한다.[6]

이 두 자료상의 고대 상장풍속의 기록을 보면 고대인들은 사망 시 논밭과 야산에 매장하고 봉분을 만들지 않으며 나무를 심어 표지도 만들지 않고 상기(喪期)도 규정된 시간과 한계도 없었으므로 「삼년지상」은 존재하지도 않는다. 따라서 「요전」상의 고대 기록은 확신하기가 어려우며, 「삼년지상」이 요임금 시대부터 시작되었다는 근거는 불충분하다.

---

4) 이 견해는 사마천으로부터 시작 되었다. 『사기・공자세가』에서, '孔子晩而喜『易』, 「序」, 「彖」, 「繫」, 「象」, 「说卦」, 「文言」. '이라고 했다. 그 후에 『漢書・藝文志』, 『隋書・經籍志』, 陸德明 『經典釋文』, 공영달 『周易正義・序』가 뒤를 이었다.

5) '以爲孔子所作, 先儒更無異論.' 『周易正義・序』

6) 이 견해를 주장하는 학자는 李鏡池, 馮友蘭, 郭沫若, 屈萬里等 등이 있다. 李鏡池의 견해는 「關於周易的性質和它的思想」, 馮友蘭의 견해는 「易傳的哲學思想」에 나타나며, 郭沫若은 '「說卦傳」이하 세편은 진나라 이전에 지어진 것이며 「彖辭」, 「繫辭」, 「文言」세 편은 순자의 제자가 진나라 통치시기에 지은 것이고, 「象辭」는 「彖辭」 후에 다른 유파가 지은 것이다'고 하였다. 상세한 것은 「周易的制作時代」를 참고. 屈萬里 선생님은 「雜掛傳」이 漢 宣帝 시대에 지어진 것 이외에 나머지 6편은 전국중기에서 말기 사이에 지어진 것이라고 하였다. 상세한 것은 「易損其一考」, 『漢石經周易殘字集證』 참고.

2. 은상(殷商) 설

청대(淸代)의 모기령(毛奇齡), 초순(焦循) 및 현대의 부사년(傅斯年), 호적(胡適) 등이 위주가 되어 이 견해를 주장하였다. 모기령의 『사서승언(四書賸言)』 권3에 상세한 서술이 있다.[7] 청대 초순은 『맹자 · 등문공상』의 「연우가 세자에게 복명하여 삼년지상으로 하기로 결정하였다.(然友反命, 定爲三年之喪)」는 대목의 소(疏)에서,

> 비로소 맹자가 정한 삼년상을 깨닫고 「삼년불언」을 인용하여 표준으로 삼아 등 문공이 봉행하였다. …… 이것은 모두 상나라 이전의 제도로서 결코 주나라의 제도는 아니다. 주공이 예를 제정하였으나 결코 이 제도는 있지 않다.
> (始悟孟子所定三年之喪, 引「三年不言」爲訓, 而滕文奉行…… 是皆商以前之制, 並非周制. 周公所制禮, 並未有此.)[8]

현대 학자 부사년, 호적도 이러한 주장을 지지하고 있다. 부사년은 삼년지상이 원래 은(殷)인의 구습(舊習)으로 은이 주(周)나라에 멸망하자 은의 유민들은 여전히 구습을 따라 삼년지상을 실행하였으나 주나라 백성들은 실행하지 않았고 하위계층은 구습을 따른 대신 상위계층은 실행하지 않았다. 고 하였다.[9]

이러한 주장의 주요근거는 『상서 · 무일(無逸)』편중의 한 내용이다.

---

7) 毛奇齡은 삼년지상이 은상의 제도라고 주장 하였다. 상세한 내용은 胡適의 『說儒』 참고. 遠流出版社, 1988년, p.108.

8) 『孟子正義 · 滕文公上』, 『十三經注疏』, 臺灣, 藝文印書館, 1985년, p.90.

9) 상세한 내용은 郭沫若의 『青銅時代 · 駁「說儒」』, 『郭沫若全集』 「歷史篇」 제1권 참고. 人民出版社, 1982년.

> 고종 때 이르러 그는(고종) 일찌기 부친의 명을 따라 민간에서 오래 동안 백성들과 같이 생활 하였다. 그가 즉위 한 후에는 침묵하고 말을 근신하며 총재의 말을 듣고 삼년동안 함부로 말을 하지 않았다. 그는 단지 말을 하지 않았을 뿐이며 말을 하면 모두가 옹호하였다.
> (其在高宗, 時舊勞於外, 爰曁小人. 作其卽位, 乃或亮陰, 三年不言, 其惟不言, 言乃雍.)

이 내용에 관해 공자는 아래와 같이 해석 하였다.

> 자장이 말하였다.
> "서(書)에 『고종이 諒陰(양암으로 읽음)으로 삼 년 동안 말을 하지 않았다.』라고 하였는데, 무슨 뜻입니까?"
> 공자가 이렇게 말하였다.
> "하필 고종만이 그렇게 하였겠느냐? 옛날 사람들은 누구나 그렇게 하였다. 군주가 돌아가시면 온 관리들은 모두가 자신의 직무를 삼 년 동안 총재에게 듣고 처리하였다."
> (子張曰 : 「書云 : 『高宗諒陰, 三年不言.』 何謂也?」 子曰 : 「何必高宗, 古之人皆然. 君薨, 百官總己以聽於冢宰三年.」 『論語・憲問』)

이것은 바로 맹자와 후인들이 세자가 수상(守喪) 3년을 하였다는 근거로 삼는 것이다. 공자를 계승한 경학자들도 대부분 이 주장을 지지하였다. 예를 들면 『상서・대전(大傳)』에서, ' 고종은 여막에 기거하며 3년을 말 하지 않았다. (高宗居倚廬, 三年不言)'라고 하였고 정현(鄭玄)은 암을 여막(闇(卽陰), 謂廬也)으로 주석하였으며 『예기・상복사제(喪服四制)』에서도 여를 여막에 기거하는 것(廬, 倚廬也.)으로 주석하였다. 그리고 『주례・궁정(宮正)』에서 의려는 흉려(倚廬卽凶廬)라고 하였으니 여는 수상(守喪)을 하는 곳이다. 주희는『논어집주』에서 '양암은 천자가 거상(수상)하는 곳이다(諒陰, 天子居喪之處.)'라고 하였다. 이러한 해석들은 공맹 시대부터 '高宗亮陰, 三年不言'을 인용하여「삼년지상」의 근거로 삼았던 것을 증명하고 있다.

그러나 곽말약(郭沫若)의 고증에 근거해 보면 諒陰(양암) 혹은 亮陰(양암)—諒闇(양암) 혹은 亮闇(양암)이라고도 한다.—이라는 두 괴이한 낱말은 거상(居喪), 수제(守制)라고 해석하면 안 된다. 그는 역대 고고자료와 과학적인 사실을 근거로 하여 수 천년동안 이어져온 잘못된 이론을 반박하며 '삼년지상은 결코 은대의 제도가 아니다.' 라고 주장하였다. 그는『駁「說儒」』에서 다음과 같이 말하였다.

> 사람이 삼년을 말하지 않으려면, 설령 정상적인 건강한 상태에서 그 가능 여부를 불문하더라도 완강한 의지력으로 제어할 수 있어야 할 것이다. 만약 옛 사람들이나 옛 군왕들이 부모의 상기에 모두 '삼년불언'의 '양암'기를 보냈다면「무일편」에 열거한 은왕, 즉 중종, 고종, 조갑 세 은왕들이 동일하게 겪은 통용된 제도였을 것이다. 그런데 어찌하여 유독 고종 조에만 존재하는가?
> (一個人要'三年不言', 不問在尋常的健康狀態下是否可能, 卽使說明堅强的意志力可以控制得來, 然而如在 '古之人'或'古之爲人君者', 在父母死時都有 '三年不言'的 '亮陰'期, 那麽「無逸篇」裏所擧的殷王, 有中宗, 高宗, 祖甲, 應該是這三位殷王所同樣經歷過的通制. 何以獨把這件事情繫存於高宗項下呢?)

그는 또한 발굴된 4편의 은허 복사를 증거로 들어 '은대에서는 왕실마저 삼년지상을 실행하지 않았다.'라고 단언을 하였다. 그리고 현대학자 이민(李民)은『歷史硏究』(1987년 제2기)에서「高宗"亮陰"與武丁

之治」란 논문을 발표하여 "亮陰"에 대해서 곽말약(郭沫若)과 다른 해석을 하였다. 그는 亮은 곧 양(諒)이며 신(信)이라고 하였다. 陰은 암(暗)이며 묵(黙)이라고 하였다. 즉 말하지 않는다(不言)는 파생의미 이므로 亮陰는 과묵하다는 뜻이라고 하였다. 그는 많은 문헌기록을 근거로 은(殷) 고종의 "亮陰"은 하나의 정치행위이고 '침묵사정(沈黙思政)' 혹은 '신중처사(愼重處事)'라고 고증하였다. '三年不言'은 '말수가 적다'라고 할 수 있고 여기서 '삼년'이라는 것은 실제로 삼년을 말하는 것이 아니다. 따라서 「무일(無逸)」편에 기재된 내용은 「고종 때 이르러 그는 청소년기에 오랫동안 백성들과 동고동락을 했기 때문에 제왕 즉위 후 침묵사정을 했으며 명을 내리는 경우는 매우 드물었다. 그가 일을 처리하는 데 신중하였기 때문에 일단 명을 내리면 백성들이 모두 옹호하였다.」라고 해석할 수 있다. 이러한 해석은 「무일」편에 주공이 성왕에게 너무 편안한 것만 추구하지 말고 노력해서 정치를 해야 한다고 충고하는 주제와 동일하며, 그 전후 문장에서 중종, 고종, 조갑 세 현왕이 정치에 분투노력한 사적을 칭송한 것과도 동일하다. 그의 해석은 곽말약의 해석보다 합리적인 부분이 훨씬 많다. 그러나 어찌되었건 곽말약과 이민, 두 사람의 설은 「삼년지상은 은대부터 있었다.」는 유일한 근거를 상실하였다.

3. 주공(周公) 설

이 주장은 주희(朱熹)의 견해를 근거로 한다. 그는 『맹자집주』의 「등문공훙(滕文公薨)」 장에서 명백히 서술을 하였다[10]. 청나라 말기 강유위(康有爲)는 『논어・양화』 주석에서 상기의 주장을 「고대로부터 계승하여 주대(周代)에 정했다」라고 요약을 했다. 위 두 주장의 고증으로 보면 「고대로부터 계승되었다.」라는 말은 분명하게 확신 할 수는 없다. 그리고 「주대에 정했다」라는 말 역시 잘못된 견해이다. 곽말약은 「삼년지상은 결코 은대 제도가 아니다(三年之喪並非殷制)」라는 글에서 '주대에 삼년지상제의 흔적이 전혀 없다'라고 주장하였다. 모기령도 삼년지상이 주대의 제도라는 견해를 극히 부인하였다[11]. 선진의 문헌자료와 선인의 연구결과를 따르면 이 견해는 사실과 맞지 않는다고 할 수 있다. 그 이유는 다음과 같다.

첫째, 공자와 맹자가 「삼년지상」에 대한 장려와 제창을 보면 주대에 이 제도가 없었다는 결론을 얻을 수 있다. 공자와 맹자는 모두 요임금과 순임금을 조술하며, 문왕과 무왕을 본받아 법으로 여긴(祖述堯舜, 憲章文武) 사람이며, 특히 서주(西周)왕조의 선왕(先王), 선공(先公)을 더욱 숭배하였다. 만약 문, 무, 주공이 「삼년지상」 제도를 정했다면 그들은 반드시 근거를 두고 적극적으로 장려 하였을 것이다. 왜냐하면, 그들의 주장과 사상에 매우 일치하기 때문이다. 『논어』에서 공자가 제자와 삼년지상에 관해 논했던 기록이 두 곳에 있다. 자장(子張)이 「高宗亮陰, 三年不言」에 대하여 의문을 제기 했을 때 공자는 막연히 '옛 사람들은 모두 그렇게 하였다'[12]라고 대답하였다. 「옛 사람들」은 당연

---

10) 『맹자·등문공상』 주자 註 : 「등나라는 노나라와 함께 모두가 문왕의 후손이며, 노나라 시조인 주공이 맏이이다. 형제가 이를 종주로 삼으므로 등나라가 노나라를 종국으로 부른 것이다. 그러나 두 나라가 삼년지상을 행하지 않는다고 말한 것은 그(주공)의 후세의 실책으로 주공의 법이 본래 그러하였던 것은 아니다.(滕與魯, 俱文王之後而魯祖周公, 爲長, 兄弟宗之. 故, 滕謂魯爲宗國也. 然, 謂二國不行三年之喪者, 乃其後世之失, 非周公之法本然也.)」

11) 상세한 것은 모기령의 『喪禮吾說論』을 참고.

12) 『論語·憲文』, 子張曰 : 「書云 『高宗諒陰, 三年不言.』 何謂也?」 子曰 : 「何必

히 고종이전의 사람을 말하며 그 후인을 말하는 것이 아니다. 재여(宰予)가 공자에게 묻기를,

> 재아가 여쭈었다.
> "삼 년 동안 상을 지켜야 하나 기년(期年)으로도 이미 너무 깁니다. 군자가 그 일로 삼 년 동안 예를 익히지 않으면 예는 틀림없이 무너지고 말 것이며, 삼 년 동안 악을 익히지 않으면 악도 틀림없이 무너지고 말 것입니다. 묵은 곡식은 이미 바닥나고 새 곡식은 이미 패어 오르며, 찬수도 그 불을 바꾸어야 합니다. 그러니 일 년 정도로 그칠 만 하다고 여깁니다."
> 공자가 이렇게 물었다.
> "무릇 쌀밥을 먹고 비단옷을 입으면 너는 편안 하다고 여기느냐?"
> 재아가 대답 하였다.
> "편안 합니다."
> "네가 편안하다니, 그러면 네 하고 싶은 대로 하려무나! 무릇 군자의 거상에는 맛있는 음식을 먹어도 달지 않으며, 음악을 들어도 즐겁지 않으며, 거처에도 편안을 느끼지 못하기 때문에 그러한 것은 하지 않는 것이다. 그런데 지금 너는 편안하다고 하니, 그렇다면 네 하고 싶은 대로 하려무나!"
> 재아가 나가자 공자는 이렇게 말하였다.
> "재아(宰予)는 어질지 못하구나! 자식은 태어난 지 삼 년이 지난 연후에야 부모의 품에서 벗어날 수 있는 것이다. 무릇 삼 년의 상기는 천하의 통상이다. 재여는 과연 삼년 동안 부모의 사랑을 받은 자인가?"
> (宰我問 :「三年之喪, 期已久矣. 君子三年不爲禮, 禮必壞 ; 三年不爲樂, 樂必崩. 舊穀既沒, 新穀既升, 鑽燧改火, 期可已矣.」

高宗, 古之人皆然. 君薨, 百官總己以聽於冢宰三年.」

> 子曰：「食夫稻, 衣夫錦, 於女安乎?」曰：「安.」「女安, 則爲之! 夫君子之居喪, 食旨不甘, 聞樂不樂, 居處不安, 故不爲也. 今女安, 則爲之!」宰我出. 子曰：「予之不仁也! 子生三年, 然後免於父母之懷. 夫三年之喪, 天下之通喪也, 予也, 亦有三年之愛於其父母乎!」『論語・陽貨篇』)

이 대화는 제자 재아가 삼년 상기의 질문에 대해 공자와 토론한 것이다. 공자는 "삼년지상은 모든 사람들이 하는 상제"라고 하였지만 사실은 춘추말기에 삼년지상은 오히려 통행되지 않았다. 그래서 공자 문인 중에서도 이 상제가 예의에 맞지 않아 실행을 원치 않는 사람도 있었다. 또한 공자는 일반적인 해석만 하고 사람을 설득할 수 있는 근거를 예로 들지 않았다. 맹자는 비록 구체적으로 "삼년상에 자소의 복장에, 죽을 먹어야 하는 것은 천자로 부터 서인에 이르기 까지 삼대에 걸쳐 똑같았다."[13]라고 지적하고 또 「만장상」편에서, "요임금이 죽고 삼년상이 끝나자, …… 순임금이 죽자 삼년상을 마치고, …… 우임금이 죽자 삼년상을 마치고,……"[14]라고 지적했지만 사실은 여전히 공자의 '옛 사람들은 모두 그렇게 하였다'라는 견해와 일치하다. 「옛 사람」을 단지 요, 순, 우, 은 고종에 만 제한하고 유독 주대의 선왕(先王)선공(先公) 및 주례(周禮)는 왜 빠져있는가? 이것을 통해서 우리는 주례에 이러한 규정은 없었다는 결론을 유추 할 수 있다.

---

13) 「三年之喪, 齊疏之服, 飦粥之食, 自天子達於庶人, 三代共之.」『孟子・滕文公上』

14) 「堯崩, 三年之喪畢, ……. 舜崩, 三年之喪畢, ……. 禹崩, 三年之喪…….」『孟子・萬章上』

둘째, 주왕실은 삼년지상을 실행하지 않았다. 『좌전』 소공(昭公)십오년에 다음과 같이 기록되어 있다.

> 유월 을축날에 주 천자의 태자 수가 죽었고, 가을 팔월 무인날에 천자의 목후가 붕어 하였다.……십이월에 진나라 순역이 주나라에 가 목후의 장례식에 참가 했는데 적담이 그의 부사가 되어 갔다. 장사를 지내고 탈상을 하고서 천자께서 진나라 문백을 데리고 연회를 베품에 노나라에서 바친 술병에 술을 담았었다.……적담이 진나라로 돌아가 그 일을 숙향에게 고하니, 숙향은 다음과 같이 말 했다. "천자는 편히 세상을 떠나지 못할 것이오. 내가 듣건데, 즐거움을 취하기만 하면 반드시 그 즐거움 속에서 죽는다. 라고 하였으니, 지금 천자는 근심하고 슬퍼할 처지에 즐거움을 취하고 있습니다. 만약 근심하고 슬퍼할 입장에서 세상을 떠난다면 그건 편히 죽은 것이라고 할 수 없을 것입니다. 천자는 한 해 동안에 삼년상을 두 차례나 당하고 있는데 상을 당한 입장에 빈객에게 주연을 베풀고, 또 제후에게 이기를 요구하니 근심하고 슬퍼할 입장에 즐거움 취함이 심하고, 또 예가 아닙니다. 이기를 바치는 것은 공이 있어야 하는 것이고, 상을 당해서는 하지 않는 것입니다. 삼년상은 비록 귀한 자라 할지라도 복 입기를 끝까지 하는 것이 예입니다. 천자가 비록 삼년상을 다 지키지 않는다 하더라도 주연을 베풀어 즐기는 것은 너무 이르니 그것 또한 예가 아닙니다."
> (六月, 乙丑, 王大子壽卒. 秋, 八月, 戊寅, 王穆后崩.…… 十二月, 晋荀躒如周葬穆后, 籍談爲介. 旣葬除喪, 以文伯宴, 樽以魯壺.…… 籍談歸, 以告叔向, 叔向曰 : 「王其不終乎? 吾聞之 : 所樂必卒焉, 今王樂憂, 若卒以憂, 不可謂終, 王一歲而有三年之喪二焉, 於是乎以喪賓宴, 又求彝器, 樂憂甚矣, 且非禮也. 彝器之來, 嘉功之由, 非由喪也. 三年之喪雖貴遂服, 禮也.

王雖弗遂, 宴樂以早, 亦非禮也.」)

이 내용은 주대에 비록 삼년지상 제도가 있었다는 것을 증명 할 수 있지만, 주 왕실이 이 제도를 실행하지 않았던 사실은 주대에 삼년지상이 통행되지 않았던 것을 알 수 있다.

셋 째, 각 제후국에 삼년지상은 통행되지 않았다. 『맹자・등문공상』의 기록에 등정공(滕定公)이 사망하였을 때 맹자는 그의 아들인 등문공에게 삼년상을 권하며 삼년지상은 삼대(夏, 商, 周)가 함께한 제도라고 하였다. 그러나 등 나라의 부형과 백관들은 모두 반대하며 그 이유를 들기를,

> "우리의 종주국인 노나라 선군(先君)들도 이렇게 한 적이 없고, 우리 등나라 선군도 역시 누구하나 그렇게 한 적이 없습니다. 그런데 지금 세자의 시대에 이르러 이를 뒤집는 것은 불가 합니다."
> (吾宗國魯先君莫之行, 吾先君亦莫之行也 ; 至於子之身而反之, 不可.『孟子・滕文公上』)

라고 하며 반대 하였다. 등나라는 숙수(叔繡)의 후손이며 노나라와 함께 주 문왕의 후손이다. 그러나 삼년지상을 실행하지 않았다. 노, 송, 제, 진 등 나라에서도 마찬가지였다. 『춘추』에 기록된 것을 근거 해 보면 노 민공(閔公)도 복상(服喪) 기간이 삼년이 되지 않는다. 노 장공(莊公)이 그가 즉위한 32년 8월 계해(癸亥)일에 죽자 다음해 (민공원년) 6월에 장공을 장례 지냈다. 그리고 가을 8월에 제나라 환공(桓公)과 제나라 낙고(落姑)에서 회맹하였다.[15] 또 다음해 여름 5월에 민공이 바로 상기를 마치는 제사를 지냈다.[16] 그 외에 노 문공(文公)이 복상했던 기

간 역시 삼년이 되지 않는다. 『춘추』에 따르면 희공(僖公)이 33년 12월에 사망하였고 문공 원년 여름 4월에 희공을 안장하였다. 2년 8월에 태묘에 큰제사를 지내고 희공을 앞 군주보다 높여 합사하였으며(大事于大廟, 躋僖公. 『좌전・문공・이년』) 또 자신을 위해 결혼할 배우자를 구했다. 그리고 이 외에 노 문공이 사망한 일 년 후 선공이 즉위하고 결혼을 하였다. 『춘추』에 따르면 문공18년 2월 정축(丁丑)에 사망하고 6월에 장례 지냈다. 선공 원년 조에,

> 정월에 선공이 즉위 했다. 공자 수가 제나라로 가 제나라 공녀를 맞이했다. 삼월에 수가 공의 부인 부강을 모시고 제나라로 부터 돌아 왔다.
> 正月, 公卽位. 公子遂如齊逆女. 三月, 遂以夫人婦姜至自齊. 『左傳・宣公・元年』

불과 일 년 2개월 후의 일이다. 노나라는 주례(周禮)의 유행이 가장 심했던 곳이다. 따라서 「주례는 모두 노나라에 있다」고 일컬어 졌다. 그런데 만약 주공(周公)의 제례(制禮)에 「삼년지제(三年之制)」가 있다면 그 후대가 당연히 실행했을 것이지만 문헌에 기록된 노나라 역대 군왕들은 모두 삼년지상을 실행하지 않았다. 이것은 주 왕실에서 삼년상을 결코 제도화하지 않았다는 것을 증명하는 것이다.

송 환공(桓公)이 사망한 그 해에 송 양공(襄公)이 곧바로 제 환공(桓公)의 맹회(盟會)에 참여하였다.

---

15) 『左傳・閔公・元年』 참고.
16) 同 前註.

> 천자력 삼월 정축날에 송나라 군주 어열이 세상을 떠났다. 여름에 공이 천자 조정에서 대재인 주공과 제・송・위・정・허・조의 군주들과 계구에서 만났다.⋯⋯ 구월 무진날에 제후들이 계구에서 맹세를 하였다.
> (王三月, 丁丑, 宋公御說卒. 夏, 公會宰周公・齊侯・宋子・衛侯・鄭伯・許男・曹伯于葵丘⋯⋯ 九月, 戊辰, 諸侯盟于葵丘.『左傳・僖公・九年』)

라고 하였다. 송 환공 어열이 사망한 후 몇 달 되지 않아 그 해 여름, 그의 아들인 양공이 제후회맹에 참석하였다.

제나라 역시 삼년지상을 실행하지 않았다.『공양전・애공・오년』에 다음과 같이 기록 되어있다.

> 가을 구월 계유날에 제나라 군주 처구가 사망하였다.
> (秋九月癸酉, 齊侯處臼卒.)

제후 처구는 바로 제 경공(景公)이다.『공양전・애공・육년』의 기록을 보면,

> 가을 칠월 ⋯⋯ 경공의 상을 벗었다.
> (秋七月,⋯⋯ 除景公之喪.)

이것은 바로「기년지상(期年之喪)」의 실례이다. 또한 제나라 혜공(惠公)이 사망하였을 때 경공도 그 해에 바로 즉위 하고 외국을 방문하였다.[17] 이것 역시 삼년지상을 실행하지 않은 증거이다.

진(晉) 도공(悼公)이 사망한지 4개월 후 평공(平公)이 상복(喪服)을

제복(祭服)으로 갈아 입고 관료들을 거닐고 증제(烝祭)를 지내고 연회를 베풀었다. 노 양공 15년 겨울에 진 도공이 사망하자 16년 정월에 도공을 장례 지냈다. 3월, 제후들이 추량에서 만났다. 『左傳・襄公・十六年』에 다음과 같이 기록되어 있다.

> 봄에 진 군주 도공을 장사지냈다. 평공이 즉위하여……, 상복을 제복으로 갈아입고 재덕을 겸비한 관료를 뽑고 곡옥의 조묘에 가서 증제를 지냈다. 그리고 도읍수비를 단단히 하고 배로 황하를 타고 내려가 격량에서 제후들과 회합을 가지고, 침략하여 빼앗은 땅을 돌려주라고 명하고 ……. 진 군주는 온에서 연회를 열고 대부들에게 춤을 추게 하였다.
> (春, 葬晉悼公. 平公卽位, …… 改服修官, 烝于曲沃. 警守而下, 會于溴梁, 命歸侵田, …… 晉侯宴于溫, 使諸大夫舞.

개복(改服)은 상복을 벗고 길복(吉服)으로 갈아입는다는 뜻이다. 수관(修官)은 두예(杜預)의 주에 의하면 재덕을 겸비한 인사를 다시 선발한다는 뜻이다. 곡옥(曲沃)은 진나라 조묘가 있는 곳이다. 즉 진국의 조묘가 있는 곳이며 제사를 지내는 곳이다. 선군(先君)을 장례지내고 3개월 후에 평공이 바로 상복을 벗고, 정령을 내리고 조묘에서 제사를 지내고 제후들에게 연회를 베풀었다. 같은 해 여름 초(楚)국과 허(許)국을 침략하였다. 그러나 겨울에 노나라가 제나라에 침략을 당하자 진(晉)나라에 도움을 청했는데 진나라는 "우리 군주는 아직 체 제사를 지내지 않았다(寡君之未禘祀)"는 이유로 거절을 하였다. 이상의 기록을 통해 보면 상기(喪期)는 국가의 각종 행사에 영향을 미치지 않았을 뿐

---

17) 『左傳・宣公・十年』 참고.

만 아니라 길체(吉禘)의 시기도 임의로 변경 할 수 있으며, 심지어 어떤 일을 거절하는 변명꺼리도 될 수 있는 것을 보면 구속된 상기는 없는 듯하다.

이상의 사실들은 주 왕실의 천자가 삼년지상을 실행하지 않았을 뿐만 아니라 제후국의 군주들 역시 삼년지상을 실행하지 않았음을 증명한다. 그들은 선군이 사망한 그 해 혹은 그 다음해에 바로 신 군주의 즉위식을 거행하고 연회, 회맹, 정벌을 하는가 하면 심지어 결혼도 도모하였다. 상기가 가장 긴 것도 21, 2개월에 불과하다. 이것은 주대에 삼년지상이 통행되지 않았고 삼년상 제도도 주례(周禮)에 규정된 것이 아님을 증명하는 것이다.

넷째, 묵자가 삼년지상을 반대하는 것은 삼년상 제도가 주례에 규정되었다는 것을 부정하는 중요한 증거이다. 『묵자・공맹』에 다음과 같이 말 하고 있다.

> 공맹자가 묵자에게 말했다. "선생은 삼년상을 그릇되다 하는데 그러면 선생의 삼일(월) 상도 비난받아야 마땅합니다." 묵자가 말했다. "그대가 삼년의 상복으로 나의 삼일(월)의 상복을 비난하는 것은 마치 벌거벗은 자가 옷자락을 걷어 올린 자의 공손치 못함을 비난하는 것과 같습니다."
> (公孟子謂子墨子曰 : 「子以三年之喪爲非, 子之三日(月)之喪亦非也.」子墨子曰 : 「子以三年之喪非三日(月)之喪, 是猶倮謂撅者不恭也.」)

유가와 묵가는 원래 상장(喪葬)문제에 있어서 대립적 관계이다. 유가는 「후장구상(厚葬久喪)」을 주장하는 반면 묵가는 「절장단상(節葬短喪)」을 주장한다. 묵자는 삼년지상의 불합리성을 전력을 다해 비난하였다.

> 윗사람은 정사를 돌볼 수 없고 아랫사람은 일에 종사할 수 없을 것이다. 윗사람이 정사를 돌볼 수 없다면 법과 정치는 반드시 어지럽고, 아랫사람이 일을 할 수 없으면 먹고 입을 재물이 반드시 부족 할 것이다.
> (使爲上者行此, 則不能聽治 ; 使爲下者行此, 則不能從事. 上不聽治, 形政必亂 ; 下不從事, 衣食之財必不足.『墨子閒詁·節葬下』.

그 결과는,

> 국가는 반드시 가난해 지고, 백성은 반드시 줄어들며, 법과 정치는 반드시 문란 해질 것이다.
> (國家必貧, 人民必寡, 刑政必亂.)『墨子閒詁·節葬下』.

묵자는 삼년지상을 단호하게 반대한 사람이며 상기가 짧은 단상(短喪)을 주장하였다. 만약 삼년지상이 선왕(先王), 선공(先公) 혹은 주례(周禮)에 규정된 것이라면, 요, 순, 우, 탕, 문, 무를 찬양하는 묵자가 절대 격렬히 삼년지상을 반대하지 않았을 것이다. 이것은 삼년지상 제도가 주례에 규정된 것이 아님을 간접적으로 증명하는 것이다.

4. 공자 창시 설

이 주장의 대표적인 학자는 강유위(康有爲), 곽말약(郭沫若) 등이 있다. 강유위는『공자개제고(孔子改制考)』의「제자문난고(弟子問亂考)」

에서, 삼년지상에 대해 의문을 제기하는 사람이 가장 많은 이유로, 삼년지상은 '공자가 새롭게 제정한 제도이며……, 맹자가 전하여 밝혔다.(爲孔子新改定之制……, 而孟子傳至易明矣.)'라고 한 것이다. 또한 『논어・양화편』의 주에서,

> 삼년지상은 대체로 공자께서 제도를 고쳐 성대하게 하신 것이다.
> (三年之喪, 蓋孔子改制所加隆也.)

라고 해석하였다. 곽말약은 『青銅器時代・駁〈說儒〉(청동기시대・박〈설유〉)』에서,

> 삼년상제도는 본래 유가의 특징이며, 호적은 과거에 공자께서 창제한 것으로 여겼으니, 내가 본 것들을 근거해보면 역시 이와 같다.
> (三年喪制本是儒家的特徵, 胡適往年是認爲孔子的創制, 據我所見到的也是這樣)

『십비판서・공묵적비판(十批判書・孔墨的批判)』에서 또 다음과 같이 말하였다.

> 이른바 「斟酌損益(손익을 헤아림)」의 일은 의심할 여지가 없다. 비록 공자는 「述而不作」이 라고 말 하지만, 「三年之喪」의 경우는 바로 공자가 만든 것이며, 걸작이냐 아니냐는 별개의 문제이다. …….
> (所謂 「斟酌損益」的事情無疑是有的, 盡管他在說「述而不作」, 但如「三年之喪」便是他所作出來的東西, 是不是杰作是另外一

個問題 …….)

「삼년지상」은 공자가 처음으로 창시한 것이라는 주요근거는 삼년지상에 대한 공자와 제자 자장과 재아의 대화내용에서 비롯된다.

자장이 말하였다.
"서(書)에 『고종이 양암으로 삼 년 동안 말을 하지 않았다.』 라고 하였는데, 무슨 뜻입니까?"
공자가 이렇게 말하였다.
"하필 고종만이 그렇게 하였겠느냐? 옛날 사람들은 누구나 그렇게 하였다. 임금이 돌아가시면 온 관리들은 모두가 자신의 직무를 삼 년 동안 총재에게 듣고 처리하였다."
(子張曰 : 「書云 : 『高宗諒陰, 三年不言.』 何謂也?」 子曰 : 「何必高宗, 古之人皆然. 君薨, 百官總己以聽於冢宰三年.」 『論語 · 憲問』)

재아가 여쭈었다.
"삼 년 동안 상을 지켜야 하나 기년(期年)으로도 이미 너무 깁니다. 군자가 그 일로 삼 년 동안 예를 익히지 않으면 예는 틀림없이 무너지고 말 것이며, 삼 년 동안 악을 익히지 않으면 악도 틀림없이 무너지고 말 것입니다. 묵은 곡식은 이미 바닥나고 새 곡식은 이미 패어 오르며, 찬수도 그 불을 바꾸어야 합니다. 그러니 일 년 정도로 그칠 만 하다고 여깁니다."
공자가 이렇게 물었다.
"무릇 쌀밥을 먹고 비단옷을 입으면 너는 편안 하다고 여기느냐?"
재아가 대답 하였다.
"편안 합니다."
"네가 편안하다니, 그러면 네 하고 싶은 대로 하려무나! 무릇

> 군자의 거상에는 맛있는 음식을 먹어도 달지 않으며, 음악을 들어도 즐겁지 않으며, 거처에도 편안을 느끼지 못하기 때문에 그러한 것은 하지 않는 것이다. 그런데 지금 너는 편안하다고 하니, 그렇다면 네 하고 싶은 대로 하려무나!"
> 재아가 나가자 공자는 이렇게 말하였다.
> "재아(予)는 어질지 못하구나! 자식은 태어난 지 삼 년이 지난 연후에야 부모의 품에서 벗어날 수 있는 것이다. 무릇 삼년의 상기는 천하의 통상이다. 재여는 과연 삼년 동안 부모의 사랑을 받은 자인가?"
> (宰我問 :「三年之喪, 期已久矣. 君子三年不爲禮, 禮必壞 ; 三年不爲樂, 樂必崩. 舊 穀旣沒, 新穀旣升, 鑽燧改火, 期可已矣.」子曰 :「食夫稻, 衣夫錦, 於女安乎?」曰 :「安.」「女安, 則爲之! 夫君子之居喪, 食旨不甘, 聞樂不樂, 居處不安, 故不爲也. 今 女安, 則爲之!」宰我出. 子曰 :「予之不仁也! 子生三年, 然後免於父母之懷. 夫三年 之喪, 天下之通喪也, 予也, 亦有三年之愛於其父母乎!」『論語 · 陽貨篇』)

이 두 대화의 내용을 보면 공자가 처음으로 삼년지상을 제창하였다는 설이 비교적 설득력이 있다. 그러나 선진의 문헌자료를 보면 삼년지상은 공자로부터 시작된 것이 아니라고 한다.[18)]

---

18) 상기(喪期)는 사회풍속으로 공자를 전후하여 삼 년, 일 년, 삼 개월 등 다양한 주장이 있었다. 『좌전』에도 일부 기록이 있다. 예를 들면 소공 십 일년(공원전 531년, 공자 21살) 5월에 소공의 모친이 사망하였는데 소공이 수상(守喪)을 하지 않고 오히려 사냥을 하였다. 진 대부 숙향이 말하기를 "군주가 큰 상을 당하고 있는데 나라가 군사 연습을 그만두지 않고, 삼년상을 지켜야 할 것인데 하루의 슬퍼함이 없다.(君有大喪, 國不廢蒐, 有三年之喪, 而無一日之慼.)"라고 하였다. 그리고 또, 소공 십 오년 (공원전 527년, 공자 25살) 6월에 주경왕의 태자 수가 죽었다. 8월에 태자 수의 모친, 주경왕의 부인 목호도 죽었다. 『좌전』에서 "천자는 한 해 동안에 삼년상을 두 차례나 당하고 있는데

공덕성(孔德成)[19] 선생은 삼년지상이 동이(東夷)의 예라고 주장하였다.

> 공자께서 「소련과 대련은 거상을 잘 하였다. 3일 동안 게을리 하지 않고, 3개월 동안 해이하지 않았으며, 만 1년 동안 슬퍼하였고, 3년 동안 시름에 잠겼었으니, 이는 동이의 자식이었다.」라고 하였다.
> (孔子曰 : 「少連, 大連善居喪, 三日不怠, 三月不解, 期悲哀, 三年憂, 東夷之子也.」『禮記・雜記下』)

또한 『좌전・양공・십칠년』에 다음과 같은 기록이 있다.

> 제나라 안환자가 죽으니 그의 아들 안영은 굵은 삼베옷을 입고 삼으로 만든 띠를 머리와 허리에 두르며, 죽장을 짚고, 엄

(王一歲而有三年之喪二焉.)"라고 했지만 주경왕은 상기에 상복도 안 입고 상기도 지나지 않아 손님들을 초대하고 연회를 하였다. 『좌전』에서 또 "삼년지상은 비록 아무리 귀한 사람이라 할지라도 복 입기를 끝까지 한다는 것이 예법인 것이다. 천자가 비록 삼년상을 다 지키지 않는다 하더라도 주연을 베풀어 즐기는 것은 너무 빠르니 이 또한 예가 아니다.(三年之喪, 雖貴遂服, 禮也. 王雖弗遂, 宴樂以早, 亦非禮也.)"라고 하였다. 이상의 내용을 보면, 모두 공자의 청년시기부터 이미 당시 사회에 「삼년지상」이란 말이 있었으며 그 당시의 예가 되었다는 증거이다. 「삼년지상」과 같은 예법은 어떠한 예서(禮書)에서나, 혹은 어느 왕이 규정한 것도 아니다. 대부분 사회풍속의 약속으로 형성된 것이며 또한 사람들에게 구속력이 있어서 당시에 사람을 평가하는 시비의 기준이 되기도 하였다. 따라서 사회의 약속으로 형성된 것이면 짧은 시간에 형성된 것이 아닐 것이며 반드시 긴 형성과정이 있었을 것이다. 그러므로 「삼년지상」이란 말은 공자로 부터 시작된 것이 아니다. 黃瑞琦의 「〈三年之喪〉起源考證」을 참고. 『齊魯學刊』, 1988년, 제2기.

19) 공덕성(孔德成)선생은 공자의 77대 적손이며 자는 達生이다. 이 시대 마지막 衍聖公이며 大成至聖先師奉祀官을 지냈으며 「三禮硏究」를 말년까지 강의 하였다. 필자의 은사이기도 하다.

> 짚신을 신으며, 죽을 먹고, 움막에서 지내며, 거적위에 잠자고 풀을 베개 삼아 상주 노릇을 하였다. 그러자 집안 노인이 말하기를 「그건 대부의 예가 아닐세.」라고 하니, 안영이 말하기를, 「경의 자리에 있는 사람만이 대부가 지킬 예를 하는 것입니다.」하였다.
> (齊晏桓子卒, 晏嬰麤縗, 苴絰帶, 杖, 菅屨, 食粥, 居倚廬, 寢苫枕草. 其家老曰 : 「非大夫之禮也.」 曰 : 「唯卿爲大夫」.)

그리고 『사기 · 관안열전』에서,

> 안평중 영은 내나라 이유 사람이다.
> (晏平仲嬰者, 萊之夷維人也.)

라고 기록되어 있는 것을 보면 소련, 대련, 안영은 모두 동이 사람이기 때문에 그들이 행하는 예는 당연히 동이의 풍속일 것이다. 만약 이 가설이 옳다면 삼년지상은 동이의 옛 풍속일 가능성이 크다. 곡부(曲阜)는 노나라의 수도이며 동이의 옛 터이다. 아마 공자가 그곳에 거주했기 때문에 동이의 풍속을 일부 취하고 새로운 이론을 부여한듯하다.

> 자식이 태어난 지 삼 년이 지난 연후에야 부모의 품에서 벗어날 수 있는 것이다.…… 재아는 과연 삼년 동안 부모의 사랑을 받은 자인가?
> (子生三年, 然後免於父母之懷,……予也有三年之愛於其父母乎? 『論語 · 陽貨篇』)

라고 새로운 이론을 부여한 것이다.

공자가 삼년지상을 「모든 사람이 통행하는 상장 예(天下之通喪. 『論

語·陽貨篇』)」, 그리고 「옛날 사람이 다 그러하였다.(古之人皆然. 『論語·陽貨篇』)」는 내용과 맹자의 「삼대가 함께 하였다(三代共之. 『孟子·滕文公上』)」등의 견해는 그들의 인친(仁親)사상을 고취시키기 위하여 제창한 것이다.[20] 이러한 견해는 사실과 비교적 일치하다. 선진의 문헌자료를 보면 선진시대에 「삼년지상」, 「기년지상」등 형식이 있었다. 『예기』의 기록을 보면,

> 공자께서 말씀하시기를, "하후씨는 3년상을 당하면 염한 뒤에 그 직위로 돌아갔고, 은왕조 사람들은 장사를 지내고 나서 그 직위로 돌아갔다"라고 하였다.
> (孔子曰 : 夏后氏三年之喪, 旣殯而致事, 殷人旣葬而致事. 『禮記·曾子問』)
> 군자는 예를 행하되 풍속을 변화시키려고 하지 않는 것이니, 제사지내는 예절과 상사에 임하는 의복과 곡읍의 위치를 모두 그 나라 옛 법과 같이 하여 삼가하며 그 법을 닦고 살펴 행동하는 것이다.
> (君子行禮, 不求變俗. 祭祀之禮, 居喪之服, 器泣之位, 皆如其國之故, 謹脩其法而審行之. 『禮記·曲禮下』)

이러한 기록들은, 모두 선진시대의 상기는 사람(人), 시기(時), 지역(地)에 따라 차이가 있으며 통일된 규정과 제한이 없었던 것을 설명하고 있다.

공자가 삼년지상을 주창하는 것은 심각한 사회배경이 있었다. 바로 사회의 대 변천 「예붕악괴(禮崩樂壞)」의 상황에서 제시한 것이었다. 주 천자가 당시의 예를 실행하지 않고, 늘 주례(周禮)를 숭상하던 노나

---

20) 章景明, 『先秦喪服制度考』, 臺灣, 中華書局, 1986년, p.17.

라의 군왕들도 예를 도외시하였다. 당시 사회는 상기에 대해서도 강한 논쟁이 있었다. 이러한 사회실태를 바로잡고자 하였던 공자는 불효는 자애롭지 못한데서 생겨나고, 자애롭지 못한 마음은 상례와 제례를 이해하지 못하기 때문이라고 여겼다. 그래서 공자는 상례와 제례의 예를 통해서 사람들의 효심을 강화하려고 하였다. 왜냐하면 효는 인(仁)의 근본이자 근원이기 때문이었다. 따라서 공자는 다음과 같이 말 했다.

> 부모가 돌아가신 후에는 그 자식된 자가 어떠한 행동을 하는지 볼 것이니, 3년을 부모의 도를 바꾸지 않아야 효라고 할 수 있다.
> (父沒, 觀其行, 三年無改於父之道, 可謂孝矣.『論語・學而篇』)

그러나 삼년지상을 강력하게 주창했던 공자는 청년시기에 역시 삼년지상의 규범을 지키지 않았다.『사기』의 기록에 따르면,

> 공자는 어머니가 죽자 오보지구에 빈소를 차렸다. …… 공자가 아직 상복을 입고 있을 때 계씨가 명사들에게 연회를 베풀자 공자도 참석하였다.
> (孔子母死, 乃殯五父之衢, …… 孔子要絰, 季氏饗士, 孔子與往.『史記・孔子世家』)

공자는 자신의 어머니가 돌아가시자마자 바로 상복을 입은 체 향연에 갔다. 거상(居喪)의 제도를 전혀 지키지 않았다.

이상 앞서 말한 내용을 종합하면 삼년지상은 선진시기 보편적으로 실행되지 않았다. 춘추후기에 공자 등 학자의 제창으로 유가의 부분 학파가 실행하기 시작하였다.[21)]

『묵자 · 비유편』에 따르면,

> 유가들은 "친척을 사랑하는 것도 차등이 있고 어진 사람을 높이는 데도 차등이 있어야 한다."고 말 했다. 이것은 친소, 존비의 차등이 있음을 말한다. 그들의 예법에 따르면 "죽은 이의 상례는 부모는 삼년상을 지내며, 처와 장자도 삼년상을 지낸다. ……"
> (儒者曰 : 『親親有術, 尊賢有等.』言親疏尊卑之異也. 其禮曰 : 『喪父母三年, 妻, 後子三年 ……』)

라고 한 것을 보면 삼년지상은 유가의 예제(禮制)이며 전국시기에 이르러 맹자 등 학자로부터 제창되었다. 그러나 서한(西漢) 말기에 이르러 비로소 삼년지상이 보편적으로 통행되었고 아울러 국가의 제도로 정립되었다.

---

21) 예를 들면, 『사기 · 공자세가』에서 「孔子葬魯城北泗上, 弟子皆服三年. 三年心喪畢, 相訣而去 則哭, 各復盡哀 ; 或復留. 唯子貢廬於冢上, 凡六年, 然後去.」라고 기록 되어 있다. 공자 사후 그 제자의 다수가 그를 위하여 삼년상을 하였고, 심상 삼년을 마친 후 서로 떠났다. 그러나 자공은 공자의 무덤 곁에 여막을 짓고 계속해서 삼년동안 수상을 하였다. 그 외에 공자의 제자 고시(高柴)도 부모를 위해서 수상하며 삼년동안 피눈물을 흘렸다.는 등등의 내용들이 전한다.

제4절

후장(厚葬)과 박장(薄葬)이 혼합된 상장풍속

영혼불멸 관념이 묘장과 결합한 후부터 일상생활용품을 부장하는 습속은 선사시대 문화의 가장 보편적인 풍속이 되었다. 이러한 풍속은 생산력의 발전, 사회 물질문명의 풍요와 빈부 격차의 출현, 그리고 종교 신앙 방면의 원인에 따라 부분적이기는 하나 고분들의 후장(厚葬) 풍습이 생겨나게 되었다. 중국고대는 삶보다 죽음을 더 중시한 것을 상장풍습에 반영되어 있음을 알 수 있다. 그 근거로서, 상고 시대부터 일련의 형식이 복잡한 상장예의를 제정하여 전승하고 발전시킨 측면이다. 또 다른 근거는 개별적인 시기를 제외하고 중국 고대사회는 항상 성대한 장례, 즉 후장을 숭상하는 전통을 유지하고 있다는 측면이다.

고고 발굴을 통해보면 무덤이 후장(厚葬)인지 박장(薄葬)인지를 판별하는 주요근거는 그 무덤에서 출토된 부장품의 수량과 재질이다. 그러나 실제로 이러한 근거는 단지 상대적인 기준이다. 특히 고대사회에서는 신분에 따라 다른 부장방식이 있을 수 있기 때문이다. 신분 지위가 높은 사람은 비교적 많은 부장품이 발견되는데, 이를 두고 후장이라 할 수 있는가? 이것은 후장의 정의(定義)에 대한 문제와 관련된다.

특히 후장을 사회풍속으로 논의하려면 반드시 고분 주인의 상대적인 신분문제를 고려해야 한다. 만약 부장품의 수량이 망자의 신분에 따라 정하는 것이라면, ──예를 들어 주대(周代) 예제(禮制)의 관곽, 정(鼎)의 수량은 사회 통치계층의 내부 질서를 대표하는 형식이다.[1] ──그 자체가 고분풍속의 후장을 구분하는 것과 절대적인 관계가 없다. 따라서 이른바 후장이란 것은 첫째, 상장예의의 사치와 참례(僭禮), 둘째, 묘지와 부장품의 호화로움과 화려함 정도의 두 가지 측면이다.

중국은 고대부터 장례를 성대하게 치르는 후장풍속이 있었다. 고고자료에 따르면 대문구(大汶口)문화 후기에 후장이 비교적 현저하게 나타난다. 어떤 고분의 부장품은 도기(陶器)가 백 여 종이 되고 돼지머리가 십여 개[2]가 되며 일반사람보다 훨씬 많았다.

신분사회로 접어들면서 통치자들은 대량의 물질적 재력을 차지하고 이러한 재력의 대부분을 자신의 부장품으로 사용하였다. 이리두하(二里頭夏)문화 고분유적에서 매우 풍부한 부장품이 발견되었다. 고고학자들은 K3라는 대형고분에서 동작(銅爵), 동과(銅戈), 동월(銅鉞), 도화(陶盉), 석경(石磬), 녹송석편(綠松石片), 옥산(玉鏟), 옥월(玉鉞), 옥과(玉戈), 골관주(骨串珠) 및 폐류 등을 발견하였다[3]. 무덤의 구조는 묘혈과 관실로 나누어져 있다. 이것으로 미루어 보면 고분 주인의 생전 생활모습에 따라 새로운 「생활」의 염원을 조성해준 것을 알 수 있다. 상(商)대 초기에 이르러 고분에 사용되는 명기(明器)는 계열화, 조합화되기 시작하였으며 주로 조합된 청동예기(禮器)를 부장품으로 사용 하

1) 許倬雲, 『西周史』, 臺灣, 聯經出版社, 1988년, pp.159~164.
2) 『大汶口』, 文物出版社, 1974년. 참고
3) 偃師二里頭遺址新發現的銅器和玉器」, 『考古』, 1979년, 제 4기. 참고.

였다. 그 시대의 예기는 주로 정(鼎), 역(鬲), 반(盤), 준(尊), 작(爵), 가(斝), 고(觚) 등이 있으며 모두 망자가 생전에 사용했던 생활도구이다. 상대 말기부터 서주시기까지 청동기도 예제(禮制)화가 점차 완성되어져 가고 성대해짐에 따라 점점 정교화 되었다. 종류가 풍부할 뿐만 아니라 각종 기물의 조합도 뚜렷하게 제도화 되었다. 이것은 분명히 당시 인류가 현세의 인간 질서를 죽음 이후의 세계로 그대로 가지고가는 관념의 변화가 상장풍습을 통하여 시작됨을 보여주는 것이다. 상장의식의 핵심 사상은 이미 형성되었다. 즉 망자를 살아 있는 자로 바라보는 것 ; 망자를 처리하는 일련의 과정을 후대자손들의 화와 복, 길흉에 밀접한 관계가 있는 것으로 여기는 것, 혹은 망자가 다른 세계에서 영위하는 생활을 후대 자손들의 현실 생활 묘사로 보는 것이다. 따라서 옛 사람들은 장례를 성대하게 치르는 후장을 중시하였다.

신분사회로 진입한 후 후장풍속은 더욱 성행하였다. 1976년 발굴된 상왕 무정(武丁)의 배우자 무덤 「부호묘(婦好墓)」에 순장인 16명, 순장한 개 6마리 외에 부장한 청동기 460여개 (예기, 병기, 공구, 청동방울, 청동거울 등 포함) 옥기 750여개, 골아기(骨牙器) 560여개, 도기 11개, 조개껍질 6800여개가 발견 되었다[4]. 이러한 부장품 중에 예기(禮器), 악기, 병기는 물론 다양한 생활용품과 공예품도 발견 되었다. 3000여년 전, 사후의 무덤에 이렇게 다양하고 많은 물건을 부장하는 것은 신앙과 풍속의 영향 없이 완성되기는 어려운 것이다. 더욱이 「부호(婦好)」는 단지 무정 여러 부인중의 한명이다. 따라서 무정 등 상대 왕릉에 부장품이 더 풍부할 것은 당연한 추론만은 아닐 것이며 상대 초기부터 후장풍속은 이미 상당히 유행했었음을 알 수 있다.

---

4) 中國社會科學院 考古研究所, 『殷墟婦好墓』, 文物出版社, 1980년, p.15.

원시사회로 부터 삼대(하,상,주)에 이르기까지, 특히 춘추전국시대에 들어선 후 후장풍속은 성행하였고 인, 의, 효 사상과 결합되었다. 묵자는 다음과 같이 말했다.

> 만약 왕공대인들이 상을 당했다면 겉 관은 반드시 여러 겹으로 할 것이고 매장은 반드시 깊게 할 것이며, 수의는 반드시 많이 입히고 무늬와 수를 화려하게 할 것이며, 봉분은 크게 할 것이다. 필부천인에게 죽은 자가 있으면 가산이 모두 고갈될 것이며, 제후가 상을 당했다면 나라의 창고가 비게 될 것이다. 그런 후에 금과 옥과 구슬로 시신을 덮을 것이며 비단 천과 비단 실로 시신을 싸고 묶을 것이며 수레와 말을 무덤에 묻을 것이다. 또 장막과 천막, 솥과 그릇, 탁자와 자리, 항아리와 접시, 창과 칼, 깃털과 깃발, 상아와 가죽갑옷 등을 무덤에 묻거나 능침에 묻어 버리고야 만족할 것이다. 천자와 제후가 죽으면 순장을 하되 많으면 수백 명, 적으면 수십 명을 생매장한다. 장군과 대부의 순장은 많으면 수십 명 적으면 몇 사람을 생매장 한다.
> (此存乎王公大人有喪者, 曰棺槨必重, 葬埋必厚, 衣衾必多, 文繡必繁, 丘隴必巨. 存 乎匹夫賤人死者, 殆竭家室. 存乎諸侯死者, 虛車府, 然後金玉珠璣比乎身, 綸組節約, 車馬藏乎壙, 又必多爲屋幕, 鼎鼓几梴壺濫, 戈劍羽旄齒革, 寢而埋之, 滿意若送從, 曰 天子殺殉, 衆者數百, 寡者數十 ; 將軍大夫殺殉, 衆者數十, 寡者數人.『墨子開詁・節葬下』)

후장풍속은 묵자의 말처럼 제후와 평민이 모두 전력을 다해 장례를 성대하게 치렀고 당시에 이미 보편화 되었으며 심지어 참례와 사치의 현상이 있었다. 예를 들어, 한 시대의 패주(覇主) 제환공이 비록 내란 때문에 죽고, 사후 67일이 지난 후 염빈을 하고 입관을 하였지만, 그 고분의 화려한 정도는 상당하였다. 후대인들이 그 고분을 발굴한 상황을 사료에 기재 해 놓았는데 다음과 같다.

> 진나라 영가 말에 사람들이 고분을 발견하였다. 처음에는 널만 발견하였으나 이어 수은 못을 발견하였다. 그곳에는 공기가 없어 수일을 경과 한 후 개를 이끌고 들어가 금잠 수십 채반을 수집하였고, 주유, 옥갑, 회채, 병기 등이 너무 많아 이루 헤아릴 수가 없었다. 그리고 순장한 사람의 유골이 낭자하였다.
> (晋永嘉末, 人發之, 初得版, 次得水銀池, 氣不得入, 經數日, 乃牽犬入中, 得金蠶數十薄, 珠襦, 玉匣, 繒彩, 軍器不可勝數. 又以人殉葬, 骸骨狼藉也.『史記・齊世家』)

참례 측면에서 논한다면,『좌전』에 다음과 같은 기록이 있다.

> 팔월에 송나라 군주 문공이 세상을 떠나자, 새삼스럽게 후장을 하여 묘안의 습기를 위해 조개껍질을 태운 잿가루를 쓰고, 수레와 말의 수를 늘리었으며, 처음으로 순장을 하였다. 많은 기물을 매장하며, 외관의 사방이 위로 솟게 하고, 내관의 옆과 위는 전나무로 장식을 하였다.
> (八月, 宋文公卒, 始厚葬, 用蜃炭, 益車馬, 始用殉. 重器備, 椁有四阿, 棺有翰檜.『左傳・成公・二年』)

『춘추』의 기록에 따르면 이듬해 2월 을해(乙亥)일에 문공을 장례지낼 때 참례와 호화스러움의 정도가 그 기준을 넘었다. 즉 송 문공에게 역대 가장 성대한 장례를 치러주었다. 예를 들면 조개 가루로 묘혈의 바닥에 깔고, 부장한 수레와 말도 증가하였고, 처음으로 살아있는 사람을 순장하였다. 이 외에 모든 부장한 가구와 기물도 배로 증가하였다. 심지어 외곽에 4개 기동을 설치하고 관 옆은 전나무로 장식하였다. 따라서 『좌전』의 작자는 그것을 『후장(厚葬)』이라고 칭하였다. 이러한 참례의 정도는 정치사회의 질서가 느슨해짐과 동시에 춘추전국 시기 주 천자의 권위가 점점 쇠퇴해지고 봉건 제후와 경대부간의 세력이 교체 팽창된 결과가 반영된 것이며, 평민들이 귀족의 묘장 예제의 다양한 측면을 점차 답습한 결과이다. 만약 후장풍습을 신분을 뛰어 넘는 장례로 정의 한다면, 실제적인 것이든 상징적인 것이든 당시 사회에 후장풍습은 존재 했다고 할 수 있다. 이 후장 풍속의 형성은 비록 종교 신앙과 정치, 사회 등 각 요인들을 포함하지만 당시 일부 지식인들은 찬성하지 않았다. 따라서 춘추전국시대에 간결한 장례, 즉 박장(薄葬)의 주장이 나타나 시대의 조류에 대항하려 하였다.

중국 역사상 후장풍속은 비록 중국 상장풍속의 방향을 좌우하였지만 모든 관념은 항상 상호보완적이다. 즉 후장풍속이 성행하던 시기 일부 식자층 예를 들면 공자, 묵자, 도가, 『여씨춘추』 등, 이미 후장풍속은 국가와 사회, 가정에 막대한 손실을 끼쳤음을 인지하고 있었다. 따라서 이에 대한 통렬한 비판과 아울러 박장을 주장하였다. 비록 당시 사회에 박장을 치르는 사람은 극소수였지만 중국 상장역사상 홀시할 수 없는 부분을 남겼다. 그들 이론의 목적은 제각기 다르며 큰 영향도 못 미쳤지만 그들의 실용정신, 예리한 관점, 자유로운 열정은 새로운 생사관(生死觀)과 박장관(薄葬觀)을 제시하였으며, 후장관념과 상대적인 새로운 사상, 새로운 방향을 형성하고 중국 상장풍속의 필연적인 추세와 방향을 제시하였다.

2

『예기』의 상장(喪葬)이론

앞서 1장을 통하여 알 수 있듯이 중국 상장풍속의 기원시기를 현재 정확하게 판단 할 수는 없다. 그러나 적어도 상장풍속의 기원은 원시 인류의 영혼 및 영혼불멸 관념과 긴밀한 관계가 있음을 확인 할 수 있었다. 상례의 유래는 이미 오래 되었으나 상장풍속은 하상(夏商)시기에 접어들면서 규격화, 체계화가 되었을 뿐만 아니라 이미 제도화 되었다. 『주례』·『의례』·『예기』 등 전적을 통해 보면 적어도 서주(西周)시기에 상례는 이미 매우 구체적으로 완비되었음을 알 수 있다.

서주(西周) 관제(官制)중 총인(冢人)·묘대부(墓大夫)·대사(大祀)·직상(職喪)·상축(喪祝) 등과 같이 전문적으로 상장업무를 관장하는 관직 외에 대종백(大宗伯)·소종백(小宗伯)·태재(太宰)·사사예관(肆師禮官)·경대부가신(卿大夫家臣)들도 모두 장례 활동에 참여 하였다. 이러한 사람들의 직무 수행 활동을 살펴보면 서주시기에 중국고대 상장예의는 이미 기본적으로 규격화 되었음을 알 수 있다. 상장예의 중의 주요한 단계인 욕시(浴屍)·반함(飯含)·소렴(小斂)·대렴(大斂)·조상(弔喪)·부증(賻贈)·관곽제도(棺槨制度)·묘장제도(墓葬制度)·명기제도(明器制度)·상복제도(喪服制度)·제전제도(祭奠制度) 등이 모두 나타나고 있다.* 『주례』중의 관제 및 그 직무는 서주시대에 모두 실행 된 것은 아니지만 상장풍속의 진화 발전을 보면 서주시기 상례는 이미 제도화 되어 치밀하고 주도면밀한 보완을 통하여 경전 속에 포함되었고 정치제도와 사회, 인문환경의 발전과도 연관되어 있다. 따라서 본 장에서는 『예기』 상장이론의 형성 배경을 통하여 상례의 의미와 그 기능을 살펴보고 복잡한 상례의식의 절차를 조명하려 한다.

---

* 張捷夫, 『中國喪葬史』, 臺灣, 文津出版社, 1995년. p.36.

제1절

상장이론의 형성배경

중국문화의 주류는 유가사상이다. 유가사상이 중국문화의 주류가 된 것은 주대(周代) 춘추(春秋) 이후에서 서한(西漢) 초년 사이의 일이다. 당시 유가사상을 대표할 수 있는 4가지 가장 중요한 저작이 있다. 그것은 즉 『논어』, 『맹자』, 『순자』 그리고 『예기』이다. 공자는 「인(仁)」을 사상의 중심으로 여겼으며 「극기복례(克己復禮)」를 「인」의 실천 덕목으로 삼았다. 맹자 때에 이르러 예에 대한 논술은 비교적 적었으나 순자는 오히려 공자의 예학(禮學)을 중시하여 더욱더 발전 시켰다[1]. 『순자』의 「예론(禮論)」편은 예의 기원으로 부터 예의 본질(本)과 예의 응용(用)까지를 논하고 있다. 더욱이 상례의 의의부터 상복과 제사의 의의까지 논하고 있어 진실로 전무후무 하며 조리 정연한 「예(禮)」의 이

1) 공자의 「예」는 그 시발점이 「인」에서 출발하였기 때문에 「攝禮歸仁」·「內求於己」의 특징이 있는 반면, 순자는 「예」를 공자가 주장한 내적 정신세계로부터 외적 현실세계의 질서로 확장해 나가며 「辨」·「分」·「群」의 기능을 강조하고 있고, 사회 안정에 있어서 실질적인 효능이 발현되기를 희망 하였다. 순자는 예의 사회적, 정치적 의의를 중요시 하였으며 객관적인 구속력을 갖춘 예법사상으로 발전시켜 나갔다.

론편으로서 이를 시작으로 '예'는 유가사상에서 가장 중요한 덕목이 되었다.

춘추전국시대로부터 진한(秦漢)을 거치는 약 300여 년의 기간 동안 공문칠십자(孔門七十子)와 그들의 후학들은 유가사상의 개진과 수정 및 발전에 많은 공헌을 해 왔다. 그들의 공헌은 대부분 한나라 초기에 편집이 이루어진 『예기』속에 잘 나타나 있다.[2] 사실상 예의 범위는 매우 광범위하여, 정치체제, 국가의 법전, 천지귀신에 대한 제사, 재난에 대한 기도, 교육, 군사전쟁, 행정구역의 구분, 건물 및 왕릉의 건축, 심지어 의식주와 혼상가취(婚喪嫁娶), 말투와 행실 등 예의 범주에 들지 않는 것이 없으며, 이들은 모두 국가의 정치, 경제, 군사, 전장제도(典章制度)와 개인윤리도덕의 수양은 물론 행위준칙을 포괄하고 있다.

『예기』중에 상례와 관련해 전문적으로 토론된 편장은 「단궁(檀弓)」 상하, 「증자문(曾子問)」, 「상복소기(喪服小記)」, 「대전(大傳)」, 「잡기(雜記)」 상하, 「상대기(喪大記)」, 「분상(奔喪)」, 「문상(問喪)」, 「복문(服問)」, 「삼년문(三年問)」, 「간전(間傳)」, 「상복사제(喪服四制)」 등으로 이들은 『예기』의 1/4에 해당된다. 그러므로 『예기』중 상례와 관련된 내용들을 정확히 분석해 본다면, 유가문화에 대한 정확한 이해와 고대사회의 정치, 사상 및 사회제도의 특징을 이해하는 데 적지 않은 도움이 되리라 생각된다. 따라서 본편에서는 『예기』시대의 인문의식, 사상 및 정치제도 방면의 배경을 논하고자 한다.

2) 高明, 『禮學新探』, 香港, 中文出版社, 1962년, pp.18~19.

1. 인문의식의 흥기

인류문화는 모두 종교 신앙으로 부터 시작 되었다. 중국 역시 예외는 아니다. 중국은 구석기시대 후기에 초기 원시종교관념과 제사가 생겨나기 시작하였고, 신석기시대에 이르러 묘장과 제사의 증거가 이미 보편적으로 나타나고 있다. 이는 원시종교관념이 성행했음을 반영하고 있는 것이다. 종교는 인간의 자각을 유발할 수 있다고는 하겠으나, 원시종교는 천재(天災)와 인화(人禍)에 대한 공포의식에서 발생된 일종의 신비력에 대한 원시성의 귀의로서, 결코 인간의 자각적 의미에 기초하고 있다고 할 수는 없다. 중국문화는 은대에 이르러 상당한 수준의 발전을 이루었으나 갑골문을 통해보면 은인들의 정신생활은 여전히 원시성의 종교에 불과했음을 알 수 있다. 그들의 행위는 모두 복사(卜辭)를 통하여 외재적인 신—조상신, 자연신 및 상제 등—에게 결정을 맡기는 신권통치였다. 그러나 어떠한 문화이든 쇠락과 해체, 중건을 거치지 않고 새로운 활력을 얻으며 진보하는 문화체계는 존재하지 않는다. 주대에 이르러 전대의 전통적인 종교생활에 인간의 자각정신을 수렴하게 되는데, 이들은 물질 방면의 발전을 관념상의 발전으로 전개하여 도덕적 인문정신을 낳게 하였다.[3] 이러한 인문정신의 약동 때문에 주대 사람들은 은상(殷商)의 신권신앙과 통치형태로 부터 벗어날 수 있게 되었다. 즉 주대는 천명사상을 기반으로 한 종족, 귀족통치형태의 등장으로 사회 구조와 경제, 정치, 및 신분관계에 급격한 변화가 일어난 시기였으며, 사회 인문의식 면에서도 중대한 변화를 가져온 문화번영의 새로운 시기였다.

3) 徐腹觀, 『中國人性論史』, 臺灣, 商務印書館, 1969년, pp.15~16.

주대의 사상체계는 상대(商代)를 계승한 것이지만 주대에는 이미 인격화된 「천(天)」을 「제(帝)」 개념으로 대체하게 되었으며, 통치자를 신으로까지 격상시켜 이른바 「천자(天子)」, 즉 하늘의 자식으로 지칭하기에 이른다. 그러나 주대에는 전대를 귀신을 공경하고 섬기는 「경신사귀(敬神事鬼)」의 시대라 비판하였으나, 그들 역시 전대의 관념을 완전히 탈피할 수는 없었다. 때문에 「천명(天命)」 혹은 「천위(天威)」에 대한 회의를 갖지 않을 수 없었다. 예를 들면 『예기 · 표기』에 「귀신을 섬기되 그를 멀리한다.(事鬼神而遠之)」라고 표현한 것을 보면 쉽게 짐작할 수 있다. 이러한 모순된 관념 아래 주대는 계속해서 천명사상을 제창함과 아울러 「경덕(敬德)」사상과 서로 표리적 관계로까지 발전해 상장(喪葬)에까지 직접적인 영향을 미쳤다. 주공이 예악(禮樂)을 제정하자 상례(喪禮)는 오례(五禮)의 하나로 귀속되고 인간의 행동을 규범짓는 데까지 이르게 된다. 서주의 적잖은 전장제도(典章制度)는 모두 전대 즉 상대를 계승하였으나 상장 방면에서는 뚜렷한 변화가 있게 된다. 이를테면 후장(厚葬)의 풍습이 줄어들고 순장 혹은 인제(人祭)의 풍습이 대폭 감소하게 된 것이 그 예이다.[4)]

서주 이래 봉건제도의 동요로 인하여 왕실은 쇠퇴해져 가고 주 천자는 하늘의 원자(元子)이며 천인합일이라는 전통적 천도관념과 천명관에도 동요를 가져오게 된다. 춘추 시기의 사상가들은 서주의 경천보민사상(敬天保民思想)을 계승하였으나, 천명과 귀신의 지위에 대하여 회의를 갖게 되고, 나아가 신과 인간에 대해 새로운 해석을 하기에 이른다. 신을 민(民)의 부속으로 강등시키며, 「민」을 주체로 여기는 데까지 이르게 된 것이다. 예를 들면,

---

4) 張捷夫, 『中國喪葬史』, 臺灣, 文津出版社, 1995년, pp.21~25.

계양이 대답하기를 : "백성은 귀신의 주인이기 때문에 성왕께서 자신의 백성을 먼저 행복하게 한 연후에 신에게 전력을 다하는 것이다. 그러므로 희생을 봉헌하며 아뢰기를 광대하며 알차다고 하는 것이다.……" 라고 하였다.
("(季梁)對曰, 夫民, 神之主也, 是以聖王先成民, 而後致力於神, 故奉牲以告曰, 博碩肥腯 ……"『左傳・桓公・六年』)

사마자어가 말하기를 : "옛날의 제사는 여섯 가지 가축을 제사에 쓰지 않았다(예를 들면 말의 제사에 말을 희생으로 하지 않는다는 뜻이다). 작은 일로써 큰 희생을 사용하여 제사를 지내지도 않았는데, 하물며 사람을 제사에 희생으로 쓰겠는가? 제사는 사람을 위한 것이다. 백성이 신의 주인인데 사람을 제사에 쓴다면 누가 흠향하겠는가!"라고 하였다.
(司馬子魚曰, 古者六畜不相爲用, 小事不用大特, 而況敢用人乎? 祭祀以爲人也. 民, 神之主也, 用人, 其誰饗之!"『左傳・僖公・十九年』)

천명과 인사(人事) 및 국가흥망의 관계에서도 천명은 본래 독립적인 의지가 있는 것이 아니라 천명 역시 인간에 의하여 좌우된다는 것이다. 예를 들면,

사은이 말하기를 : "내가 듣기에는 나라가 장차 흥기하려 할 때는 백성의 의견을 듣고, 나라가 장차 망하려 할 때는 神의 말을 따른다 하였다. 神은 총명하고 정직하며 한결같은 것이기에 백성의 뜻을 따라 행사하는 것이다." 라고 하였다.
("史嚚曰, 吾聞之, 國將興, 聽於民. 將亡, 聽於神. 神聰明正直而壹者也, 依人而行."『左傳・莊公・三十二年』)

이상에서 알 수 있듯이 인간의 지위 상승은 주체의식의 각성을 수반하게 되었고, 이러한 변화는 사회의 큰 발전을 가져오게 된다. 그리고 일부 사상가들은 천인관계를 나누어 생각하기에 이르렀는데, 천도는 자연현상으로 인사와는 무관한 것으로 여겼다. 이러한 관념의 변화 역시 사회의 진보를 반영하고 있는 것이다. 『좌전』에서,

> 숙흥이 말하기를 : "음양 관계의 일 일뿐 길흉이 생겨나는 것이 아니며, 길흉은 사람으로 말미암아 생겨나는 것이다."라고 하였다.
> (叔興)曰, "陰陽之事, 非吉凶所生也, 吉凶由人."『左傳・僖公十六年』)

주대는 인간의 자각과 인간의 존재 가치를 중시 여긴 시기였기 때문에 상장 문제에서도 큰 변화가 있었다. 예를 들면 은상 시기 크게 유행한 순장과 사람을 희생으로 한 인생(人牲)제도 및 방대한 부장풍습에 혁명이 일어났을 뿐만 아니라, 산자는 망자를 위해 더욱 많은 관심과 정을 쏟게 되었고 이로 인하여 산자는 더욱 격렬한 슬픔을 표현하게 된다. 따라서 산자와 망자간의 이별의 정은 깊어져 가고 산자는 상장의 문제에 대해 자연히 그 초점이 망자에게 전환되게 되었다. 즉 망자를 위하여 정과 관심을 성의를 다하여 어떻게 진심으로 표할 것인가로 전환하게 된 것이다. 따라서 사망에서 안장 및 장례 후의 제사에 이르기까지 세밀한 절차를 마련하게 되었다. 이는 산자의 애절한 슬픈 정을 표현한 것으로 산자로 하여금 망자와의 점진적인 이별을 체험케 하고 망자는 가족을 떠나 다시 돌아 올 수 없다는 사실을 인정케 하는 데 그 목적이 있다. 따라서 자신의 정서를 제어할 수 있는 계기를 통하여 내적인 슬픔을 수렴하고 일정한 시간이 흐른 뒤 정상 생활을 회복하게

된다. 산자는 내적인 강렬한 슬픔을 외부로 발산하기 때문에 그 슬픔에 상응하는 거상(居喪) 생활을 만들게 되었고, 화려한 주 문화로 말미암아 상장예의는 더욱 상징적 의의를 갖추게 되었다. 슬픔을 상징하는 이런 상례의 절차는 인문의식의 흥기에서 비롯된 것일 뿐만 아니라 망자와의 이별의 아픔을 받아들이고 인간의 슬픈 감정을 타당하게 전환하려는 시도에서 비롯된 것이며, 그에 따라 그 규모는 물론 상징적인 의의를 포괄한 상장예의가 갖추어지게 된 것이라 할 수 있다.[5)]

『예기』 49편중에는 상례나 상복과 관련된 기록이 많으며 대부분이 춘추시대의 인물 행적들이다. 이것은 당시 상례가 이미 확고한 제도 및 문자기록을 가진 것을 증명한다. 이러한 제도의 기획과 실행은 당시의 봉건제도 및 종법제도(宗法制度)와 상호작용을 통하여 정치사회의 혁신을 꾀하였다. 이것은 곧 정신적으로는 인문의식의 각성이며, 친친(親親)사상의 확장이다. 그 효과는 사회 응집과 단결의 구심력을 강력하게 향상시키고 사회의 기초와 구조를 공고히 하여 주실(周室) 800년의 통일된 국면을 촉진하였다.

2. 사상의 변환

주대 특히 춘추전국 시기는 중국고대사에서 큰 변화의 시기였으며, 중국역사상 대단히 중요한 문화 전환기였다. 사회구조와 경제, 정치 및 신분 관계에 급속한 변동이 있었을 뿐만 아니라 사상면에서도 중대한

5) 林素英, 『喪服制度的文化意義 - 以『儀禮・喪服』爲討論中心』, 臺灣, 文津出版社, 2000년, pp.74~75.

변화가 생겨났다. 사상의 변화는 종합적인 사회문제로서 그 시대가 처한 정치, 경제 등의 환경 요인과 밀접한 관련이 있다. 더욱이 평민교육의 점진적인 보급으로 인하여 백가쟁명(百家爭鳴) 국면의 출현과 동시에 사상의 활성화와 문화번영의 새로운 시기가 열렸다.

서주시기 통치자들은 종교의 권위를 이용하여 「천명(天命)」과 「경천(敬天)」 즉, 천을 중심으로 한 천명사상을 추종하였는데, 이는 서주사회의 사상적 특색이라 할 수 있다. 「천도(天道)」관념의 변화에 따라 춘추시기 「예」 관념 역시 변화하게 된다.[6] 이러한 변화는 정치, 윤리와 도덕에 있어 주례(周禮, 주대의 문화) 전반에 대한 새로운 인식을 초래하게 되는데 그 대표적인 예는 「예(禮)」와 「의(儀)」를 분리하여 인식한 것이다.

---

6) 商, 周 양대의 통치자들은 왕권의 합법성과 지고무상(至高無上)의 권위를 모두 「天命」 즉, 「王權」이 곧 「神權」에서 비롯된다고 강조하였다. 그러나 서주시대에 이르러서는 「以德配天」의 관념이 싹트기 시작하였고 통치자들은 반드시 「敬天」을 통하여 天命을 얻을 수 있다 여겼다. 그리고 춘추시대로 접어들면서 일부 사상가들의 天道관념에 있어 전대와는 다른 견해가 생겨나게 된다. 특히 노자와 공자가 그 대표적 인물이라 하겠다. 노자는 「道」로써 「上帝」를 대신하게 되었고 공자는 鬼神의 존재에 회의를 느끼며 「怪力亂神」에 대한 언론을 피하였다. 이들의 천도관념과 상, 주시대를 비교해 보면 혁혁한 변화가 있음을 알 수 있다. 춘추시기 왕의 실덕(失德)은 백성들의 불만을 야기 시켰고 나아가 이러한 불만을 하늘에 토로하였는데 『시경』의 많은 편장 속에 출현하는 「恨天」, 「罵天」, 「怨天」 등이 바로 춘추시대 天의 신성성이 이미 실추되고 천은 더 이상 경외와 숭배의 대상이 아니었음을 반증하는 증거라 하겠다. 다시 말해 「天命」은 더 이상 왕권과 긴밀히 결합된 신비롭고 신성한 존재가 아니었던 것이다. 또한 백성들의 점차적인 지위의 향상과 천과 민의 관계를 연계시키려는 움직임이 날로 번창해 감에 따라 「天命」 관념에 변화를 가져오게 되었으며 의식면에 중대한 변화를 불러오게 되는데 춘추시기는 바로 「天道」가 현실적인 「人道」로, 「重神」의 입장에서 「重民」의 입장으로 변환되는 시점이라 할 수 있다. 顧德融·朱順龍, 『春秋史』, 上海人民出版社, 2001년, pp.373~374.

노의 소공이 진국으로 가는데 교외에서 위로를 받는 것으로부터 예물을 바치는 일에 이르기 까지 무례함이 전혀 없었다. 그러자 진의 군주는 여숙제에게 말하기를, "노의 제후는 예를 잘 지키고 있지 않는가?" 여숙제가 대답하기를 "노의 제후가 어찌 예를 안다 할 수 있겠습니까?"하자 공이 말하기를 "어찌 그렇게 말하는가? 교외에서 위로를 받는 일로부터 예물을 바치는 일에 이르기까지 예에 어긋남이 없었는데 어찌 예를 모른다고 말하는가?", 여숙제가 대답하기를 "그것은 의절일 뿐 예라 말할 수 없습니다. 예는 나라를 지키고 정령을 시행하며 백성을 잃지 않는 것인데 지금의 정령은 대부의 수중에 있어 되찾을 수 없고, 또 자가기(장공의 현손)라는 어진이가 있는데도 등용하지 못하고 있습니다. 대국의 맹약을 어기고 소국을 능멸하며 이웃나라의 환난을 이롭게 여기고 자신의 어려움을 알지 못합니다. 공실(公室)은 넷으로 나누어지고 백성들은 그들에게 의지하니 누구하나 공실을 생각하는 사람이 없으니 그 결말이 어떻게 될지 모르는 시국에 군주가 되어 환난이 자신에게 미칠 것인데도 걱정을 하고 있지 않습니다. 예의 본말이 바로 여기에 있는데도 의절 익히기를 급선무로 여기니 예를 잘 안다고 여기는 것은 좀 거리가 있지 않습니까?" 군자들이 이를 두고 평하기를 여숙제야말로 예를 잘 아는 사람이라 말하였다.

(公如晉, 自郊勞至于贈賄, 無失禮, 晉侯謂女叔齊曰, "魯侯不亦善於禮乎?" 對曰, "魯侯焉知禮." 公曰, "何爲? 自郊勞至于贈賄, 禮無違者, 何故不知?" 對曰, "是儀也, 不可謂禮. 禮所以守其國, 行其政令, 無失其民者也. 今政令在家, 不能取也, 有子家羈, 弗能用也. 奸大國之盟, 陵虐小國, 利人之難, 不知其私, 公室四分, 民食於他, 思莫在公, 不圖其終. 爲國君, 難將及身, 不恤其所, 禮之本末, 將於此乎在, 而屑屑焉習儀以亟. 言善於禮, 不亦遠乎?" 君子謂叔侯於是乎知禮. 『左傳・昭公・五年』)

이상에서 알 수 있듯이 비록 의식은 거행하였으나, 「경천(敬天)」, 「제조(祭祖)」의 내용은 철저하게 실행된 것은 아니다.

춘추시기 봉건제도에 동요가 일게 되면서 예악의 붕괴가 야기한 정치적인 불안은 춘추시대 사상 영역에 직접적이고 중대한 변화를 초래하였다. 이러한 변화는 상, 주 이래의 예 관념에 그 핵심을 두고 있는데, 이는 사상계의 주요한 문제로 자리 잡게 되었다. 사회의 격렬한 변화와 주왕실의 쇠락, 귀천 질서의 몰락, 예악의 붕괴 등은 귀천(貴賤)·친소(親疎)·존비(尊卑)·장유(長幼)·남녀(男女) 등의 구별을 예에 따라 규정짓게 되었고, 더욱이 『좌전』 342년간의 기록 속에 「예」자가 무려 460여 차례나 나타나는 것을 보면 예가 모든 사고의 중심이 되었음을 짐작케 해 준다.

춘추시기 진보적인 사상가들은 예치를 제창하였는데, 이들은 대부분 민본사상과 연계해 예의 실질적인 내용을 강조하였고, 예의 형식적 절목들은 그다지 중시하지 않았다. 당시 사상가들이 예를 중시한 원인은 이미 무너져 가는 봉건제도를 지키고자 하는데 그 주안점이 있었다. 그러나 사회, 정치, 경제에 변화가 일면서 현실 위주의 사조가 생겨났고 이 현실주의 사조는 사상계에 반영되어 예제에 큰 변혁을 불러오게 되었다. 특히 상례 문제는 당시에 중요한 관건이었으며 이 시기를 대표하는 사상가들은 자신들의 주장과 논술을 아끼지 않았다. 특히 유(儒)·묵(墨)·도(道) 삼가의 주장은 춘추전국시기 군중들의 상당한 지지를 받았으나 상장에 대해 그들의 주장은 많은 차이를 보이고 있다. 따라서 상장제도상에 서로 충돌이 생겨나고 상장에 대한 이견들이 속속 출현하게 되었고, 이러한 과정을 통해 상장제도는 성숙되고 치밀한 구조적 발전을 이루었다[7].

유가는 「행례(行禮)」와 「찬례(贊禮)」를 그 업으로 한다 할 수 있다.

따라서 각종 예의 중 상장예의가 가장 중시되었고 그 의의 또한 특별히 강조되었다. 공자 또한 상례에 대해 특별히 강조를 하였는데, 그가 주장한 "살아 계시면 예로써 섬기고, 돌아가시면 예로써 장사지내고, 예로써 제사 지낸다"[8]는 말에 비추어 보면 당시 사람들에게 상례제도는 절대적인 구속력이 부족했으며 참례(僭禮)와 형식에만 치우친 상태였다. 그러나 당시에 노나라 애공(哀公)이 「사상례(士喪禮)」가 이미 온전하지 못함을 알고 유비(孺悲)를 시켜 공자에게 예를 배우게 한 후 「사상례」는 비로소 문자로 기록되게 된 것이다[9]. 이것은 당시의 상례 혹은 상복이 이미 제도화, 문자화 되었음을 충분히 증명하고 있다.[10]

3. 정치제도의 변화

주대의 통치 형태는 통치권력 내부의 결속을 견고히 하기 위하여 본래의 가장제도와 가족제도의 원칙을 진일보 발전시킨 것이었다. 즉 적(嫡)·서(庶)와 대종(大宗)·소종(小宗)을 구별 짓는 주대의 종법제도(宗法制度)는 상복제도의 출현에 큰 영향을 주었다. 주대 나라를 통치하든 방법을 살펴보면,

---

7) 林素英, 『喪服制度的文化意義 －『儀禮・喪服』爲討論重心』, 臺灣, 文津出版社, 2000년, pp.78~79.

8) 「生, 事之以禮. 死, 葬之以禮, 祭之以禮.」, 『論語・爲政』.

9) 「恤由之喪, 哀公使孺悲之孔子學士喪禮, 「士喪禮」於是乎書.」, 『禮記・雜記下』.

10) 周何, 『古禮今談』, 臺灣, 萬卷樓, 1992년, p.130.

> 천자는 제후국을 세우고, 제후는 분가를 세우며 경은 중자(衆子)들의 집을 마련하고, 대부는 적자 외에 소종(小宗)을 마련하며 사는 잡역을 맡는 자제를 두고, 서인과 공상은 각각 친속이 있으니 모두 차등이 있다.
> (天子封國, 諸侯立家, 卿置側室, 大夫有貳宗, 士有隷子弟, 庶人·工商各有分親, 皆有等衰. 『左傳·桓公·二年』)

이른바 「천자봉국(天子封國)」이란 것은 천하의 토지를 모두 천자의 소유로 귀속시키고, 토지를 다시 제후에게 분봉하는 것으로 그것은 대체로 서주전기의 정치형태이다. 그리고 「제후입가(諸侯立家)」라는 것은 제후가 채읍(采邑)을 경대부들에게 나누어주는 것으로 「가(家)」는 경대부를 가리키는 것이다. 「측실(側室)」은 제후의 모든 형제들과 서자들을 말한다.[11] 또 「이종(貳宗)」이란 말은 측실과 같은 뜻으로 모두 대종과 서로 상대되는 소종을 말한다. 사 역시 주대의 한 계급 단위로 토지를 소유하고 농업에 의지하며 생활하였고, 그들 역시 종족 간에 종법관계를 유지하며 제사를 지낼 때는 자신들(士)의 조상에만 한정되어 있었다.[12] 이러한 종법제도의 기초 아래 생겨난 등급분봉제도는 각 귀족들 간에 종법관계가 몹시 농후하였고 이로 인하여 서주사회 특유의 종법봉건제도가 형성된 것이다. 아울러 그들 특유의 사회조직 역시 빠른 속도로 그 기틀을 마련하게 되었다. 이러한 종법제도는 주대 사

---

11) 「側室」에 관한 古人들의 해석은 매우 많다. 先秦시대 문헌을 살펴보면 庶兄弟와 서자로 해석하고 있는데, 이 해석이 비교적 타당하리라 생각된다. 예를 들면 『韓非子·八姦』편에서, 「側室公子, 人主之所親愛也.」라 하였으며, 『韓非子·亡徵』편에서, 「君不肖而側室賢」이라 하였다. 또 『左傳·文公十二年』에 「趙有側室曰穿, 以名趙穿者爲側室.」의 杜注에 말하기를 「側室, 支子.」라 하였다.

12) 「士·庶人不過其祖.」, 『國語·楚語下』.

회 성원들 간의 관심과 협조를 촉진시켰을 뿐만 아니라 주 왕실과 각 제후국간의 유대도 강화시켰고 각 제후국간의 관계에 중요한 수단이 되었다.

서주의 봉건제도는 그 연원이 가장제와 가족 혈연제에서 비롯되었으나 그 기본 성격 면에서는 근본적인 변화가 있었다. 천자와 제후, 혹은 제후와 대부를 막론하고 단순한 혈연과 지연관계를 벗어나 통치계급의 요구와 엄격한 등급제의 종법제도에 적합한 형태로 변화해 갔으며, 원시씨족사회의 평등한 혈연관계가 불평등 관계로 이어진 신분사회로 변화되었다. 다시 말해 천자와 제후의 관계는 적서혼인(嫡庶婚姻) 관계의 가족이 되었으며, 군신 관계도 봉건영주 관계가 되었고 주 왕실과 제후국은 이전과는 달리 예속 관계 속의 통일된 봉건국의 형태로 천자는 모든 제후의 공주(共主)가 된 것이다.

상복은 상장문화 중의 상징적인 한 형식이다. 그것은 가정과 가족의 사망에 대한 참여자와 죽은 자와의 친소(親疏) 관계를 구별 짓는 상징적인 것일 뿐만 아니라, 그들의 복식과 의구(儀具)들은 혈연과 친족 및 정치 등급과 인간관계에 있어 치밀한 구조를 이루고 있었다. 그러나 상복은 사람의 상상 속에서 생겨난 것이 아니며 그 제도 역시 선현들 개인의 창작물도 아니다. 그것은 바로 현실의 친연(親緣)관계와 종법제도 및 상장습속의 종합적인 고찰을 통해 비로소 형성된 것이다. 따라서 상복은 주대의 종법과 봉건제도에 일관된 중요한 표현 형식이라 할 수 있다.

대략 서주시기에 이르게 되면 제후국에서 친인의 사망시 상복을 입고 애도를 표하는 방식이 생겨나기 시작한다.[13)]

13) 周何선생은『古禮今談』一書에서 말하기를 중국의 상복제도는 그 기원이 대

> 제의 안환자(晏弱)가 죽자 그의 아들 안영이 거친 상복을 입고 삼베로 만든 띠를 두르며 죽장을 짚고 엄짚신을 신으며 죽을 먹고 움막에서 지내며 거적위에서 잠을 자고 풀 뭉치로 베개를 삼아 지내니, 그의 가신이 말하기를, "이것은 대부의 예가 아닙니다." 하자 대답하기를, "오직 경이라야 대부가 지킬 예를 행할 수 있다" 고 하였다.
> (齊晏桓子卒, 晏嬰麤縗斬, 苴絰帶, 杖菅屨, 食鬻, 居倚廬, 寢苫, 枕草. 其老曰, "非大夫之禮也." 曰, "唯卿爲大夫." 『左傳·襄公·十七年』)

추(麤)는 거친 천이며, 최참(縗斬)은 옷 가장자리를 꿰매지 않은 상복을 말 한다. 장(杖)은 대지팡이를 의미하며 관리(菅屨)는 짚신을 말한다. 풀 베개를 제외하고 상복제도 중 규정된 상복과 거상(居喪)생활과의 차이는 별반 다른 것이 없다.

이 외에 진(秦)나라와 진(晉)나라가 효(殽)에서 전쟁 중에 진(晉) 문공(文公) 중이(重耳)가 사망하였다. 마침 진(晋)인들이 문공을 장사 지내려 할 때 진(秦)나라가 출병을 하여 진(晋)국과 동성(同姓)이며 부속국가인 골(滑)국을 섬멸하였다. 진(晋)인들은 진(秦)나라가 상사에 애도를 표하기는커녕 오히려 진(晉)국과 동성인 부속 국을 섬멸하였다고 여기며 무례한 행위라고 생각하였다. 이 때문에 막 제왕이 된 양공(襄

략 周代에 시작된다. 이것은 상당히 정밀하고 뛰어난 설계이다. 역사발전의 단계에 비추어보면 주대의 산물인 듯하다. 물론 제도의 형식들이 보편적으로 실시되기 위해서는 상당한 기간을 필요로 한다. 따라서 상복의 시작은 서주초년에 시작 된 듯하며 아마도 당시의 내용은 상당히 간단했던 것 같다. 그러나 지속적인 보완과 수정을 통해 이미 춘추시대에 완성되었거나 늦어도 전국시기에는 완성된 것 같다.」고 하였다. 周何, 『古禮今談』, 臺北, 萬卷樓, 1992년, p.129.

公)이 강융(姜戎)과 연합하여 이 일을 구실로 검은 옷과 검은 띠를 두르고 군사를 동원해 진(秦)나라를 토벌하였다. 전쟁에서 승리한 진(晋)나라는 검은색 옷을 입고 문공을 안장하였다. 이 일을 계기로 진(晉)나라는 검은색 옷을 상복으로 간주하였다.

상복이 친인(親人)의 사망에 대한 애도의 상징으로 실행되기 시작한 것은 일종의 외재적인 표현일 뿐이며, 보다 중요한 것은 내재적인 의의라 하겠다. 이는 사람들에게서 상복을 통하여 혈연간의 친소(親疏)와 종족의 관계 등을 표현할 수 있고, 또 이것을 통하여 결속을 견고히 하고 강조할 수 있기 때문이다. 상복제도와 주대에 실행된 종법제도 간에는 깊은 관계가 있다고 할 수 있는데, 이 두 제도는 당시 정치에서 종족을 끌어 들이는 응집력으로 이용되었으며, 사회를 통치하는 중요한 지주가 되었다. 이것이 바로 춘추전국시기 유가와 사대부들이 주례(周禮)와 상례를 만든 진의라 하겠다.

제2절
성대하고 복잡한 상장의절

상례의절(喪禮儀節)이란 사망 후 시신의 처리와 장식, 애도, 매장, 제사 등과 관련된 일련의 활동을 진행함으로써 망자에 대한 애도를 표현하는 것을 의미한다. 이는 사회의 발전, 특히 종교와 신앙의 성행에 따라 점차 복잡해졌다. 상주(商周)시기에 대체로 체계화, 절차화가 되어 기본적인 상장의절이 형성되었다. 특히 서주에서 춘추시기까지 상장예의에 대해 반복적인 실행과 토론을 거쳐 가장 적합한 것을 규격화하여 점차 고정시켰나갔다. 이 후 대략 전국시기에 공문(孔門) 후학 예학자들의 편성(編成)을 통하여 각 시대가 연용하게 되었다.

상장예의(喪葬禮儀)는 주대에 이미 구체적으로 완비되었다. 그러나 오늘날 그 예제(禮制)는 그다지 존재하지 않는다. 현재 참고할 수 있는 문헌자료는 삼례(三禮)-『주례(周禮)』, 『의례(儀禮)』, 『예기(禮記)』-가 주된 자료이다. 상례 제도에 관해서는『의례』와『예기』에 비교적 많은 기록이 있다.

경서(經書)의 기재에 따르면 사망으로 부터 안장에 이르기까지 대체로 4단계로 나눌 수 있다. 망자를 위해서 반드시 해야 하는 성상(成喪)

과 성장(成葬), 그리고 흉례(凶禮)로부터 길례(吉禮)로의 전환 과정만 하여도 총 30여 개의 의절(儀節)이 있다.[1] 이러한 상례 절차의 각 의절의 구체적인 절목을 고찰하여 그 의미와 효용을 논하고자 한다.

1. 초종(初終)

초종예(初終禮)란 처음 사망 단계로서 친족들이 속광(屬纊), 초혼(招魂), 목욕(沐浴), 반함(飯含), 습(襲)등 의례를 실행하는 것이다. 망자의 시신에 대해 최초로 처리를 하고 사망 소식을 전하는 단계이다. 따라서 초종례 속에는 종교적 의미가 농후하게 포함되어 있다.

(1) 시사(始死)

『의례』와 『예기』의 기록에 따르면 병자가 죽음에 임박했을 때 정침(正寢)으로 옮겨서 "수종정침(壽終正寢)"을 준비한다. 『의례・기석례・기』에 따르면,

---

1) 王貴民 선생의 견해에 따르면 상장의식은 사망으로 부터 안장에 이르기 까지 대체로 4단계로 나눌 수 있다. 중간에 복잡한 조문과 복상(服喪)의 易・受・除服, 그리고 진설(陳設)의 세부사항을 제외하고 망자에게 반드시 하여야 하는 성상, 성장, 상례(흉례)로 부터 길례로 변화해가는 과정만 하여도 총 30여 개 의절이 있다. 첫 단계, 初終 : 始死—復—銘—沐浴—飯含—襲—設重은 사망한 날에 한다. 두 번째 단계, 二斂 : 設絞衾床第—小斂—遷屍於堂—奠 둘째 날에 행한다. 陳棺—大斂(奉屍斂於棺)—奠—成服杖은 셋째 날에 행한다. 세 번째 단계, 送葬 : 朝夕哭—朔月奠—筮宅—卜葬日—啓殯—朝祖—行柩—葬. 네 번째 단계, 葬後 : 反哭—迎尸—三虞—卒哭—小祥—大祥—禫(祭). 이로써 상사는 끝이다. 즉 길례의 시작이다. 상기는 25개월을 지내야 끝난다. (일설에는 27개월이다.) 본 절은 왕귀민 선생의 견해를 따라 단계별로 고찰하였다. 王貴民의 『中國喪葬史』 참고. 臺灣, 文津出版社, 1993년, pp.88~89.

사는 적침으로 옮겨, 병자의 머리를 동쪽으로 두게 하여 북쪽 창 아래 눕힌다.
(士處嫡寢, 寢東首, 于北墉下.『儀禮鄭注句讀』)

『예기』에서도 다음과 같이 말하였다.

사람이 병들어 매우 위독해 지면 집 안팎을 모두 청소 한다. 병자가 제후나 대부이면 방 안의 악기 걸어두는 것을 철거하고 사(士)이면 금(琴)과 비파를 치운다. 병자의 머리를 동쪽으로 두게 하여 북쪽 창 아래 눕히고 나서 침상을 치운다. 병자의 옷을 벗기고 새 옷을 입히는데 두 손과 두 발에 한 사람씩 붙어서 남녀에 따라 옷을 갈아입히고, 솜을 입과 코 근처에 대어 숨이 끊어졌는가를 살핀다. 그때 죽은 자가 남자이면 여자의 손에서 죽지 않고, 여자이면 남자의 손에서 죽지 않는다. 죽은 사람이 제후이거나 부인(夫人)이면 노침에서 숨을 거두며, 대부이거나 세부(世婦)이면 적침에서 숨을 거두며, 내자(경의 부인)로서 아직 제후의 명을 받지 않았으면 하실에서 죽고 그 시신을 침실로 옮기며, 사의 아내는 모두 침실에서 죽는다.
(疾病, 外內皆埽. 君大夫徹縣, 士去琴瑟. 寢東首於牖下. 廢床. 徹褻衣, 加新衣, 體一人. 男女改服. 屬纊以俟絶氣. 男子不死於婦人之手, 婦人不死於男子之手. 君夫人卒於路寢, 大夫世婦卒於適寢. 內子未命則死於下室. 遷尸于寢. 士之妻皆死于寢.『禮記・喪大記』)

고대는 천자(天子)로 부터 사(士)에 이르기까지 모두 정침(正寢), 연침(燕寢)이 있었다. 평소에 연침에서 거처하다가 병세가 심각해지면 정침(正寢. 적침(嫡寢), 적실(嫡室)이라고도 함)으로 옮긴다. 정침은 재계(齋戒)와 질병이 있을 때 거주 하는 곳이며 병자의 안정을 위해 비교적 조용한 북쪽 벽 아래에 휴식을 취하게 하고 머리를 동쪽으로 향하게 하여 동쪽의 생기를 받게 한다.

병자가 죽음에 임박 했을 때 자녀들은 반드시 병자의 때 묻은 옷을 벗기고 속옷부터 모두 새 옷으로 갈아입혀줘야 한다. 그 이유는 사망한 후 시신이 굳어져 옷을 갈아입히기가 힘들기 때문이며 또한 빈객이 탐문 시에 혐오스러움을 예방해 망자의 존엄을 지켜주는 것이다. 그런 후 안정된 환경에서 병자가 평온하게 서서히 최후를 맞게 하는 것이다.

병자가 임종을 하면 가족들은 시신을 바닥으로 옮겨 「속광(屬纊)」의 식을 거행한다. 「속광」은 고인들이 망자가 진실로 사망 하였는지를 확인하는 절차이다. 그 방법은, 아주 가벼운 새 솜을 망자의 코와 입에 대고 호흡 유무를 검증하는 것이다. 만약 솜이 움직이지 않으면 병자는 진실로 호흡이 끊어진 것이므로 이때 비로소 죽음을 알리는 것이다. 이것이 바로 신종(愼終)의 개념이다. 이러한 생명에 대한 신중한 처리는 생명을 존중하고 소중히 여기는 것이며 최후의 시간이 이르지 않으면 절대로 경솔히 하지 않는 것이다. 고인들은 호흡이 끊어진 것만으로는 진정한 죽음이라고 여기지 않았다. 그러므로 「초혼」의식을 거행하였다.

(2) 복(復)

「복」은 초혼(招魂)이다. 즉 망자의 영혼을 불러들이는 의식이다. 망자와 정이 깊은 가족들은 단기간에 사망의 사실을 현실로 받아들이기가 쉽지 않으며 망자가 다시 깨어날 수 있기를 바란다. 옛 사람은 죽음이란 단지 영혼이 육체를 떠난 것이라고 생각하였다. 그래서 사람들은 항상 망자가 다시 살아나기를 희망하였고 이 때문에 상례 중 「복」례를 첫 번째 의식으로 안배하였다. 그 목적은 망자의 부활을 바라는 것이다. 『예기・상대기』와 『의례・사상례』에 다음과 같이 기록하였다.

초혼의 의식을 행하는데 근처에 산림이 있으면 우인에게 사다리를 만들게 하고, 산림이 없으면 적인에게 사다리를 만들게 한다. 소신이 초혼의 의식을 행하는데 의식을 행하는 자는 조복을 입고한다. 죽은 자가 제후이면 곤복(袞服)을 가지고 하고, 부인이면 굴적을 가지고 하고, 대부이면 현정을 가지고 하고 세부이면 전의를 가지고 하고, 사이면 작변을 가지고 하고, 사의 아내이면 단의를 가지고 한다. 모두 동쪽 추녀를 통해 지붕으로 올라가 지붕 용마루 가운데에 서서 북쪽을 향하여 3번 혼을 부르고 나서, 옷을 말아서 앞으로 던지고 사복이 그것을 받으면 서북쪽 추녀를 통해 내려온다.
(復, 有林麓, 則虞人設階, 無林麓, 則狄人設階. 小臣復, 復者朝服. 君以卷, 夫人以屈狄；大夫以玄赬, 世婦以襢衣；士以爵弁, 士妻以稅衣. 皆升自東榮, 中屋履危, 北面三號, 卷衣投于前, 司服受之, 降自西北榮. 『禮記・喪大記』)

초혼하는 한 사람이 작변을 입고 윗옷에 연결된 아랫옷을 왼쪽에 메고 옷 한벌과 띠를 거두어 앞의 동쪽 추녀를 통해 지붕에 올라 집의 중앙에서 북쪽을 향하고 옷을 흔들며 말하기를 「아무개는 돌아오시오」라고 큰 소리로 세 번 외치고 옷을 앞으로 내려 준다.
(復者一人, 以爵弁復, 簪裳于衣, 左何之, 扱領于帶. 升自前東榮, 中屋, 北面, 招以衣 曰：「皐! 某復.」三, 降衣于前. 『儀禮・士喪禮』)

병자가 사망 시 망자의 가족 혹은 시중드는 자가 망자의 옷을 들고 동남쪽 추녀를 통해 용마루의 가장 높은 곳으로 올라가 북쪽을 향해 옷을 흔들며 망자의 이름(남자는 이름, 여자는 자)을 연속적으로 세 번 부르고 옷을 다시 말아서 밑으로 던진다. 그러면 다른 가족이 그 옷을 받고 다시 망자의 시신위에 덮는다. 사람들은 이러한 의식은 육체를 떠난 영혼을 다시 망자의 몸으로 돌아오게 하면 살아날 수 있다고 믿었기 때문이다. 『예기 · 단궁하』에 자세히 기록하였다.

> 복이란 것은 어버이를 사랑하는 도를 극진히 하는 것이며 신에게 기도하는 마음이 있는 것이다. 그윽하고 어두운 곳에서 돌아오기를 바라는 것은 귀신에게 기도하여 구하는 도이다. 그러므로 북면하여 초혼하는 것은 그윽하고 어두운 곳을 향해 기도하여 구하는 것이다.
> (復, 盡愛之道也, 有禱祠之心焉. 望反諸幽, 求諸鬼神之道也. 北面, 求諸幽之義也.)

즉, 산자는 친인의 사망을 차마볼 수 없어서 신에게 기도하여 망자의 영혼이 저승에서 다시 시신으로 돌아와 부활하기를 바라는 것이다. 이것은 단순한 하나의 의식이 아니라 인간의 진실한 정감을 의식중에 드러내는 것이며 마지막으로 망자를 떠나지 못하게 만류하는 의미를 포함한다. 동시에 귀신관념에 대한 신앙을 표현하는 것이다.

초혼 후에도 망자가 여전히 재생의 조짐이 없으면 이것은 망자가 다시 돌아오지 않을 것임을 인지하고 정식으로 상례를 치른다.

(3) 설명(設銘)

명(銘)은 즉 정명(旌銘)이다. 명정(明旌) 혹은 명정(銘旌)이라고 하기도 한다. 출빈할 때 영구차 앞에 세우는 깃발을 말한다. 제사지낼 때 신주의 우측에 두고 안장 시에는 관위에 덮는다.

『예기・상복소기』에 따르면,

> 복의 의식을 거행하는 일과 죽은 사람의 이름을 명정에 쓰는 것은, 천자로 부터 사에 이르기까지 그 서식이 같다. 남자는 그 이름을 쓰고 여자는 그 성과 항렬을 쓰되, 만약 성을 모르면 씨를 쓴다.
> (復與書銘, 自天子達於士, 其辭一也 : 男子稱名, 婦人書姓與伯仲, 如不知姓, 則書氏.)

또,『예기・단궁하』의 기록을 살펴보면,

> 명정은 이름을 명백하게 하기 위한 표시다. 죽은 자는 얼굴과 형체를 볼 수 없기 때문에 구별하기 위해 기로써 표시하는 것이다.
> (銘, 明旌也. 以死者爲不可別已, 故以其旗識之.)

『의례・사상례』에 따르면,

> 명정을 만드는 데는 비단으로 하고 없으면 검은 천으로 하는데 길이가 반폭(한자)이고 붉은 빛깔로 끝의 길이는 종폭(두자)으로 하고 넓이는 3치이다. 명(銘)을 끝에 쓰는데 아무개씨 아무개의 구라고 한다.
> (爲銘, 各以其物. 亡, 則以緇長半幅, 經末長終幅, 廣三寸. 書銘于末, 曰某氏某之柩.)

상문을 통해서 알 수 있듯이 선진시기에 명정은 망자의 이름과 출생지를 적어서 관의 주인이 누군지를 알려주는 깃발이다. 이런 깃발은 영혼을 인도하고 관직을 과시하는 효용이 있으며 출빈할 때 의장(儀仗)의 분위기도 높일 수 있다.

(4) 목욕(沐浴)

목욕(沐浴)은 시신을 씻는 것이다. 목은 머리를 감는 것이고 욕은 몸을 씻는 것이다. 목욕은 초혼의식을 진행한 후에 실시한다. 물은 특별히 우물의 물을 길어야 한다. 방법은 살아있을 때와 대체로 같다.

> 관인이 우물에서 물을 퍼올려 두레박의 줄을 풀지 않고 그대로 감아서 쥔 채 계단으로 올라가 당에 오르지 않고 그 물을 어자에게 주면 어자가 망자를 목욕시키는 데, 소신 4명이 홑이불을 잡고 어자 2명이 목욕을 시킨다. 목욕물은 항아리에 담고 씻는 물은 구기를 사용하여 푸며, 씻는 데는 가는 베로 만든 수건을 사용하고 물기를 닦는 데는 욕의(浴衣)를 사용하는 것을 생전에 하던 것과 같이 한다. 소신이 발톱을 깎고, 목욕하고 남은 물은 구덩이를 파고 버린다. 어머니의 상에는 여자인 어자가 홑이불을 잡고 목욕을 시킨다. 관인이 물을 퍼다가 어자에게 주면 어자는 당상에서 머리감을 물을 마련하는데, 제후의 경우 고양을 사용하고, 대부의 경우 기장을 사용하고, 사의 경우 고양(『의례』에는 벼로 되어 있음)을 사용한다. 전인은 솥을 서쪽 담장 아래에 파놓은 구덩이에 걸고, 도인이 역(鬲)을 내어오면 관인이 머리감을 물을 받아서 끓인다. 이 때 전인은 사당 서북쪽에 쌓아둔 땔나무를 가져다 불을 땐다. 관인이 어자에게 머리 감길 물을 주면 어자는 이에 머리를 감기는데, 머리를 감기는 데는 와반(瓦盤)을 사

용하고 수건으로 물기를 닦는 것은 생전과 같이 한다. 소신이 망자의 손톱을 깎고 수염을 자르니, 씻고 난 물은 구덩이를 파고 버린다. 제후의 시신 밑에는 대반(大盤)을 놓고 얼음을 채우며, 대부의 경우 이반(夷盤)을 놓고 얼음을 채우며, 사인 경우는 와반(瓦盤)을 여러 개 겹쳐놓고 얼음은 쓰지 않는다.
(管人汲, 不說繘, 屈之, 盡階不升堂, 授御者, 御者入浴. 小臣四人抗衾, 御者二人浴, 浴水用盆, 沃水用枓, 浴用絺巾, 挋用浴衣, 如它日. 小臣爪足. 浴餘水棄于坎. 其母之喪, 則內御者抗衾而浴. 管人汲, 授御者, 御者差沐于堂上. 君沐粱, 大夫沐稷, 士沐粱. 甸人爲垼于西牆下, 陶人出重鬲. 管人受沐, 乃煮之 ; 甸人取所徹廟之西北厞薪, 用爨之. 管人授御者沐, 乃沐. 沐用瓦盤, 挋用巾, 如它日. 小臣爪手, 翦須. 濡濯棄于坎. 君設大盤, 造冰焉. 大夫設夷盤, 造冰焉. 士併瓦盤, 無冰. 『禮記・喪大記』)

머리를 먼저 씻고 몸을 깨끗이 씻는다. 또 손톱, 발톱, 수염을 정리한다. 머리를 씻을 때 쌀뜨물을 사용해야한다. 제후는 고양 씻은 물을 사용하고 대부는 기장 씻은 물을 사용하고 사(士)는 벼를 씻은 물을 사용 한다[2]. 물은 끓인 물이어야 하며 머리를 씻는 물은 반드시 서쪽계단 아래 구덩이에 쏟아야 한다. 몸을 씻는 것은 가까운 시종이 해야 하며 망자가 남자면 남자하인, 여자면 여자하인이 한다.

망자가 만약 여름에 사망 하였으면 목욕하기 전에 제후와 대부의 경

2) 『예기・상대기』에는 「士沐粱」으로 되어있으며, 『의례・사상례』에는 「士沐稻」로 되어 있다. 사람마다 사회신분이 다르기 때문에 당시사회에서 곡물을 취할 수 있는 난이도가 달랐다. 따라서 다른 등급의 곡물 뜨물로 망자의 시신을 씻었다. 林素英의 『古代生命禮儀中的生死觀 － 以 『禮記』爲主的現代詮釋』, 臺灣, 文津出版社, 1997년, p.87.

우 영상(靈床) 아래에 얼음을 준비하여 시신의 부패를 방지한다. 사는 물을 사용하고 얼음을 사용하지 않는다.

(5) 반함(飯含)

반함(飯含)은 반과 함을 일컫는 것으로 진주, 옥, 쌀, 조개 등을 망자의 입에 넣는 것이다. 『예기 · 단궁하』에 따르면,

> 반함에 쌀과 패를 쓰는 것은 입을 차마 비울 수 없기 때문이다.
> (飯用米 · 貝, 弗忍虛也.)

반은 쌀, 곡식 등을 입에 넣으며, 함은 진주, 옥, 조개 등을 망자의 입에 넣는 것이다. 반함은 목욕의식 후 진행한다.

반함을 쉽게 진행하기 위하여 초혼 후 가족이 진실로 사망을 확인하고 반드시 「설치(楔齒)」를 해야 한다. 즉 각사(角柶. 양끝이 굽어져 있고 지탱할 수 있는 뿔로 만든 수저)로 입을 벌린다. 반함은 엄격한 등급 규정이 있다. 『예기 · 잡기하』에 의하면,

> 천자는 반함 할 때 9개의 패를 물리고, 제후는 7개, 대부는 5개, 사는 3개의 패를 물린다.
> (天子飯九貝, 諸侯七, 大夫五, 士三.)

『주례 · 지관 · 사인』에서는,

> 제후는 고양, 대부는 기장, 사는 벼를 사용하여 모두 4승으로 입에 채운다.

(君用粱, 大夫用稷, 士用稻, 皆四升實之.『周禮·地官·舍人』)

『공양전·문공오년』에는,

함이란 무엇인가? 입을 채우는 것이다.
(含者何? 口實也.)

하휴(何休)는 다음과 같이 주석하였다.

천자는 진주, 제후는 옥, 대부는 벽, 사는 패를 사용하니 춘추시대의 제도 이다.
(天子以珠, 諸侯以玉, 大夫以璧, 士以貝, 春秋之制也.『公羊傳·文公五年』)

『백호통소증·붕훙』에 따르면,

천자는 반함을 옥, 제후는 진주, 대부는 벽, 사는 패를 사용하였다.
(天子飯以玉, 諸侯以珠, 大夫以璧, 士以貝也.『白虎通疏證·崩薨』)

상술한 자료의 차이를 보면 반함예의 실물은 일치하지 않는 것을 알 수 있다. 이것은 각 시대의 사회 경제 조건과 사용한 화폐종류가 다르기 때문이다. 그러나 반함예를 실행할 때 다른 실물로써 신분차이를 나타내는 관념은 동일하다.

반함의 목적은 무엇인가? 간단하게 말하자면 살아있는 자가 망자의 음식과 재물에 대한 관심을 표현하는 것이다. 『공양전 · 문공오년』에서 하휴가 다음과 같이 주석하였다.

> 자식이 부모의 입을 채우는 것이니 삶을 따라 죽음을 섬겨 차마 그 입을 비워 둘 수 없는 것이다.
> (孝子所以實親口也, 緣生以事死, 不忍虛其口.)

또한 『주례 · 지관 · 사인』에서 정현은 다음과 같이 주석하였다.

> 반함은 입을 채우는 것으로서 차마 비워 둘 수 없어서 이다.
> (飯所以實口, 不忍虛也. 『周禮 · 地官 · 舍人』)

이상에서 알 수 있듯이, 옛 사람들이 반함을 하는 의도는 망자가 입이 빈 채로, 배고픈 채 저승으로 가는 것을 원치 않기 때문이다.

(6) 습(襲)

습(襲)은 시신을 목욕시킨 후 망자에게 옷을 입히는 의식을 말한다. 『의례 · 사상례』에 따르면,

> 그리하여 세벌의 수의를 입히니 명의는 포함되지 않는다.
> (乃襲三稱, 明衣不在筭.)

『석명 · 석상복』에 따르면,

> 시신에 옷을 입히는 것을 습이라 한다. 습은 주위라는 뜻으

로 옷으로 주위를 둘러 옷을 덮는 것이다.
(衣尸曰襲. 襲, 匝也, 以衣周匝覆衣之也. 『釋名·釋喪服』)

고례(古禮)에 따르면 옷을 갈아입힐 때 속옷을 제외하고 망자에게 새로운 옷 세벌을 입혀야 하는데, 이것을 「삼칭(三稱)」이라고 한다. 그리고 난 후 망자에게 폭건(幅巾), 충이(充耳), 멱목(幎目), 납구(納屨)를 하고, 심의(深衣)를 입히고, 대대(大帶)를 묶고 악수(握手)를 준비 한다. 그 다음에 모(冒)로 시신을 감싸 시신에 대한 혐오와 두려운 심리를 감소시킨다. 옷을 갈아입힌 후 망자의 머리와 얼굴은 이미 보이지 않지만 형체는 보이기 때문에 「모」로 전신을 감싼다. 그러면 시신 전체가 포대 안에 있어서 보이지 않게 된다[3].

(7) 설중(設重)

설중(設重)이란 큰 나무 판자로 위패(신주)를 만들어 중정(中庭)에 설치하여 망자의 혼령을 상징하는 것이다. 중(重) 위에 두 역(鬲)을 매달고, 역 안에 반함 후 남은 곡식으로 끓인 죽을 담는다. 이를 중력(重鬲)이라고 한다. 중의 양쪽에 매단다. 그 다음에 삿 자리로 중을 감싸고 명정(銘旌)을 위에 건다. 매장하기 전까지 중을 신주(假神主)로 한다[4].

이상의 초종례(初終禮)는 모두 사망 후 1일 이내에 진행한다.

---

3) 「冒者何也? 所以揜形也. 自襲以至小斂, 不設冒則形, 是以襲而后設冒也.」, 『禮記·雜記下』.

4) 『禮記·檀弓下』, 「重, 主道也」의 주에 「始死未作主, 以重主其神也.」라 하였다.

2. 이렴(二斂)

이렴예(二斂禮)는 출빈(出殯)하기 전까지의 모든 과정을 말한다. 조상(弔喪)과 입렴(入斂)은 둘째 날에, 친인(親人) 성복(成服)등 내용은 셋째 날에 진행하는 것으로 상장풍속 중 매우 중요한 과정이다.

(1) 효금과 상자를 준비한다(設絞衾床笫)

즉 망자가 사망한 다음날 아침에 동방(東房)에 소렴 옷을 차려 놓는다. 옷깃은 남쪽으로 향하고 서쪽에서 동쪽으로 배열한다. 둘째 줄은 동쪽에서 서쪽으로 배열하고 셋째 줄은 첫째 줄과 동일하게 한다. 먼저 효(絞), 다음에 치금(緇衾), 다음에 제복(祭服), 그 다음에 산의(散衣)를 차려 놓는다. 제복과 산의는 총 19벌이며 침상 깔개는 당(堂)아래 서점(西坫)[5]의 남쪽에 놓는다.

(2) 소렴(小斂)

망자에게 수의(壽衣)를 입혀주는 예를 소렴(小斂)이라고 한다. 『석명·석상제』에 따르면,

> 염이란 넣어둔다는 뜻으로 감추어 다시 보이지 않게 하는 것이다.
> (斂者, 斂也, 斂藏不復見也. 『釋名·釋喪制』)

즉 옷과 이부자리(수의용)를 시신에 입히고 싸는 것이다.

---

5) 坫 : 옛날, 실내에 음식물·주기(酒器) 등을 올려 놓는 토대(土臺).

소렴은 사망 후 둘째 날 아침에 침실 내에서 진행 한다[6]. 먼저 소렴옷을 방안에 차려놓은 다음 소렴침상을 준비하고 옷을 입힌다. 이때 상주는 윗옷을 벗어 왼쪽 어깨를 드러내고 상주부인은 머리 장신구를 풀고 머리를 올리며 계속 곡(哭)을 한다. 집사가 소렴의식을 진행하기 시작하면 우선 침상위에 자리를 깔고 효(絞)를 깔면 그 위에 이불(수의용)을 깐다. 자리와 이불의 재질은 망자의 신분에 따라 결정된다[7].

이어서 옷을 입히는 과정이다. 존비귀천을 막론하고 모두 19벌의 새옷을 입히는데 이것은 천지(天地)의 수를 상징한다[8]. 천(天)의 수는 9로 끝나며 지(地)의 수는 10으로 끝나고 사람은 천지 사이에 살고 있어서 천과 지와 함께 삼재(三才)라고 칭하며 하늘과 땅 사이에 가장 귀한 존재이다. 사람이 하늘과 땅 사이에서 죽어 천지의 종수(終數)를 취하고 합하여 19가 되기 때문에 소렴 19라는 숫자는 바로 여기에서 기인된 것이다.[9] 소렴은 생명의 자연회귀를 상징한다. 따라서 옷의 수량은 모든 사람이 평등함을 표현한다. 옷을 입힌 후에 이불로 시신을 감싸고 끈으로 팽팽하게 묶는다. 그 다음에 「감추어 다시 보이지 않게 한다.(斂藏不復見)」는 의미를 따라 2벌의 「모(冒)」로 아래위 시신을 감싼다. 마지막으로 시신에 이불(수의용)을 덮는다.

소렴의 목적은 시신을 소중히 여기기 위해서이다[10]. 그것은 소렴 때

---

6) 「小斂於戶內」, 『禮記·喪大記』.

7) 「君以簟席, 大夫以蒲席, 士以葦席.……君錦衾, 大夫縞衾, 士緇衾.」, 『禮記·喪大記』.

8) 「小斂……衣十有九稱」鄭注曰 : 「衣十有九稱, 法天地之終數也.」, 『禮記·喪大記』.

9) 林素英, 『古代生命禮儀中的生死觀 － 以『禮記』爲主的現代詮釋』, 臺灣, 文津出版社, 1997년, p.95.

10) 周何, 『古禮今談』, 臺灣, 萬卷樓, 1999년, p.152.

효금(絞衾)을 만들고 시신을 여러 층으로 감싸 시신에 대해 사람들이 혐오감이 생기는 것을 피하기 위해서이다.11) 소렴 후 시신은 이미 장식되고 덮어 가리어져 있기 때문에 유막(帷幕, 장막)을 거둔다. 그래야 산자들이 망자를 「어루만지며(撫之)」, 「끌어당기며(挽之)」, 「기대며(憑之)」, 「받들며(奉之)」, 「잡으며(拘之)」, 「쥐며(執之)」 곡(哭)할 수 있기 때문이다.

(3) 당으로 시신을 옮기다(遷尸於堂)

소렴을 한 후에 시신을 자리위에 놓는다. 상주는 시신의 동쪽에 꿇어앉고 부인은 시신의 서쪽에 꿇어앉아서 손으로 시신의 가슴 쪽을 어루만지는데 이것을 빙시(憑尸)라고 한다. 그 다음에 상주는 동방(東房)으로 들어가서 마(麻)로 머리를 묶고 옷을 벗어 왼쪽어깨를 드러내며 다른 가족들도 관을 벗는다. 부인은 서실(西室)에서 머리를 묶는다. 친인들이 함께 시신을 당(堂)에 놓여있는 침상깔개 위로 옮겨서 이불을 덮는다. 여기까지가 시신이 침실로부터 당으로 옮겨지는 과정이다12). 옮겨진 후 상주는 상복으로 갈아입고 수질(首絰)과 요질(腰絰)을 한다.

(4) 소렴전(小斂奠)

사망 직후 음식을 시신의 침상주위 시신의 동쪽에 차려 놓는데 시신의 어깨부분 근처에 안치 하므로 전(奠)이라고 칭 한다. 정(鼎)속의 돼지고기를 조(俎) 위에 올려놓고, 조와 포(脯), 해(醢), 예(醴), 주(酒)를

---

11) 「尸未設飾,故帷堂,小斂而徹帷.」, 『禮記・檀弓上』. 「制絞, 衾, 設蔞, 翣, 爲使人勿惡也.」, 『禮記・檀弓上』.

12) 「士擧, 男女奉尸, 侇于堂, 幠用夷衾.」, 『儀禮・士喪禮』.

시신의 동쪽에 놓는다[13].

이상의 의절은 둘째 날에 진행한다.

(5) 대렴의와 전, 빈구를 진설한다(陳大斂衣奠及殯具)

소렴한 다음날, 즉 사망 후 셋째 날 아침에 대렴 옷을 동방(東房)에 차려놓는다. 진설방법은 소렴 옷과 동일하다. 먼저 효(絞)와 금(紟)을 준비하고 그 다음에 두 채의 이불(수의용)[14]을 준비한다. 그리고 군수(君襚), 제복(祭服), 산의(散衣), 서수(庶襚)를 차려 놓는다. 금을 제외하고 총 30벌이다.

동쪽 당(堂)아래에 우(杅)와 점제(坫齊)를 차려놓는다. 우에는 대렴 전(奠)에서 사용할 제물들을 진설한다. ── 와무(瓦甒) 2개, 갈두(毼豆) 4개, 변(籩) 2개, 각치(角觶) 4개, 목사(木柶) 2개, 소작(素勺) 2개 ── 전석(奠席)은 우(杅)의 북쪽에 놓고 염석(斂席)은 우(杅)의 동쪽에 놓는다.

당(堂) 정면 계단에 구덩이를 판다[15]. 구덩이의 깊이와 관의 높이는 같게 한다. 관은 대문으로 들어와 서쪽계단을 거쳐 당으로 올라와 구덩이에 안치한다. 오서(熬黍), 오직(熬稷) 각 2바구니와 생선, 건어물을 서쪽 당 아래 서점(西坫) 남쪽에 진설한다.

---

13) 「小斂之奠, 子遊曰 : 『於東方.』曾子曰 : 『於西方. 斂斯席矣.』 小斂之奠在西方, 魯禮之末失也.」, 『禮記 · 檀弓上』

14) 「大斂, 布絞, 縮者三, 橫者五, 布紟, 二衾, 君, 大夫, 士一也.」, 『禮記 · 喪大記』.

15) 구덩이는 발인할 때 관을 안치하는 곳이다. 『禮記 · 檀弓上』, 孔子曰 : 「夏后氏殯於東階之上, 則猶在阼也 ; 殷人殯於兩楹之間, 則與賓主夾之也 ; 周人殯於西階之上, 則猶賓之也.」라고 하였다. 「士喪禮」에 기록된 것은 周禮이다. 따라서 구덩이는 서쪽 계단에 파는 것을 알 수 있다.

(6) 대렴(大斂)

대렴(大斂)이란 시신을 관속으로 옮기는 것이다. 그 목적은 시신을 잘 보관하는 데에 있다[16). 『예기』에 따르면 대렴은 소렴 다음날이다. 즉 사후 셋째 날에 진행한다. 왜 사후 셋째 날에 해야 되는 것인가? 『예기』에 기록하기를,

> 사흘 뒤에 염을 하는 것은 살아나기를 기다리는 것이다. 사흘이 되어도 살아나지 않으면 역시 살아나지 않는 것이다. 효자의 마음도 더욱 쇠약해지며, 집안 형편에 맞는 장례비용의 헤아림과 의복을 갖추는 일도 이룰 수 있으며 멀리 있는 친척도 올 수 있는 것이다. 그런 까닭에 성인이 결단을 내려 사흘로써 예의 제도를 삼은 것이다.
> (三日而后斂者, 以俟其生也. 三日而不生, 亦不生矣, 孝子之心亦益衰矣. 家室之計, 衣服之具, 亦可以成矣 ; 親戚之遠者, 亦可以至矣. 是故聖人爲之斷決, 以三日爲之禮制也.『禮記·問喪』)

유가에서 「살아나기를 기다리는 것이다. 사흘이 되어도 살아나지 않으면 역시 살아나지 않는 것이다.」라고 해석하였다. 의학적인 관점에서 보면 호흡이 멈춘 후 다시 깨어나는 것은 드문 일이 아니다. 또한 3일 지나서 대렴을 하는 것은 가족들이 죽음을 사실로 받아 들이는시간적 배려이며 필요한 장례물품을 준비하고 상례의 각 의절을 진행시키는 시간적 여유가 충분하기 때문이다. 따라서 사망 후 3일째 대렴예의를 진행하는 것은 경험으로부터 나온 것일 수 있다. 대렴의 장소는 당(堂) 앞의 동쪽 계단이다. 소렴은 생명의 자연회귀를 상징하여 옷의 수량으로 사람이 모두 평등한 것을 표현하는 반면, 대렴은 사회생명의

---

16) 周何, 『古禮今談』, 臺灣, 萬卷樓, 1999년, p.152.

차이를 상징하여 사회신분에 따라 구별이 있을 수 있다. 따라서 사(士)는 삼십 벌, 대부는 오십 벌, 제후는 백 벌의 차등이 있다.[17] 즉 개인이 사회에 봉사와 공헌 정도의 차이에 따라 최후의 보답을 해 주는 것이다.

대렴 때 상축(商祝)의 도움으로 주인(喪主)이 시신을 관으로 옮긴다. 이때 자식들은 곡(哭)하며 슬픔을 충분히 표현하고 시신을 관에 안치하고 관 덮개를 덮는다. 자식들은 곡용(哭踊, 곡하며 제자리에서 뜀)을 한차례 한다. 그 다음에 대렴전(大斂奠)을 한다. 술과 음식을 영전에 놓고 전제(奠祭)를 올린다. 전제가 끝난 후 상주와 주부(망자의 처, 혹은 상주의 처)는 참석한 손님들을 배웅하고 또 한번 곡용 한다. 이로써 대렴의식은 끝이 난다. 소렴과 대렴의식을 통하여 시신을 겹겹이 감싸 친인(親人)의 시신을 적적히 잘 보관 할 수 있게 된다. 그런 후에 계속해서 정빈(停殯)에 관련된 일과 필요한 장례물품을 준비한다.

(7) 성복(成服)

성복(成服)은 상가(喪家)와 친속들이 망자와 혈연관계의 친소(親疏), 원근(遠近)에 따라 오복 즉 참최(斬衰), 재최(齊衰), 대공(大功), 소공(小功), 시마(緦麻)에 근거하여 자기에게 맞는 상복을 입는다. 성복은 대체로 대렴 후에 하기 때문에 일반적으로 망자가 사망한 후 셋째 날에 한다. 『의례・사상례』에 따르면 「삼일(三日), 성복(成服).」이라 하였다. 그러나 대렴 후 다음날에 한다는 설도 있다. 즉 사망한 날을 계산하지 않은 셋째 날에 성복한다는 말이다.

---

17) 『禮記・喪大記』:「大夫五十稱, 士三十稱.」孔疏云 :「鄭注「雜記」篇以爲襲禮 : 大夫五・諸侯七・上公九・天子十二稱. 則此大斂, 天子當百二十稱, 上公九十稱, 侯伯子南七十稱. 今云君百稱子, 據上公擧全數而言之.」.

3. 송장(送葬)

송장예(送葬禮)는 모든 장례를 치르는 과정 중에 가장 성대한 의식이다. 「출빈(出殯)」이라고 하기도 한다. 송장의식은 날짜와 장소를 선택하는 택장일(宅葬日)을 점치는 것, 계빈(啓殯), 조조(朝祖), 송장(送葬) 등 예속을 포함한다. 모두 상장예제에 중요한 내용들이다.

(1) 조석곡삭월전(朝夕哭朔月奠)

고례(古禮)에 따르면 성복 후 망자의 가족은 죽은 사람 섬기기를 살아 있을 때와 같이 한다는 「사사여생(事死如生)」의 마음으로 매일 일출 때와 일몰 전 2번의 제사를 올린다. 초하루와 보름에도 전(奠) 제사를 올려야 하며 제물은 평시보다 풍부해야한다. 특별히 돼지와 건어물, 기장을 준비한다.

제사를 올릴 때 자식들은 곡용(哭踊)과 궤배(跪拜)를 한차례 하는데 매장할 때까지 계속 한다.

(2) 서택복장일(筮宅卜葬日)

서택복장일이란 묘지(墓地)를 선택하고 출빈(出殯)의 길일(吉日)과 시간을 선택하는 규정이다. 점을 치는 풍속의 연원은 매우 오래 되었다. 고대 매장할 때 총인(冢人), 서자(筮者), 복인(卜人) 등이 귀갑(龜甲)을 사용해 점을 쳐서 묘지의 위치와 매장하는 시간을 결정하였다. 묘지에서 또 장지가 결정되었다는 의식을 올리기도 하였다.

기빈(旣殯, 대렴의식이 완료 된 후를 이름) 후 장지를 선택하여야 한다. 묘지를 관리하는 총인(冢人)이 먼저 묘조(墓兆, 분묘)를 확정하고 표면 토층을 판다. 서일(筮日) 조곡(朝哭)을 한 후 상주와 다른 친척들이 모두 묘조에 가서 확정된 묘조가 묘혈로 하는 것이 타당한지를 점친다. 점괘가 불길하면 다른 묘지를 선택 한다.

사(士)는 석 달을 지나 매장 한다[18]. 매장하기 전 달의 하순에 매장날짜를 점친다. 먼저 그 다음 달 하순의 강일(剛日)[19]을 점친다. 좋지 않으면 다음 달 중순의 강일을 점친다. 매장날짜를 점치는 의식은 빈궁(殯宮) 문 밖에서 하며, 족장(族長)과 종친(宗親)들은 모두 지켜봐야 한다. 매장날짜가 결정된 후에는 사람을 시켜 빈객에게 이를 알린다.

(3) 계빈(啓殯)

계빈(啓殯)은 영구(靈柩)를 당(堂)의 정중앙 위치로 옮겨 매장을 준비하는 것이다. 매장 전날에 계빈한다. 계빈예를 행할 때 오복(五服)내

---

18) 『禮記・王制』:「天子七日而殯, 七月而葬. 諸侯五日而殯, 五月而葬. 大夫士庶人三日而殯, 三月而葬.」라 하였으며 「禮器」와 「雜記下」의 기록과는 다른 부분이 있다. 즉 서인(庶人)을 포함시키지 않는 것이다. 周何선생의 『古禮今談』(臺灣 萬卷樓, 1992년) p.159 참고. 서민은 경제적 조건 때문에 예를 강요할 수 없다. 즉 「禮不下庶人」의 의미이다. 천자, 제후, 대부 등은 신분에 따라 빈기는 7개월, 5개월, 3개월 등으로 나누어져 있는데 모두 최대 한계 기준을 말한 것이다. 적어도 대부 이상은 얼음을 사용할 수 있기 때문에 사와 서인의 빈기는 최장 한 달을 초과하지 못하게 한 것이며, 심지어 언제든지 매장할 수 있게 하였다.

19) 모든 사물에 양과 음이 있듯이 날짜에도 양과 음이 있다고 판단하여 강일과 유일을 두었다. 그 어원은 양강음유(陽剛陰柔), 또는 건곤강유(乾坤剛柔)에서 비롯된 것이며, 십간(十干) 중 갑(甲)・병(丙)・무(戊)・경(庚)・임(壬)은 강일에 속하고, 을(乙)・정(丁)・기(己)・신(辛)・계(癸)는 유일에 속한다.
강일에는 집밖에서 하는 일을 하고 유일에는 집안에서 하는 일을 한다고 『예기』에 설명되어 있다. 한편 제례(祭禮)에도 강일과 유일이 적용되니, 강불재우(剛不再虞)라 하여 강일에는 재우제(再虞祭)를 지내지 않고 유불졸곡(柔不卒哭)이라 하여 유일에는 졸곡제(卒哭祭)를 지내지 않는다.

의 친척들은 모두 참석하여야하며 자신에게 맞는 상복을 입고 곡을 하여야 한다. 그 다음에 남자 종이 계빈을 하기 위하여 영좌(靈座)를 옆으로 옮긴다. 축(祝)이 공포(功布)[20]를 쥐고 북쪽을 향해 영구 앞에 서서 큰소리로 계빈의 시간을 선포한다. 그런 후에 모든 사람이 슬픔을 다해 곡한다. 그 다음에 계빈이 시작된다. 축은 명정을 영좌 옆에 둔다. 역자(役者)는 들어가서 빈도(殯途)와 격(墼)을 치운다. 다시 상축(商祝)이 영구위의 먼지를 닦고 소렴 때 시신을 덮는 이불로 영구를 덮는다. 그런 뒤 역자와 부인들이 모두 밖을 나가 자신의 자리에 선다. 집사는 남자 종이 다시 영좌를 원위치로 옮겨 놓고 이미 사용한 전제사의 제물을 치우고 다시 새로운 전제사의 제물을 차려 놓는다. 평소와 같이 조석전(朝夕奠)의 의식을 행한다.

(4) 조조(朝祖)

조조(朝祖)란 영구(靈柩)를 발인하기 전날에 영구를 조묘(祖廟)로 옮긴 후에 행하는 의식을 말한다.[21] 그 의미는 망자가 조상들에게 이별

---

20) 공포는 글을 쓰지 않은 흰 무명이나 삼베를 기다란 대나무에 매달아 기(旗)로 만들어 사용한다. 상여가 나갈 때 명정(銘旌, 죽은 사람의 관직이나 이름을 쓴 깃발) 뒤를 따르며 상여의 길잡이 역할을 한다. 만장을 든 사람들이나 무거운 상여를 메고 뒤따르는 사람들에게 도로의 사정을 알리는 데 사용하는 것이다. 특히 모퉁이 길을 만났을 때에는 이것을 사용해서 방향 전환을 알린다.
『儀禮』의 「士喪禮」에는 공포를 만드는 삼베의 길이는 석 자로 한다고 기록되어 있다. 장지(葬地)에서는 널을 묻을 때 명정을 덮기 전 관에 묻은 먼지를 털고 깨끗이 닦는 데 쓰인다.

21) 주대의 예로서 조조는 상가(喪家)가 영구를 조묘로 모실 때 행하는 제전예(祭奠禮)이다. 후에 가묘가 협소하고 이동하기 불편하여 영구 대신 혼백을 사용하였다. 徐吉軍, 賀雲翱, 『中國喪葬禮俗』, 浙江, 人民出版社. 1991년, p.114.

을 고하는 것이다. 마치 살아 있을 때 멀리 떠나려면 반드시 부모에게 고하는 것과 같은 뜻이며 또, 살던 집을 영원히 떠나므로 차마 떠나기 싫어하며 배회하는 슬픈 감정을 표현 하는 것이다. 『예기』에 이른바,

> 장사지내기 전에 영구를 조묘로 옮기는 것은 죽은 자의 효심에 따르는 것이다. 살던 집을 떠나는 것을 슬퍼하는 것이다. 그러므로 조고의 묘(廟)에 이르렀다가 그런 뒤에 떠나는 것이다.
> (喪之朝也, 順死者之孝心也. 其哀離其室也, 故至於祖, 考之廟而后行. 『禮記・檀弓下』)

(5) 행구(行柩)

상축(商祝)은 공포(功布)를 쥐고 사람들과 영구차를 묘지로 인도한다. 관구(棺柩)[22]위에 미리 가로 3개, 세로 2개의 나무 막대를 놓고 줄을 길게 하여 매장할 때 사람들이 잡기 편리하게 한다. 이것은 바로 「(영구차에 줄을 잡고) 만약 영구차의 뒤를 따라 묘지까지 가면 관의 참바를 잡아 묘혈로 내리는 것을 돕는다.」[23]는 것과, 「장사지내는 일을 도울 때는 반드시 상여 줄을 잡아 준다.」[24]의 의미이다. 이 외에 큰 밧줄로 관구를 영구차위에 고정시키고 사람들이 잡기 편리하게 상여 줄을 길게 남기고 가족친지와 친구들의 도움으로 묘지까지 옮겨 가는 것이다. 이것은 바로 「장사지낼 때 조문하는 사람은 반드시 영구차의 줄을 잡

---

22) 상례과정에 시신을 넣기 전까지 「관」이라고 하고, 시신을 넣은 후에 「구」라고 한다.

23) 「若從柩及壙皆執紼」, 『禮記・檀弓下』.

24) 「助葬必執紼」, 『禮記・曲禮上』.

는다.」[25]는 뜻이다. 영구차를 옮겨주는 사람의 수는 망자의 신분과 지위에 따라 다르며 천자는 천인, 제후는 오백인, 대부는 삼백인, 사는 오십인 이다.[26] 그외 수행자들은 뒤를 따라 간다. 이런 성대한 송장행렬은 사람들의 온정(溫情)을 느끼게 한다.[27]

(6) 장(葬)

영구차는 많은 사람들의 도움으로 묘지로 향한다. 부장품은 묘도(墓道)의 양쪽에 진열하고 영구를 영구차에서 내리고 영구장식을 제거한다. 이 때 마지막 작별의식을 행한다. 그 다음에 먼저 곽의 밑판과 벽판을 묘혈에 놓고 깔개를 밑판에 깔고 사람들은 상여 줄을 잡고 영구를 서서히 내려놓는다. 상주는 망자에게 현훈(玄纁)[28] 한 묶음을 바치고 묘혈에 넣는다. 명기는 영구 옆에 진열하고 영구를 장식한다. 그 다음에 관곽사이에 포소(苞筲, 희생을 포장한 것과 대바구니)를 넣고 기타의 부장품과 함께 묘혈에 넣는다. 그 다음에 곽의 덮개, 항석(抗席), 항목(抗木)을 배치하고 마지막에 봉토하여 묘를 만든다.

---

25) 「弔於葬者必執引.」, 『禮記 · 檀弓下』.

26) 『禮記 · 檀弓下』, 「執引」의 孔疏에 何東山의 말을 인용하였다. 何東山은 『주례』와 『예기』에 관련된 기록을 근거로 하였는데, 『周禮 · 地官 · 大司徒』에, 「大喪, 帥六鄕之衆庶, 屬其六引而致其政令.」라고 기록 되어 있으며 또한 「地官 · 遂人」에, 「及葬, 帥而屬六綍, 及窆, 陳役.」이라 하였으며 鄭注에 「用綍, 旁六. 執之者, 天子其千人與.」라고 기록되어 있다. 그리고 『禮記 · 雜記下』에는 「諸侯執綍五百人,……大夫之喪, 執引者三百人.」 이라고 기록되어 있다.

27) 林素英, 「先秦儒家的喪葬觀」, 臺灣 『漢學硏究』 19권 제2기, 2001년, 12월, p.91. 참고.

28) 장사 지낼 때에 산신에게 드리는 검은 헝겊과 붉은 헝겊의 두 조각 폐백. 나중에 무덤 속에 묻는다.

4. 장후(葬後)

매장하기 전 망자의 형체가 아직 존재하기 때문에 각종 예의는 모두 살아있는 사람의 예와 같이 한다. 이미 매장한 후에는 모시는 대상이 영혼이기 때문에 각종 흠향 의식은 더 이상 전(奠)이라고 칭하지 않고 제(祭)라고 칭한다. 즉, 흉례(凶禮)에서 길례(吉禮)로 바뀌는 것이다. 매장한 후의 제례는 다음과 같다.

(1) 반곡(反哭)

반곡은 매장한 후 상주가 신주를 모시고 집으로 돌아와 곡하는 것이다.[29] 곡을 한 후 상주는 빈객을 배웅하고 친척들은 빈궁(殯宮)에 가서 곡용(哭踊)한다. 친척들을 보낸 후 상주는 바로 여막(廬幕)으로 들어간다.

(2) 우제(虞祭)

부모를 매장한 후에 혼백을 빈궁으로 모시는 제사를 우제(虞祭)라고 한다. 우(虞)는 안치의 의미이다.[30] 유가의 관점에 따르면 망자는 매장한 후 그의 뼈와 살은 흙으로 돌아가지만, 영혼은 아직 돌아갈 곳이 없기 때문에 우제를 지낸다. 그 목적은 망자의 영혼이 돌아 갈 곳을 찾게

---

29) 『禮記・檀弓下』에 「反哭升堂, 反諸其所作也.」라 하였다. 그러나 청나라 孫希旦은 『禮記集釋』에서 「反哭」을 「反於廟而哭」이라고 하였다.

30) 『儀禮・旣夕禮』에 「猶朝夕哭, 不奠. 三虞, 卒哭, 明日以其班祔.」라 하였으며, 鄭玄의 注에, 「虞, 喪祭名. 虞, 安也. 骨肉歸於土, 精氣無所不之. 孝子爲其彷徨, 三祭以安之.」라고 해석하였다. 또한 『釋名・釋喪制』에 따르면, 「旣葬, 還於殯宮曰虞, 謂虞樂安神, 使還此也.」라 하였다. 두 설은 모두 영혼을 안치 한다는 뜻이다.

하여 안치시키는 것이다. 고례에 따르면 우제는 3번 행한다. 첫 번째 우제는 「시우(始虞)」라고 하며 매장한 당일에 행하여 친인을 잃은 가족들이 망자와 하루라도 이별할 수 없는 슬픔을 나타내는 것이다.[31)]장사(葬事)는 음(陰)이어서 유일(柔日)[32)]에 장사지내어 음유(陰柔)의 의미를 취해 「유사지제(裕事之祭)」를 행한다. 이 제례를 통해 먼저 조상에게 제사를 올려 새로 돌아가신 망자의 영혼이 안정을 찾기를 희망하는 것이다. 정일(丁日)에 시우를 지내 기일(己日)에 우제를 한 번 더 지낸다. 역시 유일에 행하며 「우사(虞事)」라고 한다. 망자가 조상에게 돌아갈 수 있는 것을 한 번 더 확인함으로써 살아 있는 자의 마음을 위로하는 것이다. 이렇게 두 번 확인을 거친 후 상례는 이성적인 측면에서 끝낼 때가 된 것이다. 따라서 동(動)적임을 상징하는 강일(剛日)의 경일(庚日)날에 삼우제를 올린다. 이를 「성사(成事)」라고 하며 장례가 일단락 지어졌다는 뜻이다.

(3) 졸곡(卒哭)

삼우 후의 이틀 뒤는 같은 강일(剛日)이므로 졸곡제를 한다. 고대 자식들은 부모가 돌아 가셨을 때부터(始死) 계빈(啓殯)에 이르기 까지 곡소리가 끊이지 않았다. 계빈 후 여막에 거처하며 부모를 생각하면서 곡하였으므로 「무시지곡(無時之哭)」이라고 칭하였다. 졸곡제사 후에는

---

31) 「葬日虞, 弗忍一日離也.」, 『禮記・檀弓下』.

32) 십간(十干) 중 을(乙)・정(丁)・기(己)・신(辛)・계(癸)가 되는 날. 쌍일(雙日). 『禮記』에 따르면 종묘의 제사나 관례(冠禮)・혼례(婚禮) 등의 내사(內事)에는 유일을 쓴다고 한다. 유(柔)는 음(陰)에 속하는 것으로서, 죽은 자를 평안케 하고자 지내는 우제(虞祭)에는 그 음의 성질인 고요함을 취하여 음일인 유일을 쓴다.

아침과 저녁때 한번 씩 곡하므로 이를 「유시지곡(有時之哭)」이라고 한다. 고례에 사(士)는 석 달에 매장하고 매장한 후 연속적으로 3번 우제를 지내는데 백일에 가까운 날이다. 따라서 『의례 · 기석례』에서 「삼우제를 지내고 졸곡제를 지낸다.(三虞, 卒哭.)」라고 하였고 정현은 「졸곡은 삼우제 이후의 제사 이름이다.(卒哭, 三虞之後祭名.)」고 하였으며, 공영달은 「이때 이르러 졸곡제를 지내니 조석곡만이 있을 뿐이며 슬픔이 줄어드는 것을 말한다. (至此爲卒哭祭, 唯有朝夕哭而已, 言其哀殺也.)」라고 하였다.

(4) 소상(小祥)

부모가 돌아가신 후 일주년(13개월)이 되는 날의 제례를 말한다.[33)]『예기 · 간전』에 따르면,

> (만 1년이 되어 소상을 지내고는 채소와 과일을 먹으며, …… 악실에 거쳐하면서 자는 곳에 자리를 깔며, …… 연관에다 전연의 복을 입고 요질을 벗지 않는다. 남자는 수질을 벗고 여자는 요대를 벗는다.
> (期而小祥, 食菜果 …… 居堊室, 寢有席 …… 練冠縓緣, 腰絰不除, 男子除首, 婦人除乎帶. 『禮記 · 間傳』)

또한 「단궁상」에서 공영달은,

> 연은 소상을 말한다. 소상을 지내고 연관과 연중의를 착용하기 때문에 연이라고 한다.

33) 『儀禮 · 士虞禮』: 「朞而小祥.」 鄭玄의 주에, 「小祥, 祭名. 祥, 吉也.」라고 하였다.

(練, 小祥也. 小祥而著練冠練中衣, 故曰練也.)

라고 하였다. 모두 상복이 점점 가벼워지고 요질을 벗고 길복(吉服)으로 갈아입는 것을 의미한다. 따라서 소상제를 「연제(練祭)」라고 하기도 한다. 가공언(賈公彦)은[34],

> 만 일 년은 천기가 변화되어 자식이 부모를 생각하며 지내는 제사인데 이는 상사이다.
> (一期, 天氣變易, 孝子思之而祭, 是其常事.)

라고 하였다. 또한 「상복소기」에,

> 만 일 년(小祥)의 제사를 지내는 것은 예이며, 만 이 년(大祥)의 제사를 지내는 것은 도이다.
> (期而祭, 禮也 ; 期而除喪, 道也. 『禮記・喪服小記』)

라는 말이 있다. 이상에서 알 수 있듯이 소상제(小祥祭)는 천기의 주기 변화에 맞추어 행하는 친인을 그리워하는 제사이며 인정과 도리에 부합되는 제례이다.

(5) 대상(大祥)

즉 부모가 돌아가신 후 2주년(25개월)이 되는 날의 제례를 「대상(大祥)」이라고 한다. 『예기・간전』에 따르면,

---

34) 『儀禮・士虞禮』, 「朞而小祥, 曰薦此常事」의 疏 이다.

> 부모의 상에, …… 만 일 년이 되어 소상을 지내고, …… 또 만 일 년이 되어 대상을 지냈으면 식초와 간장을 상에 올릴 수 있으며,…… 침실로 돌아와 거쳐 할 수 있다.……소호와 마의를 입는다.
> (父母之喪 …… 期而小祥 …… 又期而大祥, 有醯醬, …… 居復寢 …… 素縞麻衣.)

이것은 거상(居喪)의 요구가 한층 더 느슨해진 것을 나타낸다. 복상(服喪)하는 사람이 곧 정상적인 일상생활로 돌아가는 것을 의미하는 것이다. 다시 말해 고례에 따르면 졸곡제 후 효자는 거친 음식과 물만 먹을 수 있고 소상제가 지나면 채소와 과일을 먹을 수 있으며 대상제 후에 비로소 요리에 간장과 식초 등 조미료를 가미 할 수 있고 침실에 거주 할 수 있으며 흰 명주 옷과 심의(深衣)복을 입을 수 있는 것이다.

(6) 담(禫)

담은 상가(喪家)가 상복을 벗는 제사이다.『의례・사우례』에서 설명하기를,

> (기년(일주년)의 소상에는…… 또 일 년을 넘은 대상에는 …… 대상을 지낸 다음 달에 담제를 지낸다. 이 달에는 길제이며 오히려 배향하지 않는다.
> (期而小祥 …… 又期而大祥 …… 中月而禫, 是月也, 吉祭, 猶未配.)

정현이 이를 해석하기를,

> 중은 간과 같은 뜻이며, 담은 제사의 이름이다. 대상과 한 달의 차이며 시상(始喪)으로부터 담에 이르기 까지 모두 27개월이다. 담의 뜻은 담담하며 평안하다는 의미이다.
> (中, 猶間也 ; 禫, 祭名也, 與大祥間一月, 自喪至此, 凡二七月. 禫之說澹澹然平安意也. 『儀禮 · 士虞禮』鄭玄 注.)

라고 하였다. 『예기 · 간전』에서도 아래와 같이 말하였다.

> 한 달을 건너뛰어 담제를 지내는데 담제를 지내고는 단술과 술을 마실 수 있다.⋯⋯ 담제를 지내고 나서는 침상에서 잔다.⋯⋯ 담제에는 섬을 입고, 패물은 무엇이든 할 수 있다.
> (中月而禫, 禫而飮醴酒 ⋯⋯ 禫而牀 ⋯⋯禫而纖, 無所不佩.)

라고 기록되어 있다. 모두 담제 후에 상복을 벗고 상가의 생활이 정상으로 돌아가며 모든 상례과정이 여기에서 끝난다는 말이다. 그러나 담제 후의 기일(忌日)마다 여전히 제사를 올려 슬퍼하고 그리워하는 감정을 표현한다. 따라서 『예기 · 제의』에 「군자는 죽는 날 까지 상중에 있는 것이라고 하는 것은 기일(忌日)을 이르는 말 이다.」[35]라는 말이 있다.

상례의절을 통하여 망자 섬기기를 마치 산자를 섬기 듯 하는 행례(行禮)의 태도를 나타내는데 이것은 첫째, 망자에 대한 존중이며 둘째, 망자에 대한 슬픔의 정서를 표현하는 것이며 셋째, 의식의 절차를 통하여 산자로 하여금 거상(居喪)생활에서의 슬픈 감정을 완화시키고 위로하는 것이다.

---

35) 「君子有終身之喪, 忌日之謂也.」, 『禮記 · 祭義』.

이상에서 알 수 있듯이 상례절차의 선후순서의 안배와 의식의 진행 및 행례 이후의 후속 활동은 모두 유가의 상례에 대한 인문의식에 바탕을 둔 배려와 그 의도를 나타내는 것이다.

제3절

기용(器用)

이른바 예기(禮器)란 일반적으로 고대 귀족들이 제사, 상장(喪葬), 조빙(朝聘), 정벌(征伐)과 연형(宴亨), 혼관(婚冠) 등 활동의 행례(行禮)에 사용하는 모든 기물을 말한다.

예기는 예의(禮儀)의 출현에 따라 자연적으로 생겨난 것이다. 예(禮)와 인류의 생활과는 밀접한 관계가 있으며 사회의 발전 수준이 일정한 단계에 도달한 후 점차적으로 형성된 것이다. 『예기』에 따르면,

> 예의 시초는 모든 음식에서 비롯되었다. 옛날 사람들은 기장을 돌위에 얹어서 익히고, 돼지고기를 찢어서 구워 먹었으며, 땅에 구덩이를 파서 물을 담아두고 손으로 움켜서 마셨고, 비자나무의 단단한 줄기로 북채를 만들고 흙을 쌓아서 북처럼 만든 악기를 두드렸는데도 오히려 이것으로 존경하는 마음을 귀신에게 바칠 수가 있었다.
> (夫禮之初, 始諸飮食. 其燔黍捭豚, 汙尊而抔飮, 蕢桴而土鼓, 猶若可以致其敬於鬼神. 『禮記·禮運』)

우리는 상문에서 「예」의 기원이 귀신에게 공경을 표하기 위해서이며 예와 원시 종교는 밀접한 관계가 있다는 것을 알 수 있다. 또한, 경의를 표하는데 사용하는 모든 것들은 음식이다. 즉, 「백성은 음식을 하늘로 여긴다(民以食爲天)」는 것이다. 귀신도 역시 그러하다. 사용하는 기물에 있어서는 일상생활상의 간단한 기물을 사용하였는데 이들은 모두 사회발전에 따라 변화하였다.

고대인들은 오례(五禮)를 실천할 때 용기(容器)와 함께 사용하는 것을 극히 중시 여겼다. 그래서인지 『예기』중에서 용기의 명칭, 형태, 특색, 효용에 대한 기술이 많다. 상례에 사용되는 기물은 특히 많은데 아래에 이를 소개한다.

1. 중(重)

『의례 · 사상례』의 기록에 의하면,

> 중은 나무를 끊어서 쪼갠다. 전인이 중정에 중을 두는데 셋으로 나누어서 정에 하나를 두며 남쪽에 있게 한다. 하축이 반함(飯含)하고 남은 쌀로 죽을 만드는데 서쪽 담장 아래에서 솥 두개를 사용한다. 덮개는 성긴 베를 사용하여 구멍을 막고 묶는 것은 대나무 껍질을 사용하고 중에 묶어 둔다. …… 축이 명을 취하여 중에 둔다.
> (重, 木刊鑿之, 甸人置重于中庭, 參分庭一在南. 夏祝鬻餘飯, 用二鬲于西牆下. 幎用疏布久之, 繫用靲縣于重.…… 祝取銘置于重.)

중(重)은 상장 예제 중 정(庭)에 설치하는 나무기둥을 말한다. 망자의 망령을 상징하며 「중(重)」이라고 한다. 끊어서 쪼개어 구멍을 뚫고 쌀을 담은 솥(鬲)을 걸 수 있게 하여 계빈(啓殯)할 때는 망자의 이름이 적혀 있는 명정(銘旌)도 걸 수 있다. 이는 「단궁」편에서 잘 설명하고 있다.

> 중은 신주와 같은 것이다. 은나라는 신주를 만들고 나면 중은 묶어서 죽은 사람의 빈묘 묘정(廟庭)에 달아 두고, 주나라에서는 신주를 만들고 나면 중을 철거하여 묻어둔다.
> (重, 主道也. 殷主綴重焉, 周主徹重焉. 『禮記 · 檀弓下』)

정현(鄭玄)은 주에서 이에 관하여 설명하기를,

> 시사에는 신주를 만들지 않고 중을 그 신주로 한다.
> (始死未作主, 以重主其神也. 『禮記 · 檀弓下』)

라고 하였다.

그리고 「잡기」에서,

> 중은 우제를 지내고 땅에 묻는다.
> (重, 旣虞而埋之. 『禮記 · 雜記上』

라고 기록하였다.

고인들은 망자 섬기기를 산자처럼 여겼기 때문에 친인의 시사(始死)에 매장하기 전, 신주가 완성되기 전에 육신을 떠나 허공을 배회하는 영혼이 의지할 곳을 마련해 주기 위해 중을 만들어 임시방편으로 사용하였다. 즉 가신주(假神主)인 셈이다. 중은 정(庭)에 세우고 영혼이 그곳에 실제로 존재함을 의미하며 영혼이 이 중을 통해 제사에 흠향 할 수 있게 하는 것이다.

『삼례도(三禮圖)』의 기록에 따르면 중의 사용 기원은 상대(商代)부터이다. 은상시대부터 시작하여 주대(周代)에 계속 이어서 사용하였지만 상대와 주대의 처리방법은 다르다. 은나라 사람들은 「은주철중(殷主綴重)」, 즉 신주를 만들고 나면 묘정(廟庭)에 매달아 두었고, 주나라 사람들은 「주주철중(周主徹重)」상복을 벗은 후에 신주를 묘문 앞의 왼쪽 길에 묻었다. 간단히 말하면 은대사람은 신주위패를 땅에 묻지 않고 신묘 들보에 걸어놓는 반면 주대사람은 그것을 철거하고 땅에 묻어버린 것이다. 이것을 통하여 은대와 주대의 문화차이를 알 수 있다.

2. 관곽(棺槨)

중국 선진양한(先秦兩漢)시대 고분을 발굴할 때면 항상 관과 곽이 겹겹이 싸여있는 현상을 발견하게 된다. 큰 관에 작은 관을 넣고 가장 중심에 있는 관에 시신을 안치한다. 어떤 경우는 관밖에 곽이 있다. 혹은 몇 개 나무판을 못으로 연결하여 방성(方城)을 만들고 중간에 한 층 혹은 여러 겹으로 중첩되어 있는 관을 넣는다. 일부의 곽은 매우 굵은 방형(方形)의 나무로 싸여있고 중간에 관을 넣는다. 안양은허부호묘(安陽殷墟婦好墓), 전국시대의 증후을묘(曾侯乙墓), 마왕퇴(馬王堆) 1호, 3호의 한묘(漢墓)에 모두 관과 곽이 있다.

관곽은 직접적으로 시신을 담는 장구(葬具)이다. 『설문해자』의 설명

에 의하면,

> 관은 가둔다는 뜻으로 시신을 가리는 것이다.
> (棺, 關也, 所以掩屍.)

곽은 관보다 크고 관을 둘러싸는 일종의 장구이다. 『설문해자』에 따르면,

> 매장에 목곽을 쓴다.
> (葬有木槨也.)

단옥재(段玉裁)는 주석에서 아래와 같이 설명하였다.

> 곽은 나무로 만들어 관 주위를 둘러싸서 마치 성에 성곽이 있는 것과 같다.
> (槨者, 以木爲之, 周於棺, 如城之有槨也. 『說文解字』)

즉 관은 시신을 담고, 곽은 관을 보호하여 마치 성 밖에 성곽이 있어서 보호하는 것과 같다. 곽은 바깥층이며 관은 내층으로 서로 밖과 안이 된다. 관곽의 사용법에 관해 『예기』에 명확한 기록이 있다.

> 국자고가 말하였다. "장사 지낸다는 것은 감춘다는 뜻이다. 감추는 것은 남이 볼 수 없게 하려는 것이다. 그런 까닭에 옷은 몸을 꾸미는데 넉넉하게 하고, 관에다 옷을 넣고 곽에다 관을 넣고, 흙에다 곽을 묻는 것이다. 그런데 도리어 흙을 모아 봉분을 만들고 나무를 심어서 표시 한단 말인가?"
> (國子高曰 : 「葬也者, 藏也. 藏也者, 欲人之弗得見也. 是故,

衣足以飾身, 棺周於衣, 椁周於棺, 土周於椁. 反壤樹之哉?」
『禮記 · 檀弓上』

곽의 용도는 관구를 보호함으로써 시신을 보호하는 것임을 알 수 있다. 그렇다면 관곽의 기원은 무엇인가? 학자들의 연구에 따르면 관곽은 원시 장구(葬具)의 변천과 인류 주거 문화의 건축 발전과 긴밀한 연관관계가 있다. 원시사회의 초기 인류는 시신을 버리는 방식을 취하였고 집을 풀로 엮어 만들었다. 따라서 이에 상응하는 장구는 나뭇가지, 나무껍질 혹은 삿자리로 시신을 감싸는 현상이 있었다. 신석기 중기를 전후하여 인류의 주거 문화는 일대 의 큰 발전이 있었다. 그것은 나무를 엮은 구조의 집이 출현한 것이다. 따라서 거실을 모방한 목관이 일부 고분에 사용되기 시작하였다. 이 모든 것은 장구의 진화 발전 역시 인류의 주거 문화 변천을 따라 발전하였음을 설명하고 있다.[1] 관곽이 대량으로 사용되어 심지어 제도화까지 된 것은 원시장구의 기초위에 발전해온 것이다.

관밖에 곽이 있는 형태는 서주(西周)이후에 예제(禮制)가 성숙해 짐에 따라 신분 등급을 기반으로 광범위하게 사용하였다. 천자는 오관일곽, 제후는 사관일곽, 대부는 이관일곽, 사는 일관일곽이었다. 이는 상장에도 넘을 수 없는 신분제가 있었음을 보여주는 것이다. 『예기 · 단궁상』의 기록을 보면,

천자의 관은 4겹으로 한다. 물소 가죽과 외뿔소 가죽으로 만든 관이며, 그 두께는 3치이고, 피나무로 만든 관 한 겹, 가래

1) 夏之乾, 「從考古學和民族學材料看葬具的産生和演進」, 『民族硏究』, 1982년, 제 2기.

나무로 만든 관 두 겹이니 4겹의 관이 6면을 둘러싼다. 관을 묶는 데는 세로로 2번, 가로 3번, 나비 은살대는 묶음마다 하나씩 한다. 측백나무로 만든 곽은 그 밑동으로 만드는데 길이가 6자이다.

(天子之棺四重：水兕革棺被之, 其厚三寸；杝棺一；梓棺二. 四者皆周. 棺束縮二衡 三, 衽每束一. 柏椁以端長六尺.

이라 하였고, 정현(鄭玄)은 그 주(註)에서 말하기를,

제공은 3겹으로 하며, 제후는 2겹, 대부는 1겹, 사는 부중이며 이른바 촉과 대관이다.

(諸公三重, 諸侯再重, 大夫一重, 士不重. 所謂屬與大棺.)

라고 주석하였다.

공영달은 소(疏)에서 또 설명하기를,

4겹이라는 것은 물소, 외뿔소의 가죽이 한 겹이 되고, 이가 두 번째, 촉이 세 번째 목관이 네 번째가 된다. 4겹은 모두 다섯 가지로 이루어져 있다. 순서에 따라 차이가 있으니 상공는 물소를 제외한 외뿔소, 이, 촉, 대관으로 되어 있으며, 후, 백, 자, 남은 두 겹으로 외뿔소를 제외한 이, 촉, 대관으로 되어 있으며, 대부는 한겹으로 이를 제외한 촉과 대관으로 되어 있으며, 사는 겹 없이 촉을 제외한 목관만을 사용하였다.

(四重者, 小牛・兕牛皮二物爲一重也, 又杝爲第二重也, 又屬爲第三重也, 又木棺爲第四重也. 四重凡五物也. 以次而差之, 上公三重則去水牛, 餘兕・杝・屬・大棺也. 侯伯子男再重, 又去兕, 餘杝・屬・大棺. 大夫一重, 又去杝, 餘屬・大棺也.

> 士不重, 又去屬, 唯單用大棺也.)

라고 설명하고 있다.

『순자·예론』의 기록에 의하면,

> 천자의 관곽은 열 겹이며 제후는 다섯 겹 대부는 세 겹, 사는 두겹이다.
> (天子棺槨十重[2], 諸侯五重, 大夫三重, 士再重.)

이러한 관곽제도는 서주시대에는 오히려 형성되지 못하였으며 전국시대에 이르러 비로소 일부 지역에서 실시되었다. 그러나 전국시대에 주 천자의 역량이 쇠약해지고 각 제후들과 군웅들이 천하를 다투며 사회에 큰 동요를 일으키자 예악(禮樂)은 붕괴되고 예제는 제후와 사대부에 대한 구속력이 점차 약해졌고 제후들은 예법을 지키지 않고 천자의 예를 사용하는 참례(僭禮)현상이 나타났다. 예를 들면 중상국왕(中山國王)은 관곽제도에 있어서 「일곽오관」인 천자의 예를 사용하였다.

관은 쇠못을 사용하지 않고 관과 덮개의 틈새에 옻칠을 하고 나비은살대로 연결시킨다. 나비은살대는 임(衽)이라고 하며 가죽으로 가로와 세로로 묶는다.

> 군의 관 뚜껑에는 옻칠을 하고 임과 속을 각각 3개씩 사용하며, 대부의 관 뚜껑에는 옻칠을 하고 임과 속을 각각 2개씩 쓰며, 사의 관 뚜껑에는 옻칠을 하지 않고 임과 속은 각각 2

---

2) 「十重」은 「七重」의 오류 인 것 같다. 『莊子·天下』편에 「天子棺七重」으로 되어 있다.

> 개씩 쓴다.
> (君蓋用漆, 三衽三束 ; 大夫蓋用漆, 二衽二束 ; 士蓋不用漆, 二衽二束.『禮記 · 喪大記』)

공영달은 아래와 같이 설명 하였다.

> 속은 가죽으로 관을 묶는 것이다. 관 양쪽에 각각 3개의 임이 있어 매 임마다 소가죽으로 묶는다.
> (束謂以皮束棺也. 棺兩邊各三衽, 每當衽上, 輒以牛皮束之.『禮記 · 喪大記 · 疏』)

또한「단궁상」에 따르면,

> 천자의 관은 ……관을 묶는 데는 세로로 2번, 가로로 3번 묶는데 나비은살대는 묶음마다 하나씩 한다.
> (天子之棺 ……棺束, 縮二, 衡三, 衽, 每束一.『禮記 · 檀弓上』)

곽제(槨制)중에 가장 고급 곽은「황장제진(黃腸題湊)」이다. 1자정도 된 정사각형 측백나무를 6자가 일단(一段)인 단위로 만들어 관주위에 겹겹이 쌓는데 측백나무의 속이 노란색이어서 황장이라고 하며 나무끝이 모두 안쪽으로 향해서 제진이라고 한다. 황장제진은 춘추중기에 이미 존재하였으며 서한(西漢)시대에 성행하였다.「단궁상」에 의하면,

> 천자의 관은 4겹이니…… 측백나무로 만든 곽은 그 밑둥으로 만드는데 길이가 6자이다.
> (天子之棺四重 …… 柏槨以端, 長六尺.)

또한 「상대기」에서,

> 군은 소나무로 만든 곽을 쓰고 대부는 측백나무로 만든 곽을 쓰고, 사는 잡목으로 만든 곽을 쓴다.
> (君松槨, 大夫柏槨, 士雜木槨.)

이상의 내용을 보면 신분에 따른 등급제가 매우 명확한 것을 알 수 있다.

이 외에, 일부 고고학자들은 선진양한(先秦兩漢)시대 발굴된 고분의 실제정황과 『예기』에 기록된 관곽제도와 사실 일치 하지 않는 것을 발견하였다. 이것은 『예기』의 성서 연대가 비교적 늦으며 선인들의 고분제도를 총괄한 것일 뿐 선인들의 실제 정황과 완전히 일치하는 것은 아니다. 따라서 우리는 『예기』의 내용에 너무 얽매일 필요는 없다.

3. 관식(棺飾)

관식은 출장(出葬) 때 관구(棺柩) 주변에 진열하는 다양한 장식품이다.[3) 상장예속 중에 관 주변을 장식하여 부귀와 장엄한 분위기를 드러내고, 신분과 지위를 대표하는 장식물을 모두 관식이라고 할 수 있다. 예를 들면 「상대기」에서,

---

3) 『禮記・喪大記』, 鄭玄은 注에서, 「飾棺者, 以華道路及壙中, 不欲衆惡其親也.」 라고 주석 하였다.

> 관을 장식하는데 군은 관을 실은 영구차 주위에 용을 그린 장막을 둘러치며, 영구차 덮개 아래 3군데에 지라고 하는 대바구니를 건다. 그 아래 진용을 늘어뜨린다. 도끼무늬의 수레덮개에는 火자 3줄과 마주보고 있는 활무늬 3줄을 그린다. 흰 비단의 지붕 덮개위에 덮개와 장막을 잡아 매기 위해 붉은 끈 6줄로 맨다. 덮개 중앙에 오색의 비단과 5줄의 조개장식을 붙인다.……지 밑에는 만든 물고기를 매달아 춤추게 한다. 군의 경우에는 훈대 6가닥과 훈피 6가닥을 사용한다.
> (飾棺 : 君龍帷, 三池, 振容 ; 黼荒, 火三列, 黻三列 ; 素錦褚, 加僞荒, 纁紐六 ; 齊, 五彩, 五貝,…… 魚躍拂池. 君纁戴六, 纁披六. 『禮記·喪大記』)

이것은 바로 제후의 관식제도이다. 그러나 대부와 사의 관식은 조금의 차이가 있다.

> 대부의 경우는 그림을 그린 장막을 두르며, 지는 두 군데에 걸며, 진용은 쓰지 않는다. 구름을 그린 수레 덮개에는 火자 3줄과 마주보고 있는 활무늬 3줄을 그리며 흰 비단으로 지붕을 덮는다. 덮개와 장막을 잡아 매기 위해 붉은 끈 2줄과 검은 끈 2줄 사용하며, 덮개 중앙에는 삼색의 비단과 3줄의 조개장식을 한다. ……지에는 만든 물고기를 매달아 춤추게 한다. 대부의 경우 앞은 붉은 색으로 뒤는 검은색으로 하는 훈대를 쓰며 훈피 빛깔 또한 이와 같이 한다.
> (大夫畫帷 ; 二池 ; 不振容 ; 畫荒, 火三列, 黻三列 ; 素錦褚 ; 纁紐二, 玄紐二 ; 齊, 三采, 三貝 ; …… 魚躍拂池 ; 大夫戴, 前纁後玄 ; 披亦如之. 『禮記·喪大記』)

그리고 「상대기」에 따르면,

> 사의 경우 베로 만든 장막과 베로 만든 수레덮개를 쓰며 지는 하나를 달고, 꿩무늬의 비단을 붙이며, 붉은 끈 2줄과 검은 끈 2줄로 잡아 맨다. 덮개 중앙에는 3가지 색의 비단과 한 줄의 조개장식을 하며, 삽은 화삽 둘을 쓰고 앞은 붉은색으로 뒤는 검은색으로 하는 훈대를 쓰는데, 훈피는 2줄의 붉은 것을 쓴다.
> (士布帷, 布荒 一池, 揄絞, 纁紐二, 緇紐二. 齊, 三采, 一貝. 畵翣二, 皆戴綏. 士戴, 前纁後緇, 二披用纁. 『禮記·喪大記』)

관의 양쪽에 삽(翣)이 있으며 삽은 부채 형태와 같다. 윗부분에는 두 각(角)이 있어 규벽(圭璧)으로 장식하고, 흰 비단으로 감싸며 다양한 그림을 그려 장식한다. 영구차의 행렬은 삽을 들고 영구차를 가리게 하며 매장한 후에 이것을 묘혈에 세운다. 천자는 삽이 여덟 개 제후는 여섯 개, 대부는 네 개, 선비는 두 개이다. 『예기』에 기록하기를,

> 군은 보삽 둘과 불삽 둘 화삽이 둘인데 모두 머리에 규옥을 장식한다. 대부는…… 불삽 둘과 화삽 둘을 쓰는데 훈대는 다채롭게 한다. 사는 화삽 둘을 쓰는데 훈대는 모두 다채롭게 장식한다.
> (君……黼翣二, 黻翣二, 畵翣二, 皆戴圭. 大夫……黻翣二, 畵翣二, 皆戴綏. 士……畵翣二, 皆戴綏. 『禮記·喪大記』)

> 예는 많은 것으로 귀하게 여기는 것이 있다. 천자는 ……팔삽, 제후는 ……육삽, 대부는……사삽이다.
> (禮有以多爲貴者, 天子……八翣 ; 諸侯……六翣 ; 大夫……四翣. 『禮記·禮器』)

이 내용은 주대(周代) 관식(棺飾)의 종합적인 내용이며, 사회 신분등

급을 잘 드러내고 있다. 이렇게 정교하고 복잡하고 정미한 장식품은 짧은 기간에 형성된 것이 아니며 긴 세월동안 진화의 결과이다. 따라서 「단궁상」에서 기록된 「주나라 사람들은 관곽의 둘레에 유의(柳衣)를 두르고 삽 장식을 하였다.」[4]라는 내용은 주인(周人)을 가리킨다. 즉 「장치삽(墻置翣)」의 관식은 주대부터 시작한 것을 의미한다. 「옷은 몸을 꾸미는데 넉넉하게 하고, 관에다 옷을 넣고, 곽에다 관을 넣는다.」[5]는 내용처럼, 장식이 점차적으로 발전 해 나가는 것은 아마도 주 문화가 크게 완성 되어 가는 과정의 증거라 하겠다.

4. 명기(明器)

명기(明器)란 신령스러운 기물이라 하여 명기(冥器)라고 하기도 한다. 망자가 쓰도록 무덤에 넣는 기물이며 부장을 위하여 만든 상징적인 기물이다. 명기는 기물의 성질상 두 가지로 나눌 수 있다. 하나는 살아 있는 자가 일상생활에서 사용하는 기물로서 사망 후 함께 부장하는 것이다. 또 다른 하나는 특별히 망자를 위해서 만든 기물이다. 이러한 기물의 일부분은 실물과 다르다. 어떤 것은 단순히 실물의 상징물이며 사용할 수 없는 것이다. 조기(早期)의 명기는 모두 실용품과 장식품으로 원시사회 말기부터 이미 고분에서 발견되었다.[6]

---

4) 「周人墻置翣」, 『禮記・檀弓上』

5) 「衣足以饰身, 棺周于衣, 椁周于棺.」, 同 前注.

6) 신석기시대 초기의 하남배리강(河南裵李岡)묘지에는 대체로 부장품이 적다. 비교적 큰 묘혈인 경우 부장품이 많은 편이며 모두 생산과 생활에 필요한 실용적 공구들이다. 예를 들면, 도끼, 삽, 맷돌공이, 맷돌의 아래 받침대, 도자기 등이다. 반면에 신석기시대 말기의 대문구(大汶口)묘지에는 부장품이 매우

하상(夏商)시기에 중국은 노예사회로 접어들었다. 사유제의 확립에 따라 씨족가장 및 씨족 지도자의 권력이 점점 커져 가능한 재산을 자신의 소유로 만들면서 종교에 의지하며 자신의 지위를 공고히 하였다. 당시 사람들은 사람이 죽으면 사후세계에서 계속 생활을 영위하기 때문에 일상의 생활용품이 필요하다고 생각하였다. 그러나 당시 물질문명의 제한적 조건으로 인하여 비실용적인 상징적 물품으로 대신하였다.

> 공자가 말하기를 "명기를 만드는 사람은 상례의 도리를 아는 사람이니, 기물은 갖추었을지라도 실제로 사용하지는 못한 것이다. 슬프도다 죽은 사람이 산 사람의 기물을 사용하는 것이여! 거의 순장과 같지 않은가?"라고 하였다. 명기라고 하는 것은 신명이다. 도거와 추령은 예로부터 있었던 것이니, 명기의 이치이다.
> (孔子謂：「爲明器者, 知喪道矣, 備物而不可用也.」哀哉! 死者而用生者之器也, 不殆 於用殉乎哉?「其曰明器, 神明之也.」塗車・芻靈, 自古有之, 明器之道也.『禮記・喪大記』)

이것은 명기가 망자의 영혼을 위하여 제작된 상징적인 기물이란 것을 아주 명확하게 설명하고 있다.

부장품은『의례』의 기록에 따르면,

많다. 십호 무덤주인은 생활 실용품 외에도 옥비환(玉臂環), 옥지환(玉指環), 옥삽 등 장식품이 있다. 중국사회과학원고고연구소,『新中國的考古發現和研究』, 文物出版社, 1984년, p.36와 濟南市博物館,「大汶口・新石器時代墓葬發掘報告」,『문물』, 1974년, pp.24~25. 각각 참고.

> 보자기 두개에 양고기와 돼지고기를 싸고 대그릇 3개에 찰기장과 메기장과 보리를 넣는다. 항아리 3개에 식초와 육장과 겨자 생강을 담고 성긴 베를 사용하여 덮는다. 술단지 2개에는 단술과 술을 담고 공포를 사용하여 덮는다. 모두 나무 도리에 버티도록 한다. 용기는 활과 화살과 쟁기와 보습과 2개의 쟁반과 2개의 주전자와 낮은 쟁반과 손대야이다. 손대야는 낮은 쟁반 속에 채워 넣고 물 흐르는 곳이 남쪽으로 가게 한다. 제기는 없다. 연음(燕飮) 할 때의 악기가 있어도 좋다. 역기는 갑옷과 투구와 방패와 전통으로 한다. 연기는 지팡이와 삿갓과 부채들이다.
> (苞二. 筲三：黍・稷・麥. 甕三：醯・醢・屑, 冪用素布. 甒二：醴・酒, 冪用功布. 用器：弓・矢・耒耜・兩敦・兩杅・槃・匜, 匜實于槃中, 南流. 無祭器. 有燕樂器可也. 役器：甲・冑・干・笮. 燕器：杖・笠・翣.『儀禮・旣夕禮』)

일상적인 의복, 식품, 용구, 무기, 악기 등 내용을 포함하여 범위가 매우 넓다. 「단궁」편의 작자는 명기에 관한 공자의 견해를 인용하였다.

> 공자가 말하였다. “죽은 사람을 보내는 데에 있어 완전히 죽은 사람으로 대하는 것은 어질지 못한 것이며 그렇게 하지 않는 것이다. 죽은 사람을 보내는 데에 있어 완전히 산 사람으로 대하는 것은 지혜롭지 못한 것이며 그렇게 하지 않는 것이다. 그런 까닭에 죽은 사람에게 쓰는 죽기는 산 사람이 쓸 수 있게 만들지 않았으며, 질그릇은 광택이 없으며, 목기는 다듬지 않는다. 금과 슬은 줄을 벌려놓아 탈수 없고, 생황은 갖추어져 있으나 불 수가 없으며, 종과 경쇠는 있으나 거는 틀이 없다. 그것을 명기라고 하는 것은 신명의 이치로 대우하는 것이기 때문이다.”
> (孔子曰：「之死而致死之, 不仁,而不可爲也；之死而致生之,

不知, 而不可爲也. 是故竹不成用, 瓦不成味, 木不成斲, 琴瑟張而不平, 竽笙備用不和, 有鐘磬而無簨虡. 其曰明器, 神明之也.」『禮記·喪大記』)

공자는 명기를 준비할 때 반드시 감정과 이성사이에 중용의 도를 선택하여야하며 어질지도 못하고 지혜롭지도 못한 경우가 되어서는 안된다고 하였다. 생과 사는 결코 동일하지 않기 때문에 존재방식 역시 이미 다르며 사용하는 기물도 당연히 달라야 한다. 따라서 살아있는 자가 사용하는 기물을 일방적으로 망자에게 쓰게 해서는 안되는 것이다. 그러나 사후세계의 생활을 확실하게 알 수 없기 때문에 인간세상에서 필요한 기물을 근거로 추론하여 다소의 변화를 가미해 상징적인 기물로 만든 것이다(備物而不可用). 그리고 망자가 살아있는 자의 마음을 느끼기를 바라는 것이며 아울러 살아있는 자가 망자의 생활을 위해서 완벽한 준비를 해주는 감성적인 요구를 만족하게 하는 것이다.[7)]

명기에 사용된 물품은 초기 간단한 휴대물품으로 시작하여 점차 종류가 다양해지고 수량역시 많이 증가하였다. 왕공귀족들은 사후에도 편한 생활을 위해 더욱더 많은 귀한 기물을 부장하였다. 이 외에도 춘추시기 사회의 신분 관계에 극렬한 변동이 일어나서 주례(周禮)가 몰락함에 따라 당시 사회가 예악(禮樂)이 붕괴되고 제후들의 참례(僭禮) 행위도 날이 갈수록 심해졌다. 따라서 명기제도에도 큰 영향을 미쳤다. 특히 춘추중기에 이르러 참례와 제도를 무시하는 현상이 더욱 현저하게 보편화 되었다. 일부 평민들은 귀족의 예제를 모방하여 정(鼎)을 부장품으로 쓰고 사(士)와 서인의 신분을 훼손하였다. 예를 들면 낙양중

7) 林素英,『從古代的生命禮儀透視其生死觀 － 以『禮記』爲主的現代詮釋』, 國立臺灣 師範大學 國文研究所 碩士論文, 1993年, pp.143~144.

주로(洛陽中州路), 안양후강(安陽後崗)과 산서후마상마촌(山西侯馬上馬村)등 지역에서 발견된 춘추중・말기의 소형 고분의 부장품조합이 역(鬲), 두(豆), 분(盆), 관(罐) 혹은 정(鼎), 관(罐), 분(盆), 역(鬲) 등으로 조합되어 동(銅)예기(禮器)를 모방한 도기(陶器)명기를 위주로 하였다. 또 어떤 소형 무덤의 부장품은 심지어 뼈로 만든 거마(車馬)명기도 소량 발견 되었다. 예제의 규정에 따르면 평민은 정(鼎)을 부장할 자격이 없다. 그러나 이러한 소형무덤의 주인은 이미 본인의 지위에 만족하지 못하고 사회지위와 신분을 나타내는 정 제도를 통해 사후세계에서 특권계층의 반열에 오르기를 희망하였다. 따라서 이러한 소형무덤 주인은 명기로 하여금 예제(禮制)를 참월(僭越)의 방편으로 쓰게 되었으며 일반 평민들도 이러한 참월행위를 서슴치 않았으니 귀족들과 사대부들의 경우는 언급할 필요가 없을 것이다.

부장품은 살아있는 자가 망자의 일생의 노력에 대해 최후의 보답과 위로를 해주는 것이며 살아있는 자에게 친인이 죽어 무덤에 들어가기 전 여전히 살아있는 자로 여기는 태도(事死如事生)로 망자를 위하여 다양한 물품을 완벽히 준비하고 효심을 다하게 하는 것이다. 부장물품을 정성스럽게 준비하는 사소한 과정은 혈육의 정을 유지하고 인간의 본성에 대한 관심과 배려를 더 이끌어 내어 생명이 안정을 얻게끔 하는 것이다.

「중(重)」의 설치와 사용, 「관곽(棺槨)」, 「관식(棺飾)」을 꾸미는 풍격과 「명기(明器)」의 특징 등 시대가 흐를수록 기물의 사용이 더 정교해지는 현상을 통하여 인류생활의 본질과 인문(人文)이 더 진보하였음을 알 수 있다. 따라서 우리는 문물을 통해서 그 시대의 인문경관을 알 수 있다. 다시 말하면 고대 예기(禮器)는 하나의 물질형태의 존재에 지나지 않지만, 단순히 외재적인 물질문화로 봐서는 안 된다. 그것은 항상 중요한 정신문화의 내용을 포함하고 있기 때문이다. 특히 상례에 사용되는 기물은 중국고대 인문철학, 종교 및 정치제도와 불가분의 관계가 있기 때문이다.

제4절

상장이론의 의의와 기능

1. 상장이론의 의의

무릇 모든 생명은 죽음의 필연성을 가지고 있다. 사람의 죽음 역시 필연적인 결과라 하겠다. 그리고 모든 법제 역시 제정될 당시 그에 합당한 의의가 존재할 것이다. 이와 마찬가지로 상장예절(喪禮儀節) 역시 그에 합당한 의의가 존재한다.

인류는 만물의 영장이다. 친인의 사망에 대한 슬픔은 기타의 동물보다 당연히 더 크다. 그러나 죽음은 이미 되돌릴 수 없으며 슬퍼하고 통곡하는 비통한 내적 감정은 산 자에게 상처가 되는 것도 사실이다. 예(禮)를 제정한 사람은 상례의절의 초안을 만들 때 다방면의 세밀한 부분까지도 고려했을 것이다. 망자의 가족들로 하여금 한편으로는 마음속의 정감을 표현 할 수 있게 하고 또 한편으로는 하나하나의 상례의절을 통해 자신의 고통을 이겨내고, 슬픔을 극복하여 비통함을 이겨내고 활기를 되찾게 할 수 있게 한 것이다.

다음은 사친진애(思親盡哀), 신종추원(愼終追遠), 칭정절권(稱情節權), 존존친친(尊尊親親)의 네 가지 측면에서 상례가 포함하고 있는 의의와 의절을 제정한 의도를 논하려 한다.

(1) 사친진애(思親盡哀)

상장예의 그 실질적인 의의는 내적인 슬픔을 밖으로 표현하는 데 있다. 산자가 망자에게 변함없는 사랑과 억제할 수 없는 모든 감정을 의식을 통해 표현하는 것이다. 『예기』에서 이를 잘 언급하고 있다.

> 제사에는 공경의 태도가 주가 되며, 상사에는 애통의 태도가 주가 된다.
> (祭祀主敬, 喪事主哀. 『禮記・少義』)

> 부모의 상에는 그 자식의 슬픔을 본다.
> (喪則觀其哀也. 『禮記・祭統』)

공자는 『논어』에서 상사(喪事)에 슬픔이 핵심이 됨을 강조하고 있다.

> 제사에는 공경함을 생각하며, 상사에는 슬픔을 생각한다.
> (祭思敬, 喪思哀. 『論語・子張』)

> 상사는 형식적으로 잘 치르기보다는 차라리 슬퍼하는 것이 낫다.
> (喪, 與其易也, 寧戚. 『論語・八佾』)

> 상례는 슬픔을 극진히 할 뿐이다.

(喪致乎哀而止. 『論語·子張』)

상사를 당하여 슬퍼하지 않는다면 내가 무엇으로 그를 관찰하겠는가?
(臨喪不哀, 吾何以觀之哉. 『論語·八佾』)

이상에서 알 수 있듯이, 공자는 상례의 핵심은 바로 슬픔에 있다고 하였다. 그러나 슬픔 그 자체를 상례의 최고 원칙으로 간주하기보다는[1] 진실된 감정(哀傷)의 자연스러운 표출이라고 말하는 것이 더 타당하리라 생각된다. 그러므로 「상사애(喪思哀)」의 요구는 상사에 필수인 슬픔이야말로 예에 부합된다는 강경한 해석보다는 가족을 잃은 사실과 사망으로 인한 관계의 단절로 인해 저절로 생겨난 슬픔의 정이 자연스럽게 행동으로 표현되는 것이라고 말하는 것이 타당할 뿐만 아니라 상례의 정신 또한 바로 여기에 있다.

개인의 성장과정 중에 느끼는 고통 중 부모의 사망보다 더한 것은 아마 없을 것이다. 인간은 부모로부터 생명을 이어받아 부모의 가르침을 받고 친족들과 관계를 맺으며 생명공동체로의 연계를 이루며 살아간다. 그러나 부모의 사망을 접하게 되면 순간 의지할 곳을 잃게 되어

---

1) 段德智선생은 「「不出而出」與「出而不出」- 試論孔子死亡哲學的理論特徵」 일문에서 : 「부모의 상장에 관해 공자가 강조한 것은 「哀」자이다. 이른바 「祭思敬, 喪思哀」가 바로 이것이다. 공자는 반복하여 이 「哀」자를 강조하였는데, 「八佾」편에서 「喪, 與其易也, 寧戚」이라 하여 슬픔이야말로 상례의 근본이라 하였다. 그리고 「臨喪不哀, 吾何以觀之哉.」라 하여 슬픔 마음으로 상사에 임하지 않는다면 사람들이 그냥 보아 넘길 수 없다는 것이다. 「子張」편에서도 「喪思哀」라 하였고, 이 외에도 「喪致乎哀而止」라 하였다. 이처럼 공자는 슬픔을 상례의 최고원칙으로 삼았음을 명백하게 알 수 있다.」. 臺灣, 『鵝湖月刊』, 제289기, 1999, 7. pp.30~40.

그 충격은 이루 말로 표현할 수 없을 것이다. 그러므로 『예기』에서는 아래와 같이 말하였다.

> 부모님이 막 돌아 가셨을 때 관을 벗고 비녀와 머리 싸게만 남기고 신발을 벗는다. 심의의 앞 옷자락을 허리에 끼고 交手하여 곡을 한다. 가엾고 슬픈 심정과 고통스러운 마음은 신장을 상하게 하고 간장을 말리며 폐를 애태우게 하기에 물도 넘길 수 없으며 사흘 동안 밥을 지을 수도 없기 때문에 이웃에서 미음과 죽을 만들어 마시게 한다. 애통함이 마음에 자리 잡고 있기에 형색이 변하여 밖으로 드러나고 고통이 마음에 있기에 입은 단맛을 모르고 몸은 편안하지 못하다.
> (親始死, 雞斯, 徒跣, 扱上衽, 交手哭. 惻怛之心, 痛疾之意, 傷腎·乾肝·焦肺, 水漿不入口, 三日不擧火, 故鄰里之糜粥以飮食之. 夫悲哀在中, 故形變於外也, 痛疾在心, 故口不甘味, 身不安美也. 『禮記·問喪』)

부모의 상은 최대의 변고로 일련의 의식들은 자식의 슬픔을 표현하는 매개가 된다. 이러한 상례의 의식들은 원래 사망의 사실을 실제화하며 상친자(喪親者)로 하여금 진정한 정을 표현케 할 뿐만 아니라 기타 친우들의 위로를 받게 되는 것이다. 죽음을 처리하는 과정에서 망자의 시신은 친족들의 정성과 정을 표현하는 관건이 되며, 그들의 슬픔을 적절히 해소하는 데 도움이 된다.[2] 그러므로 고대 상례의 제정은 일련의 신체적 접촉을 통하여 실제적인 사망과 접촉함으로써 실상을 깨닫는 데 있다. 즉 목욕·반함·습렴·빈장 등의 의식들에서 시신에

---

2) 黃天中, 『死亡教育概論(一) — 死亡態度及臨終關懷研究』, 臺北, 業强出版社, 1991년, p.29.

대한 관심을 통하여 망자에 대한 진정한 정을 표현하는 것이라 하겠다.[3] 이른바 「喪禮에 슬픔이 부족하고 禮에 남음이 있는 것은 禮가 부족하고 슬픔이 남는 것만 못하다」[4]라는 것은 친인의 사망에 대해 반드시 그 슬픔을 다하는 데 있다는 것이다.

상례의 본질에 대한 『예기』의 설명은 슬픈 정감을 그 본질로 하고 있다. 그러나 예를 구체적으로 시행하는 과정에서 반드시 행례자(行禮者)의 신심 상태를 판단하여 인정의 실체에 맞게 하여야 한다.

머리가 벗겨진 자는 문(免, 관을 벗고 머리를 묶는 것)을 하지 않으며 꼽추는 단(袒, 왼쪽 어깨를 들어내는 것)을 하지 않으며 절음 발이는 용(踊)을 하지 않는다. 이것은 슬퍼하지 않는 것이 아니라 몸에 고질이 있어 예를 갖추지 못하는 것이다. 그러므로 상례는 오직 슬픈 것을 위주로 한다고 말하는 것이다.[5]

손희단(孫希旦)은 『예기집해』에서 다음과 같이 말하였다.

> 상례는 슬픔이 주가 된다. 그러므로 병이 있는 사람은 비록 예를 다 갖추지 못한 점이 있다 하더라도 그 슬픔만을 다할 뿐이다.
> (喪禮以哀爲主, 故有疾之人雖於禮有所不能備, 亦盡其哀已矣. 『禮記集解・問喪)

3) 林素英,『古代生命禮儀中的生死觀 − 以『禮記』爲主的現代詮釋』, 臺北, 文津出版社, 1997년, p.71.

4) 「喪禮, 與其哀不足而禮有餘也, 不若禮不足而哀有餘也.」, 『禮記・檀弓上』.

5) 「禿者不免, 傴者不袒, 跛者不踊, 非不悲也, 身有錮疾, 不可以備禮也. 故曰, 喪禮唯哀爲主矣.」, 『禮記・問喪』.

손희단은 상례에 「진기애(盡其哀)」의 태도를 강조하였다. 단지 상례의 본질(盡哀)에만 벗어나지 않는다면 행례자의 정신적 육체적인 한계로 인하여 의식에 부족한 점이 있다 하더라도 이 역시 예에 허용된다는 것이다.

상례의 의식 절목은 원래 죽은 자에 대해 마음을 다하는 동시에 산 자들로 하여금 슬픔의 고통과 울분을 토로하게 하기 위하여 마련된 것이다. 「진애(盡哀)」의 목적은 사랑과 효에 있다. 그러나 슬픔이 지나쳐 건강을 해치게 된다면 사회구성원들 간에 또 다른 충격을 줄 수도 있다. 그러므로 상례는 슬픔을 최고의 원칙으로 하나 절제 없는 슬픔을 요구하는 것은 아니다. 만약 절제가 없다면, 슬픔을 이기지 못하여 건강을 해치게 되고 자식을 양육하지도 못하고 부모에게는 불효가 되는 것이며[6], 또 슬픔이 너무 지나쳐 죽음에 이르게 되면 자식이 없는 것과 같은 것이다.[7] 따라서 선성(先聖)과 선왕(先王)들은 예를 제정 할 때 「절애(節哀)」와 「순변(順變)」의 이치를 특별히 강조하였다.

> 상례는 지극히 슬퍼하는 것이다. 슬픔을 절제하는 것은 본래 변화에(슬픔이 점점 가벼워짐) 순응하는 것이니 군자가 처음 자기를 낳았을 때를 생각하는 것이다(부모님이 자신을 낳았을 때를 생각하여 슬픔을 지나치게 하여 부모의 뜻을 저버리지 않는 것이다).
> (喪禮, 哀戚之至也. 節哀, 順變也, 君子念始之者也. 『禮記·檀弓下』)

---

6) 「不勝喪, 乃比於不慈不孝」, 『禮記·曲禮上』.
7) 「毁而死, 君子謂之無子」, 『禮記·雜記下』.

위 글에서는 상례의 제정을 잘 설명하고 있다. 산자는 슬픔의 감정에 순응하며, 한편으론 적절한 절제를 고려하고 있다. 이처럼 상례 속에는 산자를 중심으로 한 지나친 슬픔을 금하고 있다. 그러면 무엇이 절제된 슬픔인가? 절애(節哀), 즉 부모의 상을 당하였을 때 각 의식 속에서 곡하는 한계를 정해 놓은 것이다.[8] 그리고 손희단에 의하면 「순변(順變)」에 대해서 논하기를 아래와 같이 하였다.

> 순변이란, 슬픔의 융(隆)과 쇄(殺)을 따라서 점점 변하여 가벼워지는 것이다.
> (順變者, 謂順其哀之隆・殺而漸變之而輕也. 『禮記集解』「問喪」)

상례는 슬픔이 그 핵심이며 사람 마음의 실질이라 할 수 있다. 그러나 절제와 한계가 없다면 반드시 해를 초래하는데 이르게 될 것이다. 슬픔은 상례의식을 따라 융(隆)과 쇄(殺)의 구별이 있으며, 부모의 죽음에 대한 심리적 적응 또한 의식을 따라 점진적으로 적응되어 과도한 슬픔으로 인한 신체적 고통을 면할 수 있는 것이다. 즉 자신과 망자와의 친소(親疎) 관계 및 정감의 깊이에 따라 적절한 태도와 진실된 애도의 뜻을 표하는 것으로 「發乎情, 止於禮」의 정신이 바로 그것이다. 이것이야말로 인정에 부합되는 것이며, 「상례진애(喪禮盡哀)」의 본질이라 할 수 있겠다.

슬픔을 표현하는 최종적인 목적은 망자를 영원히 그리워하는 것이

---

8) 「節哀者, 謂始死哭不絶聲, 旣殯則有朝夕與無時之哭, 卒哭有朝夕哭, 練不復朝夕哭, 但有思憶無時之哭, 祥而外無哭, 禫而內無哭, 所以節限其哀也.」, 孫希旦, 『禮記集解』卷十 「檀弓下」, 臺北, 文史哲出版社, 1980년, p.252.

며 산자는 고통을 이겨 냄으로써 망자에게 더 깊은 정을 바치는 것이다. 비록 그 과정이 매우 힘들고 괴롭기도 하지만 인간에게 있어 경험을 풍부하게 하고 내적 자아를 더 단단하게 만든다.[9)]

(2) 신종추원(愼終追遠)

일반적으로 친족의 사망은 쉽게 받아들여지지 않는 것이 사실이다. 따라서 제례자(制禮者)들은 친족을 잃은 유감스러운 마음을 달래기 위하여 많은 의절들을 통해 친족들이 시사(始死)일로부터 수일 내에 부모님에게 봉양을 다 하지 못한 불효의 마음을 표현할 수 있는 기회도 만들어 놓았다. 『순자・예론』편을 보면 아래와 같이 말하고 있다.

> 예라는 것은 삼가 생사를 다스리는 것이다. 생은 삶의 시작이며, 사는 생명이 끝나는 것이다. 종시(終始)는 선을 갖추어 인도를 다하는 것이다. 그러므로 군자는 처음을 공경하고 끝을 삼가 한다. 시종여일, 이것은 군자의 도이며 예의의 문식이다. 만약 생을 두텁게 하고 사를 가볍게 한다면 이것은 지각이 있는 것만을 공경하고 지각이 없는 것을 무시하여 태만해지니 이것은 간인(姦人)의 도이며 배반적인 마음이다. 군자는 이러한 배반의 마음으로 노비를 대하는 것도 부끄럽게 여기는데 하물며 군주와 부모에 있었으랴! 그러므로 상사의 도는 한 번뿐이며 두 번 일수 없으니 신하가 군주를 중히 여기는 이유와 자식이 부모를 중히 여기는 이유는 바로 이 한 번의 일을 다 하기 위해서이다. 그러므로 살아 계실 때 충후하지 못하고 공경하지 않는 것을 일러 비루하다고 말하며,

9) 黃天中, 『死亡教育概論(一) - 死亡態度及臨終關懷研究』, 臺北, 業强出版社, 1991년, p.29.

> 송사(送死)에 충후하지 못하며 공경하지 못하는 것을 일러 척박하다 말한다. …… 상례라는 것은 산 사람이 도로써 죽은 자를 문식하는 것으로 생시와 같은 이치로 송사하는 것이다. 그러므로 죽음 대하기를 살았을 때와 같이하며, 마치 생존 했을 때와 같이 처음과 끝을 한결같이 하는 것이다.
> (謹於治生死者也.生, 人之始也. 死, 人之終也, 終始俱善, 人道畢矣. 故君子敬始而愼. 終終始如一, 是君子之道, 禮義之文. 也夫厚其生而薄其死, 是敬其有知而慢其無知也, 是姦人之道而倍叛之心也. 君子以倍叛之心接臧穀, 猶且羞之,而況以事其所隆親乎! 故死之爲道也, 一而不可得再復也, 臣之所以致重其君, 子之所以致重其親, 於是盡矣. 故事生不忠厚, 不敬文, 謂之野. 送死不忠厚, 不敬文, 謂之瘠.……喪禮者, 以生者飾死者也, 大象其生以送其死也. 故如死如生, 如亡如存, 終始一也.)

순자는 「사람이 지각이 있을 때(살아 있을 때)는 공경을 표하다가 지각이 없을 때(죽었을 때)는 태만해지니 이것은 간사한 사람의 이치이며 배반의 마음이다」라 하였고, 또 「죽은 자를 장사 지내는 일은 단지 한 번일 뿐이지 두 번 있을 수는 없다」고 말하고 그는 사망에 대해 인간의 의지와 도의적인 면으로 해석을 하였다. 이 두 가지는 신종보은(愼終報恩)의 함의를 잘 나타내고 있다. 상친자(喪親者)들은 죽은 자를 후하게 대접하여 그를 영광스럽게 하는 것이야말로 효도의 간절함을 잘 표현하는 것이라 여겼으며, 따라서 산자는 망자에 대한 상장예의는 시종일야(始終一也), 즉 「사사여사생(事死如事生)」의 방식으로 점차적으로 전개해 나가는 것이다. 이러한 「사사여사생」의 관념은 『좌전』 속에도 보이는데, 『좌전・애공십오년』조에 초(楚)가 오(吳)를 정벌하는 내용의 기록이 그것이다. 그 내용에 의하면, 진민공(陳閔公)이 공손정자(公孫貞子)를 조문을 보냈는데 공손정자가 오나라 근처에서 그만

죽어 진인들이 그 시신을 가지고 오나라로 들어가려 하자 오나라는 대재(大宰) 비(嚭)를 시켜 저지하였는데 진인들이 항의하며 오나라의 무례함을 책망하여 아래와 같이 말하였다고 한다.

> 신이 듣기에는 「죽은 사람 모시기를 산사람과 같이 하는 것이 예라 하였습니다.」 그러므로 조빙을 할 때 죽은 자가 있으면 시신을 모시고 예를 행한다 하였고, 또 조빙 중에 상대국에 국상을 만나더라도 조문의 예를 지키는 경우도 있습니다. 만약 시신을 모시고 명 하신대로 하지 않는다면 상사를 만나 돌아가게 되는 것이니 이것은 안 될 일입니다. 예로써 백성을 예방하는 것은 오히려 예를 뛰어 넘는 것이니, 지금 대부께서 말하기를 「죽었으니 조빙을 그만두어라」 하시면 이것은 예를 버리는 것이니 어찌 제후의 맹주가 되겠습니까? 옛 사람들이 말하기를 「죽은 자를 더럽다 여기지 말라」 하였으니 시신을 모시고 명령대로 하겠습니다.
> (且臣聞之曰, "事死如事生, 禮也."於是乎有朝聘而終・以尸將事之禮, 又有朝聘而遭喪之禮. 若不以尸將命, 是遭喪而還也, 無乃不可乎! 以禮防民, 猶或踰之, 今大夫曰, "死而棄之",是棄禮也, 其何以爲諸侯主? 先民有言曰, "無穢虐士." 備使奉尸將命. 『左傳・哀公・十五年』)

위 인용문에서 우리는 「사사여사생(事死如事生)」의 의의를 충분히 알 수 있다. 그 의미는 바로 사후의 신앙에 초점을 둔 것이 아니라 산자가 망자에 대한 존중에 표현되는 예의 정신이다.

유가는 상례 의식 중에서 산자와 망자 간에 당연히 있어야 할 태도들도 강조하고 있다. 위에서 언급한 「사사여사생」의 태도 외에 「표리일치(表裏一致)」 역시 상당히 중시하고 있다. 『예기・단궁하』 편에서는 자로가 공자의 말을 아래와 같이 인용하고 있다.

> 상례는 그 슬픔이 부족하고 예에 남음이 있는 것보다는 예는 부족하나 슬픔이 넉넉한 것이 더 나으며, 제례는 공경이 부족하고 예에 남음이 있는 것 보다는 예는 부족 하나 공경심이 넉넉한 것이 낫다.
> (喪禮, 與其哀不足而禮有餘也, 不若禮不足而哀有餘也. 祭禮, 與其敬不足而禮有餘也, 不若禮不足而敬有餘也.)

이는 상친자(喪親者)는 상례에서 인간의 정감과 도덕의 본질을 중시해야 함을 잘 설명하고 있다. 「사사여사생」과 「표리일치」는 모두다 거짓 없는 참된 정을 나타내는 것으로 위선이나 강요에 의한 것이 아니다. 그러므로 증자는 일찍이 아래와 같이 말했다.

> 상례에 그 예를 신중히 하고, 제사에 그 정성을 다하면 백성들이 잘 교화되어 풍속이 돈후하게 될 것이다.
> (愼終追遠, 民德歸厚矣! 『論語・學而』)

이른바 「신종」이란 망자를 위하여 상장예의에 정성을 다해 준비하는 것이며, 「추원」이란 상장이 지난 후 정기적인 제사를 거행하는 것이다. 이들의 최종 목적은 모두 백성들의 풍습이 순박하고 돈후한 데로 귀착되게 하는 데 있는 것이다.

상례는 최고 오래된 습속 중의 하나로서 유가가 전인들의 유속을 계승해 상례 실행의 의의를 원시종교신앙에서 인정의 상도로 전환시킨 것이다. 여기서 가장 큰 의미는 예를 행하는 중심을 망자에서 산자로 전환시켰다는 데 있다. 바꾸어 말하면 친인을 잃은 사람은 그 심중의 슬픔과 고통을 어디에도 견줄 수 없을 것이다. 만약 이러한 슬픔의 정서를 풀어 버리지 못하고 슬픔의 완만한 과정을 완전히 쫓아가지 못하며 애도의 마음을 멈출 수 없다면, 이러한 정서는 각종 생리적, 심리적 질병의 잠재적 위기를 초래하게 될 것이다. 예가 표현하는 것은 산자가 망자에 대한 신종(愼終)과 보은(報恩) 및 경건한 마음의 태도라는 것이다. 따라서 망자를 차마 떠나보낼 수 없는 마음을 가슴에 묻고, 정의 울타리 속에서 영원히 소멸되지 않고 그를 기억하는 것이다.

(3) 칭정절권(稱情節權)

유가는 예의 절목들을 「칭정이입문(稱情而立文, 인정에 맞추어 예문을 만듦)」과 「입중제절(立中制節, 중도를 세워 절목을 만듦)」의 정신에 입각하여 제정하였다.[10] 슬픈 자로 하여금 그 애통함을 다하게 하되 건강을 해치는 데까지는 이르게 하지 않았다. 심리학의 관점에서 본다면 정서의 변화는 보통 생리적 반응을 따라 반응하는데 비통에 젖어 있을 경우 눈물을 흘리거나 식욕부진 등은 모든 생리작용의 저하로 인한 결과라 하겠다.[11] 그러므로 성인이 예를 제정할 때에 대곡(代哭)을 한다거나 삼일 후에 염(斂)을 하게 하여 자손들로 하여금 충분한 시간적 여유를 주어 의금(衣衾)과 관목(棺木)들을 준비하게 하였고 다시 소생할 수 없다는 사실을 점차적으로 받아들이게 하였다. 그러므로 『예기』에서는 아래와 같이 말하고 있다.

---

10) 『禮記・三年問』, 『十三經註疏』, 臺灣, 藝文印書館, 1985년, pp.961~962.
11) 袁廷, 『哲學心理學』, 臺北, 輔仁大學出版社, 1985년, pp.218~219.

상례는 지극히 슬퍼하는 것이다. 슬픔을 절제하는 것은 본래 변화에(슬픔이 점점 가벼워짐) 순응하는 것이니 군자가 처음 자기를 낳았을 때를 생각하는 것이다(부모님이 자신을 낳았을 때를 생각하여 슬픔을 지나치게 하여 부모의 뜻을 저버리지 않는 것이다.)
(喪禮, 哀戚之至也. 節哀, 順變也, 君子念始之者也. 『禮記・檀弓下』)

이러한 제도는 소극적으로는 건강을 해치게 되는 것을 예방할 수 있고, 적극적으로는 「염시(念始)」, 즉 선인의 유지를 새기는 것이다. 선인이 생전 자신을 사랑하던 그 마음을 생각하며 망자를 안심하게 하고 효친의 도리를 다하는 것이다.

선성과 선왕은 예를 처음 제정할 때 인정과 인도에 의거하여 제정하였다. 따라서 상례에 대해서도 특별히 4대 원칙을 만들었다.

상례에는 사제가 있으니, 변화하여 마땅한 것을 따르는 것은 사계절의 변화를 취한 것으로 은(恩, 혈연관계를 따라 복제를 정한 것)이 있으며, 이(理, 의리관계를 따라 복제를 정한 것)가 있고, 절(節, 복상에 마땅히 있어야 하는 절도에 따라 정한 것)과, 권(權, 권변, 즉 상황의 변화에 따라 정한 것)이 있는데 이들은 모두 인정에서 취한 것이다. 은은 인을(仁) 대표하며, 이는 의(義)를 대표하며, 절은 예를(禮) 대표하고, 권은 지(知)를 대표하니 인의예지는 인도를 다 구비한 것이다.
(喪有四制, 變而從宜, 取之四時也, 有恩, 有理, 有節, 有權, 取之人情也. 恩者仁也, 理者義也, 節者禮也, 權者知也. 仁・義・禮・智, 人道具矣. 『禮記・喪服四制』)

상복제도는 은(恩), 이(理), 절(節), 권(權)을 근간으로 하여 만들어진 것이며, 또한 예의 원칙에도 부합될 뿐만 아니라 최후의 귀착점은 곧 「입중제절(立中制節)을 그 최고의 원칙으로 하고 있다.

상례 과정 중, 산자가 망자에 대한 슬픔의 표현 외에 「곡(哭)」에 대해서도 절제를 권하고 있다. 예를 들면, 백어(伯魚)의 어머니가 돌아가시고 기복(期服)이 되었는데도 곡을 하자 그 지나침을 공자가 지적한 것과, 자하가 자식을 잃자 곡하는 것이 너무 심하여 실명에까지 이르게 되자 증자가 위로하며 꾸짖은 것들이 바로 그것이다.[12] 따라서 『의례』에는 대곡을 언급하고 있다.

> 대곡하나 관인으로 대곡하지 않는다(士의 지위는 낮기 때문에 관인으로 대곡하지 않으며 친소(親疏)에 따라 가족이 대신한다.)
> (乃代哭, 不以官. 『儀禮·士喪禮』)

> 주에서 말하기를, 「대(代)는 경(更)의 뜻이니, 효자가 처음에 친상을 당하여 슬픔에 잠겨 초췌했을 때 예로써 몸 상하는 것을 예방하며 곡을 대신하게 하여 곡성이 끊어지지 않게 하는 것이다. 군주는 관의 존비에 따라 곡을 대신하며 사는 지위가 낮아 가족 간의 친소로서 대곡한다. 삼일 후에 곡은 무

---

12) 「伯魚之母死, 期而猶哭. 夫子聞之曰, 誰與哭者? 門人曰, 鯉也. 夫子曰, 嘻! 其甚也. 伯魚聞之, 遂除之.」『禮記·檀弓上』.
「子夏喪其子而喪其明. 曾子弔之曰, 吾聞之也, 朋友喪明則哭之. 曾子哭, 子夏亦哭, 曰, 天乎! 予之無罪也. 曾子怒曰, 商, 女何無罪也? 吾與女事夫子於洙泗之間, 退而老於西河之上, 使西河之民, 疑女於夫子, 爾罪一也. 喪爾親, 使民未有聞焉, 爾罪二也. 喪爾子, 喪爾明, 爾罪三也. 而曰女何無罪與! 子夏投其杖而拜曰, 吾過矣! 吾過矣! 吾離群而索居, 亦已久矣.」『禮記·檀弓上』.

시(無時)가 된다.」하였다.
(鄭玄注云, 「代, 更也, 孝子始有親喪, 悲哀憔悴, 禮防其以死傷生, 使之更哭, 不絶聲而已, 人君以官尊卑, 士賤, 以親疎爲之. 三日之後, 哭無.」)

고례에는 소렴(小斂) 후부터 곡을 하는데 그 한계를 제정해 놓았다. 정현은 이 때문에 「대곡」이란 말이 생겨나게 되었다고 하여 「불인절성(不忍絶聲)」이란 말로써 대곡의 용의를 설명하고 있으며 또 「방기이사상생(防其以死傷生)」이란 말로 해석을 하고 있다. 친족이 사망했을 당시 가족과 형제들은 곡을 하는데 빈렴(殯斂) 전에 곡이 끊어져서는 안 된다. 그러나 만약 삼일주야를 대곡 없이 곡을 하게 된다면 이를 이겨낼 자는 없을 것이다. 따라서 성인이 예를 제정할 때 소렴 이후에 대곡을 만들어 그 한계점으로 삼은 것이다. 대곡을 하는 사람들은 오복(五服)친족 관계로 많은 사람들이 번갈아 가며 곡을 하는 것으로 상가의 곡소리를 끊이지 않게 할 뿐만 아니라 죽은 자의 혼백이 곡소리를 따라 돌아오게 하는 것이다. 그리고 곡할 차례가 되지 않은 사람은 이때 휴식과 건강을 돌볼 수 있는 기회가 주어지는 것이다.

예는 중용을 원칙으로 하기에 효자의 지나친 애통한 마음을 금하고 있다. 『예기・단궁상』편의 두 가지를 예를 들어보자.

증자가 자사에게 말하기를 : 「급아! 나는 부친의 상에 칠일을 물과 죽을 먹지 않았다」고 하자, 자사가 말하기를 「선왕이 예를 제정한 의도는 지나치게 하는 것을 절제하며 못 미친 자들에게는 (예의 요구에) 이르게 하는 데 있다. 그러므로 군자는 부친의 상을 당하였을 때 물과 죽을 삼일 동안 먹지 않아 지팡이를 짚고서야 일어설 수 있었다」고 했다.

(曾子謂子思曰, 伋! 吾執親之喪也, 水漿不入於口七日. 子思曰, 先王之制禮也, 過之者俯而就之, 不至焉者, 跂而及之. 故君子之執親之喪也, 水漿不入於口者三日, 杖而后能起.)

변(弁)땅의 사람 중에 어머니가 죽자 어린아이처럼 우는 자가 있었다. 공자께서 말씀하시기를 「슬프기는 슬프다. 그러나 그대로 따라 하기는 어렵구나. 예는 반드시 보편적이어서 지속되고 끊어지지 않아 계속 실행되어야 하는 것이다. 그러므로 곡용에 절도가 있는 것이다.」
(弁人有其母死而孺子泣者, 孔子曰, 哀則哀矣, 而難爲繼也. 夫禮, 爲可傳也, 爲可繼也. 故哭踊有節.)

슬픔에는 당연히 절도가 있어야 한다. 7일 동안 아무것도 먹지 않으며 슬퍼하는 것은 성인이 예를 제정한 뜻과는 맞지 않는 것이다. 다시 말해 곡을 하는 것도 예로써 조절하여야 한다는 것이다. 만약 슬픔이 여전히 깊어만 간다면 애통으로 인해 건강을 해치게 될 것이며 후인들도 상례를 배우지 않을 것이다. 그러므로 반드시 예로써 절제를 하여야 할 것이다.

예의가 만약 인류가 공동으로 소유하고 있는 감정과 이지력을 참작하지 않았다면 애통함으로 인해 항심(恒心)을 잃거나, 혹은 냉정하고 무정한 대로 흘러 오래가지도 못할 것이다. 그러므로 인간의 감정과 의지력에 입각한 의절의 본래 의의는 끝임 없이 이어져 생존자의 효심을 예에 따라 표현할 수 있으며 망자는 산자의 마음을 이해 할 수 있는 것이다.

어떤 이가 묻기를, 「죽어 삼일이 지난 후에 염을 하는 것은 어째서인가?」하니 대답하기를, 「효자는 부모가 돌아가실 때

> 슬프고 애통하고 맘이 답답하므로 땅에 엎드려 곡을 하고 장차 살아날 것만 같으니 어찌 빼앗아서라도 염하지 않겠습니까?」라고 하였다. 그러므로 삼일이 지나 염을 하는 것은 살아날 것을 기다리는 것이요, 삼일이 지나서도 살아나지 않는다면 역시 살아나지 못하는 것이니, 효자의 마음 역시 더욱 더 쇠약해지는 것이다. (삼일 동안)집안 사정에 맞는 장례비용과 의복을 준비하며, 멀리 있는 친척도 오게 된다. 이런 이유로 성인이 이를 위해 삼일로써 예의 제도를 만들었다.
> (或問曰, 死三日而后斂者何也? 曰, 孝子親死, 悲哀志懣, 故匍匐而哭之, 若將復生然, 安可得奪而斂之也? 故曰, 三日而后斂者, 以俟其生也. 三日而不生, 亦不生矣, 孝子之心亦益衰矣, 家室之計, 衣服之具, 亦可以成矣, 戚之遠者亦可以至矣. 是故聖人爲之斷決, 以三日爲之禮制也. 『禮記・問喪)

삼일 후에 염한다는 것은 합리적이며 인정에 부합되는 권형(權衡)일 뿐만 아니라, 산자의 정감이 현실에 적응해 가는 데 균형을 이룰 수 있는 것이다. 그리고 충분한 시간을 통하여 장례에 필요한 물품을 준비하는 데도 용이한 것이며 순차적인 의절의 진행을 통해 후회 막급한 일을 면할 수도 있는 것이다.

어떠한 예의 제정도 그에 합당한 표준과 규칙이 있어야 하며 사회의 수요에 적응할 수 있어야 하고, 보편적으로 사용되어져야 할 것이다. 그러나 이른바 표준은 한 번 정해졌다고 하여 불변하는 것은 아닐 것이다. 더욱이 표준과 규격에 부합된 것만이 예에 일치된다고도 말 할 수 없으며 규격과 표준에 맞지 않는다하여 무조건 예에 어긋난 것으로 간주하여서도 안된다. 그러므로 예의 제정은 인정 위에 조절과 문식(文飾)의 기능을 함께 구비하여야 할 것이며, 상례의 기본적인 태도에서도 본 단락에서 논한 이른바 「칭정이입문(稱情而立文)」과 「입중제절

(立中制節)」의 태도로써 실행되어져야 할 것이다.

(4) 친친존존(親親尊尊)

『예기』중의 「친친(親親)」과 「존존(尊尊)」의 구조는 모두 사회생활 속에서 구체적으로 나타나는 것이다. 크게는 관혼상제 등의 생명 과정 의식과 연례(燕禮), 사례(射禮), 향음주례(鄕飮酒禮) 등의 생활 의식에서부터 작게는 일상생활의 언행에 이르기까지 존비귀천의 원칙이 미치지 않는 경우가 없다. 『예기』에서는 예를 설명하기를 아래와 같이 하였다.

> 무릇 예라는 것은 친소를 정하며, 혐의스러운 것을 결정하고, 같고 다른 것을 분별하며 시비를 밝히는 것이다.
> (夫禮者, 所以定親疏, 決嫌疑, 別同異, 明是非也. 『禮記・曲禮上』)

예의 기능은 친소와 시비 등을 명백히 구분할 수 있기에 윤리의 보편성을 구비하고 있으며 친소와 귀천의 등차질서(等差秩序), 즉 친친존존(親親尊尊)의 정신을 잘 정리해 놓고 있다. 「친친」은 혈연과 인정에 근원하여 혈연과 정으로써 가족과 종족의 인륜관계를 유지하게 한다. 그리고 「존존」은 이지적인 합의에 기원을 두기에 상하존비의 등차안배를 통하여 개인과 집단 간의 사회관계를 규합할 수 있다. 그러므로 각종 예의는 「친친」을 기본 원칙으로 한다. 「친친」의 주관적인 혈연관계로부터 「존존」의 객관적인 법도로 이어지는 것이다.[13]

---

13) 林素玟, 『禮記人文美學研究』, 臺灣國立師範大學國文研究所博士論文, 1999년,

상장예의는 개인이 인륜과 질서상의 위치에 따라 그 의식을 진행하는데 있어 자신에게 합당한 행동을 결정하는데 도움을 얻을 수 있는데,[14] 『예기』에 있는 공자의 이야기가 이를 잘 설명해 주고 있다.

> 백고가 위나라에서 죽어 공자에게 알리니, 공자께서 말하기를, 「내가 어디에서 곡을 할 것인가? 형제는 내가 묘(廟)에서 곡을 하고, 아버지 친구는 묘 문밖에서 곡을 하고, 스승은 침실에서 곡을 하고, 친구는 침문 밖에서 곡을 하고, 아는 사람인 경우는 들에서 곡을 한다. 들에서 곡을 하는 것은 너무 소원하고, 침실에서 하는 것은 너무 중하다. 그는 본래 자공이 소개하여 만났으니 나는 자공의 집에서 곡을 하리라.」하였다. 그리고 자공을 주장으로 명하고, 말하기를 「너를 알기 때문에 곡하러 오는 자는 그에게 절을 하고, 백고를 알아서 오는 자에게는 절하지 마라.」하였다.
> (伯高死於衛, 赴於孔子. 孔子曰, 吾惡乎哭諸? 兄弟, 吾哭諸廟. 父之友, 吾哭諸廟門之外. 師, 吾哭諸寢. 朋友, 吾哭諸寢門之外. 所知, 吾哭諸野. 於野, 則已疏於寢, 則已重. 夫由賜也見我, 吾哭諸賜氏. 遂命子貢爲之主, 曰, 爲爾哭也來者, 拜之, 知伯高而來者, 勿拜也. 『禮記・檀弓上』)

공자는 모두 망자와의 관계에 의거하여 행례를 결정하고 있다. 그리고 최후의 결정 - 자공의 집에 가서 곡을 하겠다는 것과 자공을 백고의 주상인(主喪人)으로 하였다 - 역시 친소와 존비의 관계와 당연히

---

p.289.

14) 상장의식에 관해서는 『儀禮』의 「士喪禮」, 「旣夕禮」, 「士虞禮」등 편에 잘 나타나 있다. 그리고 이러한 일련의 의식들 속에는 행례자(行禮者)의 친소, 존비, 지위에 따라 그 차별이 있음을 쉽게 발견할 수 있다.

행해야 할 적합한 예의를 잘 나타내고 있다.

이상에서 우리는 상사에 임했을 때 친친과 존존의 관념이 개인의 행동에 어떻게 영향을 미치는지를 알아보았다.

상례에서 「친친존존」은 인도의 최고 중요한 원칙이다.

> 친친존존장장과 남녀유별은 인도의 가장 큰 것이다.
> (親親尊尊長長, 男女有別, 人道之大者也. 『禮記・喪服小記』)

> 정현의 주에 풀이하기를 상복의 강과 쇄를 말한 것이라 하였다.
> (鄭玄注云, 言服之所以降殺.)

인도에 가장 큰 4가지가 바로 친친, 존존, 장유, 남녀유별이다. 이 4가지 중 특히「친친」과 「존존」이 가장 중시된다. 이는 상복제도로써 논하면 명확하게 나타난다.

> 상복제도에는 여섯 가지 기준이 있다. 즉 친친, 존존, 명, 출입, 장유, 그리고 종복이다.
> (服術有六, 一曰親親, 二曰尊尊, 三曰名, 四曰出入, 五曰長幼, 六曰從服. 『禮記・大傳』)

이 역시 상복제도도 인륜관계와 그 의무로써 원칙을 결정짓는 것을 잘 설명하고 있다. 왕명가(王明珂)는 이를 아래와 같이 설명하였다.

> 이 여섯 가지 원칙은 유가가 인륜에 근거하여 정한 범주이다. 이 인륜의 범주 중에는 친소존비의 질서는 상례 중의 상복의 경중에 잘 나타나 있다 하겠다. 무거운 상일수록 상복의

> 질은 거칠며 초라하다. 그러므로 참최(斬衰)·재최(齊衰)·대공(大功)·소공(小功)·시마(緦麻) 등이 있으며, 머리부터 발까지 복식이 제각기 다르다. 무거운 상일수록 그 상기도 길어 삼년·일년·구월·칠월·오월·삼월 등으로 나누어져 있다.[15]

그러나 손희단(孫希旦)은 상복제도의 원칙이 비록 6가지이나 간략하게 말하자면 친친, 존존, 장유, 남녀유별이 가장 주된 것이라 하였다.[16] 그리고 『예기』에서는 4가지 중에서 「친친존존」이 가장 우선된다 하였다.

이상을 종합해 보면, 『예기』기록들에 나타나는 「친친존존」의 의식은 각종 인생예의 속에 스며들지 않은 곳이 없음을 재삼 설명하고 있다. 특히 상장예의와 상복제도에서 그 언급을 강조하고 있다. 또 이러한 문화 형태는 우리 인간의 인륜 관과 사회가치관을 형성하는 데 중요한 요건이 된다.

---

15) 王明珂, 『中國文化新論』, pp.323~324. 「這六個原則也就是儒家爲人倫所定的範疇. 在這人倫範疇中的親疏尊卑秩序, 表現在喪禮中的喪服輕重上, 愈重的喪, 喪服質料愈粗, 剪裁愈簡陋, 因而有斬衰·齊衰·大功·小功·緦麻等, 由頭到脚不同的服飾組合. 愈重的喪, 喪期愈長, 而有三年·一年·九月·七月·五月·三月不等.」

16) 『禮記集解·大傳』, 「蓋親親者所以下治子·孫, 尊尊者所以上治祖·禰, 名者所以爲男女之別, 長幼者所以旁治昆弟也. 若出入, 則女子子爲親親之服, 姑·姊妹爲長幼之服, 而特其在家與適人之不同而已. 從服則夫之從妻, 但其正尊, 子之從母, 妻之從夫, 兼服其旁尊, 亦皆不出乎尊尊長幼之義. 是服雖有六, 莫不由乎人道之四者而起也.」

2. 상장의 기능

이른바 「예」라는 것은 결코 의절의 형식만을 지칭하는 것은 아니다. 형식에 기탁하여 처음 의식을 만들 때 담겨진 의도를 뜻하는 것이다. 따라서 어떠한 예제의 형성이라 할지라도 반드시 그 제정한 의도가 있는데, 이러한 예제의 의도는 우리 일반생활에 적합한 기능을 필연적으로 가지고 있다.[17] 그중 상례는 고대 문화 중 가장 정밀하며 가장 중요한 정신문화라 할 수 있다.

상례는 두 가지로 분류할 수 있다. 첫째는 망자의 애통을 표현하는 예, 둘째는 산자가 본래 가지고 있는 정을 통하여 망자를 처리하는 예이다. 전자는 거상(居喪)의 기간과 상복 등의 제도에 잘 나타나며, 후자의 경우는 망자를 처리하는 의식 절차가 그 핵심이 된다. 그러므로 상례의 기능 역시 이 두 방면으로 나누어 설명할 수 있다.

상례는 친족을 잃고 애통한 마음으로 고통을 겪는 사람들에게 심리적 위로와 생활의 안정을 주기 위한 것이다. 다시 말하자면 사람이 친족을 잃었을 때 애통함을 면하기는 어려우며 이것은 사람 마음의 상도일 것이다. 유가는 「예」의 부분적 기능을 인정을 표출하기 위한 것이라고 여겼다. 그러므로 애통의 정은 상례 중 최고 중요한 부분이라 할 수 있다.

> 복상제도에는 여섯 가지 기준이 있다. 즉 친친, 존존, 명, 출입, 장유, 그리고 종복이다.
> (服術有六, 一曰親親, 二曰尊尊, 三曰名, 四曰出入, 五曰長幼, 六曰從服. 『禮記・大傳』)

---

17) 周何, 『古禮今談』, 臺北, 萬卷樓出版社, 1992년, p.124.

상술한 여섯 가지 기준 중, 친친과 존존이 전체 상복예제 중의 정수라고 할 수 있다.[18] 「존존」은 상하존비의 차등에 의한 안배로서 「분(分)」을 중시한 관념이다. 그리고 「친친」은 혈연과 정감을 통하여 가족과 종족의 인륜관계를 유지하는 「합(合)」을 중시하는 관념이다. 상복은 정을 그 근본으로 한다. 정에는 심천(深淺)과 후박(厚薄)이 존재하기에 사람에게 친소와 원근의 구별이 있게 되고 예에는 경중과 다소가 있게 되는 것이다. 정이 깊은 관계는 당연히 근친이며, 상복 역시 중하다. 그리고 정이 얕은 관계는 당연이 원친으로 상복은 비교적 가볍게 된다. 그러므로 상복은 정감의 심천과 후박을 가늠하여 정해진 예문제도라 말할 수 있다. 이처럼 표면상으로는 상복제도의 기능이 「분(分)」에 중점을 둔듯하나, 사실 진정한 기능은 「합(合)」에 있다.[19] 이런 「합」의 작용은 상례절목의 안배 이유를 충분히 설명하고 있고, 인정의 요구에 순응하여 제정된 것임을 알 수 있다. 이를 통하여 우리는 상례가 가족 간의 화해와 단결의 기능을 가지고 있으며, 이것은 곧 상례의 근본적인 기능임과 동시에 내재적인 기능임을 알 수 있다.

망자를 처리하는 과정의 안배는 산자로 하여금 망자와의 점진적인 「격리」를 실제적으로 체험하게 하는 데 있다.[20] 이러한 「격리」는 시간과 공간의 두 측면으로 나누어진다.

> 어떤 이가 묻기를, 「죽어 삼일이 지난 후에 염을 하는 것은 어째서 인가?」하니, 대답하기를, 「효자는 부모가 돌아가실 때 슬프고 애통하고 맘이 답답하므로 땅에 엎드려 곡을 하

---

18) 康學偉, 『先秦孝道研究』, 臺北, 文津出版社, 1992년, p.103.
19) 周何, 『儒家的理想國－禮記』, 臺北, 時報, 1987년, p.167.
20) 周何, 『古禮今談』, 臺北, 萬卷樓出版社, 1992년, p.125.

> 고, 장차 살아날 것만 같으니 어찌 빼앗아서라도 염하지 않겠습니까?」라고 하였다. 그러므로 삼일이 지나 염을 하는 것은 살아날 것을 기다리는 것이요, 삼일이 지나서도 살아나지 않는다면 역시 살아나지 못하는 것이니, 효자의 마음 역시 더욱 더 쇠약해지는 것이다. (삼일 동안)집안 사정에 맞는 장례비용과 의복을 준비하며, 멀리 있는 친척도 오게 된다.
> (死三日而后斂者何也? 曰, 孝子親死, 悲哀志懣, 故匍匐而哭之, 若將復生然, 安可得奪而斂之也? 故曰, 三日而后斂者, 以俟其生也. 三日而不生, 亦不生矣, 孝子之心亦益 衰矣, 家室之計, 衣服之具, 亦可以成矣, 親戚之遠者亦可以至矣. 『禮記・問喪』)

상례의 과정은 시간의 변화에 따라 복례(復禮)・소렴(小斂)・대렴(大斂)・빈(殯)・조조(朝祖)・장(葬)등의 차례에 따라 진행된다. 이것이 곧 시간적인 「격리」기능이다. 이 외에 이른바 순자의 「의식 진행이 가까울수록 멀어지며, 시간이 오래 될수록 평상과 같아진다.」[21]는 이 말 역시 절애(節哀)와 순변(順變)의 방법 중 하나이다. 이른바 「동이원(動而遠)」이란 시신을 처리하는 지점이 점점 멀어져 간다는 말이다.

> 창 아래에서 반함(飯含)을 하고 문 안에서 소렴하고 동계에서 대렴하고 객위(客位)에 빈소를 만들고, 정(庭)에서 조전(祖奠)를 지내고, 장지에 이르러 장사를 지내는 것은 점점 멀어져 감을 뜻하는 것이다.
> (飯於牖下, 小斂於戶內, 大斂於阼, 殯於客位, 祖於庭, 葬於墓, 所以卽遠也. 『禮記・檀弓上』)

21) 「喪禮之凡, 變而飾, 動而遠, 久而平.」, 『荀子集解』, 北京, 中華書局, 1996년, p.362.

만약 아침에 집에서 죽어 저녁 무렵 야산에 장사 지낸다면, 산자는 죽음의 충격에서 벗어나지 못할 것이며, 현실에 적응조차 못할 것이다. 그러나 점진적인 방식으로 시신을 옮기고 영구해 가는 것은 망자가 산자에게서 점점 멀어짐을 상징하는 것으로 심리적으로 쉽게 적응되어 친인이 이미 세상을 떠난 사실에 점차 익숙해질 것이다. 이것이 바로 공간적인 「격리」기능으로서, 이 두 가지 「격리」는 모두 망자의 가족들을 점차적으로 정상적인 생활로 회복시키기 위한 것이다. 이것이 곧 상례의 실제적인 기능이자 외재적인 기능이다.

이상의 두 기능, 즉 앞서 논한 근본적인 기능이자 내재적인 기능(분, 합)과 실제적인 기능이자 외재적인 기능(시간과 공간적인 격리)이 상례의 중요한 목적이다.

3

『예기』의 상복제도

고대의 상례는 상(喪)·장(葬)·제(祭)의 3가지 부분을 주된 내용으로 하고 있다. 일반적으로 말하여 「상」은 산자의 상기(喪期)내 모든 행위규범을 규정한 것, 즉 상복제도이다. 「장」은 망자가 받을 대우를 규정한 것이다. 대체로 장식(葬式)제도와 묘식(墓式)제도로 나눌 수 있다. 「제」는 상기내에 산자와 망자를 연결해주는 매개의식을 규정한 것이다. 즉 상기중의 제사 (상기가 끝난 후의 제사는 오례 중의 길례(吉禮) 범주에 속하며 여기서는 상제를 말한다)이다. 이 3가지 중에서도 「상」이 상례의 핵심내용이다.

상복이란 망자를 애도하기 위하여 착용하는 복식과 장식을 말한다. 상복제도는 산자와 망자의 관계, 즉 친소(親疏), 원근(遠近)에 따라 제정한 일련의 엄격한 상장등급제도이다. 이것은 중국고대 신분제도의 축소판이라고 할 수 있으며 유가(儒家) 상례의 중요한 구성 부분이다. 따라서 본 장에서 먼저 상복제도의 기원과 변천을 논하고 상복의 의의와 그의 등차(等差)를 논할 것이며 아울러 종법제도와의 관계를 논한 후 거상(居喪)생활의 주요 규정을 서술하고자 한다.

제1절

상복제도의 기원과 변천

1. 상복제도의 기원

죽음은 옛부터 인류의 공통된 과제였다. 죽음을 처리하는 방법과 과정 및 태도는 사람의 죽음에 대한 관점과 생명에 대한 신앙과 밀접한 관련이 있다. 따라서 사람이 죽음을 인식하는 순간, 놀람과 당황, 두려움을 느끼든 혹은 슬픔과 아픔을 느끼든 자신과 내적, 외적인 환경과의 균형을 추구하기 위해 반드시 어떤 합리적인 대책을 강구할 것이다. 따라서 죽음과 망자를 처리하는 풍속은 모든 인류 풍속 중에서도 가장 오래 되었다. 또한 사회 환경과 인류의 인지능력 및 신앙 태도 등의 변화에 따라 이러한 풍속관습도 같이 변화 하였다.[1)]

풍속의 발생은 지리적 환경의 영향을 받는다. 각 지역의 지형, 지물의 환경과 한계[2)]에 따라 사람들이 자신과 환경과의 관계를 조화시켜

1) 林素英,『喪服制度的文化意識』, 臺灣, 文津出版社, 2000년, p.20.

2)「風者, 天氣有寒暖, 地形有陰陽, 水泉有美惡, 草木有剛柔也. 俗者, 含血之流,

더 나은 생활을 추구하며 각각의 적합한 형태를 취하여 달리 형성하게 된다. 원시시대 인류의 복상(服喪) 기원과 풍속도 예외는 아니다.

사회인류학자의 연구에 따르면 원시시대에는 영혼불멸 관념의 영향이 매우 컸다. 원시시대 인류는 족장이나 친인의 사망에 대해 망자의 영혼이 일단 육체를 떠나면 자유롭게 떠돌아 다니며 복을 주거나 재난을 주는 능력이 있다고 생각하였다. 망자의 영혼이 생전에 살던 곳을 배회하며 어둠 속에서 자신의 가족과 후손의 행위를 관찰하며 화와 복을 내려준다고 여겼던 것이다. 그러므로 자손들이 조상을 존경 할 수 밖에 없었고 조상에 대한 숭배 또한 이로 말미암아 생겨난 것이었다.[3]

이 외에 임혜상(林惠祥) 역시 인류학의 관점에서 말하기를, 「망자를 숭배하였기 때문에 시신을 처리하는 과정에 다양한 의식이 출현하였다. 가족의 사망은 평소의 생활 형태와는 다른 변화를 가져 왔다. 예를 들면, 단발, 문신, 혹은 특별한 옷을 입는 것 등이 있다. 애초에 그것은 기념하기 위해서가 아니라 두려워하는 심리 때문이었을 것이다. 명기(明器)를 무덤에 넣는 풍속이 보편화 되었고 무기는 망자가 저승에서 전쟁할 때 사용하게 하고, 기물은 망자의 생활을 위해 사용 하고, 심지어 노예와 종복도 순장하였다.」[4]라고 하였다.

또한 장경명(章景明)선생은 「카포아족은 그들의 족장이 사망하였을 때 부락의 모든 구성원들이 몸을 씻지 않거나 머리도 깎지 않는 등, …… 사실상 어떤 인류학자는 이미 알려진 사실만을 근거해 보아도

像之而生, 故言語歌謠異聲, 鼓舞動作殊形, 或直或邪,或善或淫也.」. 『風俗通儀·序』漢·應劭 撰, 王利器 注, 『風俗通儀校註』, 漢京文化事業有限公司, 1983년, p.8.

3) 상세한 것은 章景明의 『先秦喪服制度考』 참고, 臺灣 中華書局, 1971년, p.1.

4) 林惠祥, 『文化人類學』, 臺灣, 商務印書館, 1968년, p.307.

상복의 첫 번째 중심 사상은 복상(服喪)자의 금기상태에 있다고 주장하였다. 상복은 전형적으로 일상의 복식과는 현저하게 대조된다. 원래 머리를 깎던 사람도 머리를 기르고 머리를 묶었던 사람은 머리를 풀고 다녔다. 아의노족의 경우 장례를 치를 때 옷을 뒤집어서 입었다. 어떤 지방에서는 복상 중의 친족은 옷과 장신구를 벗어 버리고 문신을 하거나, 손가락의 마디를 자르거나 작은 칼로 몸을 베어서 피를 무덤에 뿌리기도 하였다. 그들은 장례가 끝나기 전까지 단식하거나 음식을 조금만 먹는 등의 통제를 하였다. 집에 불을 피우지 않고 어떤 불길한 일이 발생되는 것을 방지한다.」 이러한 자료를 비교해 보면 일부는 고대 중국과 풍습이 같거나 비슷하다. 예를 들면 카포아족이 몸을 씻지 않는 것은 중국에서 거상(居喪)중 목욕하지 않는 것과 같다. 또한 거상 중 절식을 하거나, 상가(喪家)에서 불을 피우지 않는 것, 음식을 통제하는 풍속도 비슷하다. 그 외에 장례식을 진행할 때 옷을 뒤집어서 입는 것은 『의례・상복・기』의 「무릇 윗 상복인 최복은 밖에서 폭을 줄인다.(凡衰, 外削福.)」는 내용과 비슷하다. 이러한 내용들은 모두 상복의 전형은 일상의 복식과 현저하게 대조가 되는 것을 보여준다. 그렇게 하는 이유는 어떠한 재앙의 발생도 방지하고자 하는 의식을 표현한 것이다. 이것은 바로 귀신이 해를 끼칠까 두려워하는 공포심으로 인해 초래된 미신행위이며 상복은 조상을 숭배하는 일에서 유래되었다는 증거이다.[5)]

앞서 논한 내용을 종합해 보면, 상복의 기원은 상례의 출현과 같이 조상을 숭배하는 것에서 유래된 하나의 종교행위이며 그 본래의 의미

---

5) 상세한 내용은 章景明의 『先秦喪服制度考』참고. 臺灣, 中華書局, 1986년, pp.2~3.

는 귀신에 대한 두려움에 근거하였다. 그래서 단발, 문신 혹은 특별한 의복을 입는 일상과 반대되는 행위들은 무속을 통하여 귀신의 눈을 피하는 것이었다. 이러한 행위들로 인해 거상(居喪)생활 및 일상과 다른 상복구조가 파생된 것이다. 그러나 유가(儒家)는 인본주의(人本主義)를 주장한다. 귀신의 존재에 대해서는 회의의 태도를 지닌다. 존재는 인정하나 논하지는 않는다. 『논어』에 이를 잘 표현하고 있다.

> 공자께서는 괴이함과, 힘센 것과, 패란의 일과, 귀신에 관한 것은 말씀하지 않으셨다.
> (子不語怪・力・亂・神.『論語・述而』)

> 제사에 임해서는 조상이 계시는 듯이하고 신에게 제사지낼 때도 그 신이 있는 듯이 하였다.
> (祭如在, 祭神如神在.『論語・八佾』)

> 귀신을 공경하나 그를 멀리 하였다.
> (敬鬼神而遠之.『論語・雍也』)

> 사람을 섬기지 못한다면 어찌 귀신을 섬길 수 있겠는가?
> (未能事人, 焉能事鬼?『論語・先進』)

공자는 상제(喪制)에 대한 태도에 종교적 의미는 포함시키지 않았음을 알 수 있다. 따라서 공자는 고유의 풍속을 답습하면서도 새로운 이론, 즉 감성적 작용을 부여하였다.

> 자식이 태어난 지 삼 년이 지난 연후에야 부모의 품에서 벗어날 수 있는 것이다. …… 재여는 과연 삼년 동안 부모의 사랑을 받았는가?
> (子生三年, 然後免於父母之懷.……予也, 亦有三年之愛於其父母乎!『論語・陽貨』)

보은(報恩)적 의미를 포함시킨 것이다. 이것이 바로 「효」사상에 근거하여 발전된 이론이다. 동시에 이러한 예속(禮俗)은 유가 사상을 선양하고 발전시키는 도구로 삼았다.

2. 상복제도의 변천

비록 중국은 구석기시대 말기부터 원시적 상장풍속이 있었지만 상복의 출현은 상례의식 출현보다 훨씬 늦었다. 당시 인류의 망자에 대한 애도는 대체로 심상(心喪)이었다.[6)]

가공언은 황제(黃帝)시기 인류는 복희씨 시기의 여모음혈(茹毛飲血, 원시인이 불을 사용할 줄 몰랐을 때, 짐승을 잡아 털과 피까지 날것으로 먹던 생존 상황), 혈거야처(穴居野處, 동굴이나 황야에서 삶)하는 원시생활을 이어온 시대였다. 성인(聖人)들이 점차 나타난 후부터 익힌 음식, 궁실, 의복제도가 생겨나기 시작하였다. 당시의 풍습은 여전히 소박하고 간단하여 양생(養生), 송사(送死)에 귀신을 섬기는 방식은 상당히 원시적이고 소박하였다.[7)] 따라서 친인의 죽음에 대해서 종신토록

---

6) 「黃帝之時, 朴略尙質, 行心喪之禮.」『儀禮・喪服』, 『十三經注疏』, 臺灣, 藝文印書館, 1985년, 賈公彦, 疏, p.337.

심상을 행하였다. 이것은 『주역』에서 말하는, '고대의 장례방법은 섶으로 시신을 두껍게 싸서 벌판에 장례 지냈으나 무덤을 만들지 않았으며 나무도 심지 않았다'[8]는 특징을 잘 나타내고 있다. 이것은 장기간 동안 이러한 소박한 분위기에서 침윤(浸潤)되어 출현된 가장 원시적이고 가장 순수한 심상예의이다. 또한 이것은 자연스러운 감정에서 기인 된 것이기 때문에 규정된 상기가 없다.[9]

현재의 문헌자료를 통해 보면 상복예속은 대체로 춘추시대부터 시작되었다. 상례의 출현과 같이 상복예속의 출현도 조상을 숭배하는 일종의 종교행위로부터 시작된 것이며 그것의 원시적 의미도 여전히 귀신에 대한 두려움에 기인된 것이다.[10] 상고 시대에 사람들은 친인의 죽음에 대해서 상복은 커녕 단지 몹시 슬퍼하며 간단한 상장의식만을 거행할 뿐 이었다. 하상(夏商)시기의 상복은 사서(史書)에 기록이 되어 있지 않다. 서주 초기와 중기에 상례의 출현이 엿보일 뿐 상복의 정황은 여전히 매우 모호하다. 이것은 『상서・고명』에 기록 된 주 성왕이 서거하고 주 강왕이 즉위하는 상황으로 엿볼 수 있다.

> 을축에 왕이 돌아가셨다. …… 태사가 천자의 책서를 들고 서쪽 계단을 통해 올라와 강왕(康王)을 영접하며 책명의 내용을 읽었다.

---

7) 『禮記・禮運』:「昔者先王未有宮室, 冬則居營窟, 夏則居橧巢. 未有火化, 食草木之實, 鳥獸之内, 飲其血, 茹其毛 ; 未有麻絲, 衣其羽皮. 後聖有作, 然後脩火之利, 范金, 合土, 以爲臺榭・宮室・牖戶. 以炮以燔, 以享以炙, 以爲醴酪 ; 治其麻絲, 以爲布帛. 以養生送死, 以事鬼神上帝, 皆從其朔.」

8) 『易經・繫辭下』:「古之葬者, 厚衣之以薪, 葬之中野, 不封不樹.」

9) 林素英, 『喪服制度的文化意義』, 臺灣, 文津出版社, 2000년, p.49.

10) 章景明, 『先秦喪服制度考』, 臺灣, 中華書局, 1986년, p.4.

(乙丑, 王崩. …… 太史秉書, 由賓階隮, 御王冊命. 『尚書・顧命』)

『상서』는 중국 상고시대의 역사문헌과 부분적이나마 고대의 사적을 추술(追述)한 저작의 총집이다. 『상서』는 상주(商周) 특히 서주(西周) 초기의 중요한 사료들을 잘 보존하고 있다. 상술한 인용문, 즉 주성왕의 상례와 관련된 내용을 보면 초혼과 같은 의식도 없었고 상복과 관련된 내용도 없다. 그 후에 거행한 주 강왕의 즉위행사에 주 강왕과 대신들이 입은 옷은 예식에서 입는 길복이었다.

춘추시대 이후에 산자가 망자를 위해 행했던 복상의식이 점점 증가하는 추세였으며 상복제도 역시 춘추시대를 기점으로 점차 완비되어갔다.

선진은 다음과 같이 말하였다. 「진나라는 우리나라가 상을 당하고 있는데도 슬퍼하지 않고 우리 군주와 동성인 나라를 쳤다. 진나라가 무례한데 과거의 은혜를 어찌 생각할 것인가? 내가 듣기로, 『하루 적을 용서하면, 수대의 우환이 된다.』라 하였다. 도모는 자손을 내다보고 하는 것인데, 군주가 돌아가셨다고 공격하자 할 수 있겠는가? 이에 바로 명을 내려 빠른 말로 달려 강융이 군대를 내게 하고, 군주(양공)는 입은 상복을 검게 하고 흰 띠를 둘렀으며, 양홍은 군주가 타는 전차를 몰고, 내구는 그 오른편 전사가 되었다. 여름 사월 신사날에 진나라 군사를 효에서 패배시키고 백리맹명시, 서걸술, 백을병을 잡아 데리고 돌아갔다. 그리고 진나라 양공은 곧이어 검은 상복을 입고 문공의 장사를 지냈다. 이에 진나라에서는 상을 당하면 검은 상복을 입는 풍속이 시작 되었다.」 (先軫曰 : 「秦不哀吾喪, 而伐吾同姓, 秦則無禮, 何施之爲? 吾聞之 : 『一日縱敵, 數世之患也.』謀及子孫, 可謂死君乎!」遂發命, 遽興姜戎. 子墨衰絰, 梁弘御戎, 萊駒爲右. 夏四月辛巳, 敗

秦師于殽, 獲百里孟明視·西乞術·白乙丙以歸. 遂墨以葬文公, 晉於是始墨. 『左傳·僖公·三十三年』)

진문공이 사망하고 매장하기 전 진(秦)나라가 이미 진(晋)의 속국인 골(滑)을 멸망시켰다. 진(晋)나라는 진(秦)나라가 자국의 순국열사를 위해서 애도하지 않았을 뿐만 아니라 오히려 군대를 통솔하여 자국과 동성인 속국을 공격한 것은 아주 무례한 행동으로서 토벌해야 한다고 생각하였다. 그러나 문공의 장례를 끝내지도 못하고 세자 역시 거상(居喪)기간도 채우지 못했기 때문에 만약 흉복을 입고 출정하면 불길할 뿐만 아니라 온당치도 못하여 「자묵최질(子墨衰絰)」의 방법으로 군대를 일으켜 진나라를 효에서 대파한 후에 검은 상복을 입고 문공의 장사를 지냈다. 진(晋)나라가 처음으로 검은 옷을 전쟁 때 상복으로 입기 시작하였으며 진(秦)군을 이겼기 때문에 검은색이 어떤 신비한 능력이 있다고 생각하였다. 따라서 검은색을 정식 상복으로 정하여 검정색 상복을 입고 진문공의 상례를 치렀다. 이 이후부터 진(晋)나라에서 검정색이 보편화 되었다.

그리고 이시기에 삼으로 머리를 묶는 상복 상발(喪髮)의식이 이미 생겨났다.

겨울 십 월에, 주나라 사람과 거나라 사람이 증나라를 쳤다. 그 때에 노나라의 장흘이 증나라를 구원하여 주나라를 침공했다가, 주나라의 호태에서 패했다. 그러자 노나라 여자들이 전사자를 맞이하러 나감에 다 머리를 삼끈으로 묶었다. 노나라는 이때에 상을 당하여서는 머리를 삼근으로 묶기 시작하였다.

(冬, 十月, 邾人·莒人伐鄫, 臧紇救鄫侵邾, 敗于狐駘. 國人逆喪者皆髽, 魯於是乎始髽.『左傳 · 襄公 · 四年』)

증나라는 노나라의 속국으로서 침략을 받게 되자 노나라는 군대를 동원하여 증나라를 도왔지만 대패하였다. 이 때 죽은 병사들의 친족들이 모두 삼으로 머리를 묶고 상장행렬을 맞이하였는데 그 후부터 노나라는 삼으로 머리를 묶는 것을 상복의식으로 실행하기 시작하였다. 이러한 머리를 처리하는 방법은 노나라에서만 통용되는 것이 아닐 뿐만 아니라 그 이후의 상복 제도에서 부녀자들의 복상(服喪)중 머리 형식이 되어 버렸다.『예기 · 단궁상』에 따르면,

> 남궁도의 아내가 시어머니의 상을 당했을 때, 공자가 삼근으로 머리를 묶는 것을 가르치며 말하였다.「너는 머리 쪽지는 것을 너무 높게 하지 말며 너무 넓게도 하지 말라. 대개 개암나무의 가지로 비녀를 삼는데 비녀의 길이는 한자이며 머리털은 검은 베로 싸매는데 그 길이는 여덟 치라야 한다.」(南宮縚之妻之姑之喪, 夫子誨之髽, 曰 :「爾毋從從爾! 爾勿扈扈爾! 蓋榛以爲笄, 長尺而總八寸.」『禮記 · 檀弓上』)

또『좌전』의 기록에 의하면,

> 제나라 안환자가 죽었는데, 그의 아들 안영은 굵은 삼베옷을 입고, 삼으로 꼬은 띠를 머리와 허리에 두르며, 죽장을 짚고, 엄짚신을 신으며, 죽을 먹고, 상주가 몸 붙이는 움막에서 지내며, 거적위에 잠자고, 풀 뭉치를 배개 삼아 상주 노릇을 했다. 그러자 노인들이 말하기를,「그건 대부가 지킬 상례가 아니다」고 하였다. 그러자 안영은「경의 자리에 있는 사람만이 대부가 지킬 상례를 행하는 것이다.」라고 하였다.

(齊晏桓子卒, 晏嬰麤縗斬, 苴絰帶, 杖, 菅屨, 食鬻, 居倚廬, 寢苫, 枕草. 其老曰 : 「非大夫之禮也.」曰 : 「唯卿爲大夫.」『左傳 · 襄公 · 十七年』)

위에서 인용한 내용을 보면 안영의 상복과 거상(居喪) 상황은 이미 『의례 · 상복』의 내용과 대체로 동일함을 알 수 있다.[11] 이로써 참최(斬衰)복의 형식은 안영시기에 이미 「상복」의 기록과 대체로 같았던 것을 알 수 있다.

상술한 문헌자료에 따르면 비록 상복예속의 변천기록을 정확히 알 수는 없지만 비교적 규모를 갖춘 상복제도는 서주(西周)이후에 생성되었음을 추론할 수 있다. 춘추전국시기에 이르러 다양한 형식의 상복이 점차 복잡해지고 완벽해지기 시작하면서 전형적인 상복제도가 형성되었다. 이 외에, 끊임없는 경험을 통하여 통치계층의 의식이 효(孝)사상으로 전이되면서 효를 통치 수단의 가장 적절한 형식인 것으로 인식하고 상례와 상복을 중시하게 되었다. 따라서 일부 선견지명이 있는 정치가들이 상복에 전력을 다하였다. 상복의 저작에 관해서는 유가의 적극적인 노력 하에 당시의 형세를 따라 생겨나게 되었다.

11) 상세한 것은 『儀禮 · 喪服』 참고. 『十三經注疏』, 臺灣, 藝文印書館, 1985년, pp.338~339.

제2절
상복의 의의와 등차(等差)

상복은 상례가 상당한 규모로 발전된 이후에 복식이 지니고 있는 상징적 의미에 가탁한 특수한 복식으로서 복상(服喪)을 대표하는 것이며 상친(喪親)자들의 내면적인 슬픔을 상징하는 제도이다. 이 제도가 점차 완비되어 감에 따라 상복의 형식도 모든 복상과정에서 일관되게 나타날 뿐만 아니라 상례 중 가장 정밀하고 세밀한 부분이 되었다. 복제(服制)의 기획이 서로 상호 관계의 친소(親疏), 원근(遠近), 감정의 심천(深淺), 후박(厚薄)에 따라 차등이 있기 때문에 복식의 정교한 정도와 경중(輕重)이 다르며 상기(喪期)도 다르다.[1)]

유가사상에서 귀천친소(貴賤親疏)의 구별은 윤리사회질서의 중요한 원칙이다. 『예기』에 이를 잘 표현하고 있다.

---

1) 林素英, 「先秦儒家的喪葬觀」, 『漢學研究』 제19권, 제2기, 2001년 12월, p.97.

무릇 예라는 것은 친소를 정하며, 혐의스러운 것을 결정하고, 같고 다른 것을 분별하며 시비를 밝히는 것이다.
(夫禮者, 所以定親疏, 決嫌疑, 別同異, 明是非也. 『禮記·曲禮上』)

친친존존장장과 남녀유별은 인도의 가장 큰 것이다.
(親親尊尊長長, 男女有別, 人道之大者也. 『禮記·喪服小記』)

이러한 관념은 상복제도에 응용되어 상복제도의 원칙과 이론적 토대로 발전되었다. 그렇다면 상복등급의 근거원칙과 기준은 무엇인가?

상복제도에는 여섯 가지 기준이 있다. 즉 친친, 존존, 명, 출입, 장유, 그리고 종복이다.
(服術有六, 一曰親親, 二曰尊尊, 三曰名, 四曰出入, 五曰長幼, 六曰從服. 『禮記·大傳』)

이를 『예기』에서는 상복을 결정하는 여섯 가지 원칙(六術)이라고 하였다. 이 육술 중 앞의 두 항목이 가장 중요하며 경(經)이라고 하고 나머지 네 항목은 위(緯)라고 한다. 이로써 친친과 존존은 상복 중에서 모든 주례(周禮)의 정수라는 것을 알 수 있다.[2)]

2) 康學偉, 『先秦孝道硏究』, 臺灣, 文津出版社, 1992년, p.103.

1. 친친(親親)

「친친」이란 인류의 가장 원시적이며 가장 자연스러운 감정이다. 따라서 상복제도의 근본적인 의미는 바로 혈통을 매개로 생긴 연대감의 차이에 따라 복을 등쇄하는 원칙이다. 「상복사제」에 따르면,

> 은혜가 두터운 사람은 그 상복이 무겁다. 그러므로 아버지를 위해서는 참최 3년을 입는데, 그것은 은혜로써 제정한 것이다. 집안의 다스림에는 은혜가 의를 가리고 집밖의 다스림에는 의가 은혜를 끊는다.
> (其恩厚者, 其服重. 故爲父斬衰三年, 以恩制者也. 門内之治, 恩揜義 ; 門外之治, 義斷恩. 『禮記 · 喪服四制』

「대전」에는,

> 인애의 도에 따르는 마음은 아버지로부터 시작하여 위로 올라가면서 선조에게 미친다고 하나 선조에 이르러서는 그 정이 점차로 멀어지는 것이니 이것을 가볍게 된다고 일컫고, 의리의 도리에 따르는 것은 선조로 부터 순차적으로 내려오면서 아버지에 이르는데 아버지에 이르러서는 그 존경하는 정도가 엷어지는 것이니 먼 선조에 이를수록 중하게 된다고 일컫는다. 이와 같이 선조로 올라갈수록 한편 경하고 한편 중한 것은 그 도리가 그러한 것이다.
> (自仁率親, 等而上之, 至于祖, 名曰輕 ; 自義率祖, 順而下之, 至于禰, 名曰重. 一輕一重, 其義然也. 『禮記 · 大傳』)

또한,

> 4대의 선조나 자손에게는 시마의 상복을 입는 것은 상복으로서는 가장 가벼운 것이고, 5대에게는 윗옷을 벗어 어깨를 드러내고 문(免)하는 것으로 그만인 것은 동성으로의 예를 줄이는 것이니, 6세가 되면 친족으로서의 연이 다하는 것이다.
> (四世而緦, 服之窮也 ; 五世袒免, 殺同姓也 ; 六世親屬竭矣. 『禮記・大傳』)3)

「상복소기」에 의하면,

> 친족을 친하는 데도 먼저 자기와 부모와 자식과의 삼연(三緣)이 있고, 또 여기에 조부모와 손자를 더한 오연(五緣)의 관계가 되며, 다시 오연에서 증조부와 고조부 및 증손자와 고손자를 더하여 구연의 관계가 있다. 아버지로 부터 위로 갈수록 친족 관계가 멀어지고 아들로 부터 아래로 갈수록 친족관계가 멀어지며, 형제로 부터 방계로 갈수록 친족관계가 멀어져서 마침내 친족관계가 끝나는 것이다.
> (親親, 以三爲五, 以五爲九, 上殺・下殺・旁殺, 而親畢矣. 『禮記・喪服小記』)4)

이러한 이론들을 통해 우리가 알 수 있는 것은 오복 경중(輕重)의 구별은 관계의 농담(農談), 친소(親疏)와 감정의 심천(深淺), 후박(厚薄)에 따라 등급을 결정 한다는 것이다. 자신을 기점으로 하여 상하좌우의 관계에 따라 상복의 경중은 정해진다. 상복제도는 혈연관계의 등급을 표현하기 위해서이며 사실상 친친관념의 산물이다.

---

3) 鄭注云 : 「四世共高祖, 五世高祖昆弟, 六世以外親盡, 無屬名.」

4) 鄭注云 : 「己上親父, 下親子, 三也. 以父親祖, 以子親孫, 五也. 以祖親高祖, 以孫親玄孫, 九也. 殺謂親益疏者, 服之則輕.」

상례제도의 설정은 친인을 잃은 사람들에게 합리적인 방법을 제공하여 의절의 실행과정을 통해 슬픈 감정을 제어하고 이별을 감내하며 슬픔에 익숙해지는 것을 배우고 슬픈 감정을 친인에 대한 영원한 그리움으로 전이하는 것이다. 이러한 그리움을 주변의 가족과 친인에 대한 관심으로 전이하는 동시에 사람과 사람 간의 인연을 더욱더 소중히 여기게 하는 것이 다. 비록 부모를 위해서 3년 동안 복상하는 상기(喪期)가 짧지 않지만 현대 정신의학적 이론으로 보면 친인을 잃은 후의 받은 상처를 치료하는 2년의 시간은 결코 길지 않다.[5] 그래서 제례자(制禮者)가 이러한 친인 간의 농후한 감정을 근간으로 하여 이를 통해 슬픔의 정을 확장하고 인간의 온정(溫情)을 두텁게 하는 동시에 사회의 질서를 유지하기 위하여 복상의 절목들을 하나하나 고려하고 심사숙고하여 3년을 그 한계로 하였다.

2. 존존(尊尊)

친친은 주로 혈연을 기초로 하여 혼인의 친족관계로 아우러져 있어 자연스럽게 형성된 친족관계에 속하지만 군집생활이 순조롭게 발전할 수 있기 위해서는 반드시 군주가 사회 집단의 지도능력을 고도로 발휘하여야 한다. 이른바 「존존」이란 즉 신분지위의 존비귀천(尊卑貴賤)을 기준으로 하여 상복 경중(輕重)을 확정하는 복상 원칙이다. 다시 말하자면, 존존은 군주에 대한 복을 정점으로 정치적 신분 관계에 따라 복

5) 상세한 것은 윌리엄, 화아르던(J, William Worden) 저작, 이개민 옮김, 〈슬픔에 대한 지도와 치료〉를 참고. (Grief Counseling & Grief Therapy), 심리출판사, 1995년, pp.8~23.

을 결정하는 원칙이다. 그러나 존존의 원칙이 정치적 상하관계에만 국한되는 것은 아니다. 친족관계 내에서 방계에 대한 복이 상호주의를 채택하고 있는 것과는 달리 직계의 경우는 비속이 존속을 위해 하는 복과 존속이 비속을 위해 하는 복에는 차이가 있다. 이는 종족 내에서의 신분적 위상이 다르기 때문이다. 이를 결정하는 원칙도 존존이다. 따라서 존존의 원칙은 정치적 상하관계와 종족 내에서의 신분적 위상을 모두 포괄하는 우월과 종속의 관계 설정에 따라 복을 등쇄하는 원칙이라고 할 수 있다.

> 아버지를 섬기는 도리로써 군주를 섬기는데 그것은 공경함이 같은 것이며, 귀한 이를 귀하게 여기고 높은 이를 높게 여기는 것은 의중에서 큰 것이다. 그러므로 군주를 위해서도 또한 참최 3년을 입는데, 그것은 의로써 마련한 것이다.
> (資於事父以事君而敬同. 貴貴・尊尊, 義之大者也, 故爲君亦斬衰三年, 以義制者也.『禮記・喪服四制』)

이 이론을 통해보면 유가의 윤리는 적어도 부자와 군신관계를 동일시하며 고도로 중시하였음을 알 수 있다. 이것은 곧 맹자가 말한「안으로 부자의 관계, 밖으로는 군신관계란 사람의 대륜이다.(內則父子, 外則君臣, 人之大論也)」이다.

『의례・상복』의 기록에 따르면 존자를 위해서 입는 상복은 몇 가지가 있다. 예를 들면, 정치적 성향의 상복에는 제후가 천자와 군주를 위하여, 공, 사, 대부 등 중신들이 군주를 위하여, 서인이 군주를 위하여, 대부가 종자(宗子)를 위하는 등 명문화된 규정의 상복이다. 즉 유한한 친친(親親)의 정을 확대하여 사회 전체를 중시하는 존존의 대의를 충분히 발휘하는 것이다. 또한 상복이 경(輕)에서 중(重)으로 가중되는 경우가 있다. 예를 들면 「상복」의 전문에 따르면, 외친의 복은 모두 시마복이다.(外親之服, 皆緦也.)[6] 즉 외조부모를 위해서 원래 시복을 입는다. 그러나 「상복」의 경문에서 규정된 것을 따르면 외조부모를 위해서 소공복을 입는다. 「상복」 전에서 「어찌하여 소공복인가? 높은 것으로 보태는 것이다. (何以小功也? 以尊可也.)」[7]라고 하였다. 또 「상복」 경문에서 서손(庶孫)은 대공을 입어야한다고 규정되어 있다. 복제의 강쇄의 등급에 따르면 서손이 조부모를 위해 당연히 대공복을 입어야 하나 조부모를 존중하여 재최부장기(齊衰不杖朞)를 입는다. 「상복」 전에 따르면, 「어찌하여 기년인가? 지극히 높기 때문이다.(何以期也? 至尊也.)」라고 하였다.[8]

존자는 지위가 높아 융복(隆服)의 대우를 받을 수 있을 뿐만 아니라 지위가 낮은 자에게는 상복의 등급을 내려도 된다. 예를 들면 「상복」 경문에서 대부는 백부모와 숙부모와 아들과 형제와 형제의 아들이 사(士)가 된 자를 위하여 원래 모두 재최기(齊衰朞)를 적용해야 한다. 그러나 대부가 상복의 등급을 내려 대공구월(大功九月)의 복을 입는다. 「상복」 전에 따르면, 「어찌하여 대공인가? 높은 것이 동일하지 않은 것이다. 높은 것이 동일하면 그 친복(朞年)을 입게 되는 것이다. (何以大功也? 尊不同也. 尊同, 則得服其親服.)」[9]라고 하였다.

이상의 내용을 통해 보면 존귀, 비천, 고하는 복상의 중요한 원칙 중 하나이다.

---

6) 『儀禮・喪服』, 『十三經注疏』, 臺灣, 藝文印書館, 1985년, p.386.
7) 同前注.
8) 同前注. p.355.
9) 『儀禮・喪服』, 『十三經注疏』, 臺灣, 藝文印書館, 1985년, p.378.

3. 명(名)

이른바 「명」이란 원래 이성(異姓)의 여자가 남자에게 시집가서 모, 부의 「명의(名義)」를 얻는 것을 말한다. 예를 들면, 백모, 숙모는 원래 직계 혈친이 아닌 이종(異宗)이나 백부, 숙부와 혼인관계로 인하여 친척이 된 경우이다. 다시 말해 친족의 배우자가 혼인을 통하여 종족 내에서 가지게 된 지위와 역할, 즉 명분 때문에 복을 하는 원칙이다. 정현은 주에서 아래와 같이 설명하였다.

> 명은 세모(백모)와 숙모 들이다.
> (名, 世母・叔母之屬也.)[10]

그리고 공영달은 소에서 다시 설명하였다.

> 명이라는 것은 백모, 숙모 및 자식의 아내와 아우의 아내, 그리고 형수 들이다.
> (名者, 若伯叔母及子婦並弟婦・兄嫂之屬也.)[11]

이상에서 명복은 부인의 복임을 알 수 있다.

백모, 숙모는 「모(母)」를 명으로 하기 때문에 「상복」 경문에서 그들의 복제는 백부, 숙부와 같이 재최기로 규정하였다. 「상복」 전문에 따르면,

---

10) 『禮記・大傳』, 『十三經注疏』, 臺灣, 藝文印書館, 1985년, p.619.
11) 『禮記・大傳』, 『十三經注疏』, 臺灣, 藝文印書館, 1985년, p.620.

> 백모와 숙모는 어찌하여 기년으로 하는가? 명으로 복하기 때문이다.
> (世母・叔母, 何以亦期也? 以名服也.『儀禮・喪服』)

장이기(張爾岐)는 이를 아래와 같이 설명 하였다.

> 백모와 숙모를 명복이라고 하는 것은 두 사람은 본래 타인이나 백부와 숙부와 혼인하였기 때문에 모의 명칭을 가지게 되었으며 이 때문에 그들을 위해 복한다. 즉 상술한 부부일체를 이르는 것이다.
> (世・叔母曰「以名服」者, 二母本是路人, 胖合於世・叔父, 故有母名, 因而服之. 卽上所云夫婦一體也.『儀禮鄭注句讀』)

본래 혈연관계가 아닌 백모와 숙모는 백부와 숙부의 아내이기 때문에「모」라고 불러야 하며 같은 대우를 하여 상복을 입는다. 이것은 친친원칙의 확장이다.

4. 출입(出入)

「출입」이란 귀속되는 종(宗)에 인위적인 변화가 생김에 따라 친친의 원칙에 의해 정해진 본래의 복을 변경하는 것이다. 즉 같은 종족(宗族)의 여성이 이미 결혼한 자인지, 결혼 못한 자인지, 혹은 이혼을 하여 친정으로 돌아온 자 인지에 따라 상복의 경중을 결정하는 원칙이다. 여성이 결혼을 못하였거나 이혼하여 다시 집으로 돌아온 자는 동종(同宗)에 속하기 때문에 복을 중하게 한다. 결혼한 여성은 다른 성을 쓰기 때문에 복을 경(輕)하게 한다. 이것은 「존조경종(尊祖敬宗)」의 정신에 부합되며 존존 원칙을 확대한 것이다. 정현은 『예기 · 대전』의 주에서 아래와 같이 설명하였다.

> 출입은 여자가 출가를 한 자이거나, 집에 있는 자이다.
> (出入, 女子子嫁者, 及在室者.)[12]

공영달은 소에서 다시 이를 설명하였다.

> 출입이라는 것은 만약 여자가 집에 있으면 입이며, 출가를 하였으면 출이 된다.
> (出入者, 若女子子在室爲入, 適人爲出.)[13]

『의례 · 상복』에서 동족이면서 이미 출가한 여성은 출이라고 한다. 예를 들면 고모, 자매, 등 출가한 여성인 경우이다. 고대에 여성들은 계례(笄禮)를 성인이 되는 기준으로 여겼다. 주대의 여성들은 15살에 계례를 행하였다.

> 15세가 되면 비녀를 꽂고(계례를 행하고), 20세가 되면 시집을 가는데 사정이 있을 경우 23세에 시집을 간다.
> (十有五年而笄, 二十而嫁, 有故, 二十三年而嫁. 『禮記 · 內則』)

---

12) 『禮記 · 大傳』, 『十三經注疏』, 臺灣, 藝文印書館, 1985년, p.619.
13) 同 前注, p.620.

만약 이미 성인이 되었고 약혼을 하였지만 아직 결혼을 못 한 자는 「재실(在室)」이라고 한다. 재실은 부친의 종씨에 속해서 부친을 위해서 참최삼년의 복을 한다.

> 딸이 출가하지 않고 집에 있으면 아버지를 위하여 복을 입는다. 베로 머리를 묶고 대나무로 비녀를 쓰고 복머리를 하고 참최 3년을 하는 것이다.
> (女子子在室爲父, 布總, 箭笄, 髽, 衰, 三年.『儀禮・喪服』)

주대에 여자가 23살이 되어도 결혼을 못 한 여성과 이혼을 하여 다시 친정으로 돌아 온 여성을 「가반(嫁反)」이라고 하였다. 「재실」이라고 부를 수는 없지만 재실과 동일한 복제를 적용한다.[14] 그 이유는 여자는 비록 시집을 갔었지만 이혼으로 인해 친정으로 돌아 온 자는 여전히 부종(父宗)에 속하기 때문에 복 역시 시집을 가기 전 재실 했을 때와 같다. 이 역시 이른바 「입」이다. 만약 여성이 이미 시집을 갔으면 「출자(出者)」라고 한다. 여성이 친정에 살면 부친을 위하여 자녀의 복을 입고 시집을 갔으면 시댁의 성을 따르기 때문에 남편을 위해 아내의 복을 입으며 참최삼년의 복상을 하는 반면에 친정의 가족을 위해서 입는 상복의 등급은 낮추어진다. 예를 들면 부모를 위해서 재최기(齊衰朞)로 바뀐다. 이것이 이른바 「출」이다.

이처럼 동종(同宗)의 여성 중에 재실인 경우와 출가한 후에 적용되는 복제가 동일하지 않는 것은 친족관계가 변화했음을 나타내는 표현이다.

---

14) 『儀禮・喪服』:「子嫁反在父之室, 爲父三年.」

5. 장유(長幼)

「장유」란 성인이 되기 전에 죽은 친족에 대하여 본래의 복을 낮추어 하는 것이다. 이는 관례가 종족 내에서의 독립적 지위와 역할을 담당하게 되었음을 선포하는 중요한 의식이었던 것과 관련이 있다. 즉 성년이 되기 전에 죽은 이는 종족의 성원으로서 완전한 권리와 의무를 수행하지 못하기 때문에 그에 대한 복을 일정한 정도로 낮추는 것이다. 다시 말해 성인과 미성년의 사망에 따른 복의 경중을 정한 원칙이다. 간단히 말하면 성인 사망의 경우 복은 중하며, 미성년 사망의 경우 복은 경하다. 이것은 친친원칙에 부합되는 것이다. 예를 들면 아들, 딸이 성인인 경우에 부모들은 그들을 위해서 참최(長子) 혹은 재최기(장자 외 다른 자식)의 복을 입는다. 장상(長殤)과 중상(中殤)은 즉 등급을 내려서 대공구월(大功九月)과 칠월을 적용한다. 하상(下殤)은 소공오월(小功五月)을 적용한다. 이 원칙은 「상복」에 기록이 많다.

> 대공의 굵은 베로 만든 윗상복과 아랫상복에, 모마질을 하는데 받는 것이 없다. 아들과 딸의 장상과 중상인 경우이다.
> (大功布衰裳, 牡麻絰, 無受者, 子・女子子之長殤・中殤. 『儀禮・喪服』)

그리고 「상복・전」에서 아래와 같이 설명하였다.

> 어찌하여 대공으로써 하는가? 성인이 되지 못했기 때문이다. 어찌하여 받는 것이 없는가? 성인의 상에는 그 문채가 번거롭고 미성인의 상에는 그 문채가 번거롭지 못한 것이다. 그러므로 상의 질은 늘어뜨리지 않는 것이다. 대개 미성인은

나이 16세에서 19세에 이르는 것을 장상이라고 한다. 12세에서 15세까지를 중상이라고 한다. 8세에서 11세까지를 하상이라고 한다. 8세 미만의 아래에서는 상복이 없는 상이라 한다. 상복이 없는 상은 날을 달과 바꾸어 한다. 날을 달과 바꾸어 하는 상이란 상이라도 복이 없다. 그러므로 아들이 태어 난 지 3개월이면 아버지가 이름을 짓고 죽으면 곡을 한다. 이름을 짓지 않았으면 곡을 하지 않는다.
(何以大功也? 未成人也, 何以無受也? 喪成人者, 其文縟. 喪未成人者, 其文不縟. 故殤之絰不樛垂, 蓋未成人也. 年十九至十六爲長殤, 十五至十二爲中殤, 十一至八歲爲下殤, 不滿八歲以下皆爲無服之殤. 無服之殤以日易月. 以日易月之殤, 殤而無服. 故子生三月, 則父名之, 死則哭之 ; 未名則不哭也. 『儀禮・喪服』)

미성년 자녀를 애도하는 것이지만 장상(長殤)부터 무복(無服)까지의 차이가 있다. 이것은 부모와 자식이 함께 지낸 기간이 얼마 인가에 따라 구별 되어지는 것이다. 이러한 관점에서 본다면 유가는 인륜을 위해 정한 친소존비의 질서 역시 「칭정(稱情)」의 의의를 반영한 것임을 알 수 있다.

6. 종복(從服)

「종복」이란 시복대상과 주체를 매개하는 이와의 친족관계 때문에 매개자의 친족이나 군주 그리고 군주의 친족에 대해 복을 하는 것이다.

자신과 망자의 관계가 친족도 아니며 군신관계도 아니지만 관계를 가진 사람을 따라 복상하는 원칙이다. 다시 말하면 복상하는 대상이 모두 다른 이성(異姓)이며 혈친의 관계가 없다. 자신의 처 혹은 남편을 따라 복하는 것이다. 이 역시 친친원칙을 확대한 것이다.

> 종속관계로 입는 차등에는 6가지가 있다. 속종의 경우가 있고, 도종인 경우가 있고, 복을 입어야 하는 자를 따라 복을 입지 않는 경우가 있고, 복을 입지 않는 자를 따라 복을 입는 경우가 있고, 무거운 복을 따라 가벼운 복을 입는 경우가 있고, 가벼운 복을 따라 오히려 무거운 복을 입는 경우가 있다. (從服有六, 有屬從, 有徒從, 有從有服而無服, 有從無服而有服, 有從重而輕, 有從輕而重. 『禮記・大傳』)

위 내용을 근거해 보면 종복에는 총 6가지의 정황이 있음을 알 수 있다.

이상 복상의 기본적 의의와 그 차등의 원칙을 서술하였다. 유가의 관념 속에서 귀천・친소・남녀의 구별은 사회윤리의 질서를 확립하는 중요한 원칙이다. 이러한 관념은 상복제도에 응용되어 복상의 원칙적 이론의 기초로 발전하게 되었다.

상복제도의 이 여섯 가지 원칙은 주체의 시복대상에 대한 복을 결정하는 원칙이면서, 주체와 시복대상 사이의 다양한 관계를 고려하여 복을 확정하는 원칙이기도 하다. 복을 결정한다는 측면에서 여섯 가지 원칙은 그 성격이 조금씩 다르다. 출입(出入)은 친족관계에 따라 결정된 복을 기본으로 혼인이라는 인위적인 관계 변화에 대응하기 위한 것이다. 이 점에서 장유(長幼)의 원칙도 다르지 않다. 종복(從服)은 직접적인 혈연관계가 없던 대상을 인위적으로 혈연관계 속에 편입하거나 인위적인 관계에 압도되어 인위적인 관계인 상태로 복을 하도록 의무지우는 것이다. 명(名)의 원칙은 혈연관계에 있지 않던 이를 혈연관계

속에 편입시켜 복을 한다는 점에서 종복과 유사한 성격을 가진다. 그러나 그렇게 편입된 사람은 종족 내에서 일정한 지위와 역할을 담당한다는 점에서 종복과 차이가 있다.

존존(尊尊)의 원칙은 우선적으로 군신관계에 작용하는 원칙이다. 이 원칙이 친족관계에 적용될 때는 친친(親親)의 원칙에 따라 정해진 복을 가감하는 변수로만 작용을 한다. 따라서 여섯 가지 원칙은 순수한 혈연관계에 따른 복과 인위적으로 형성된 사회·정치적 관계에 따른 복을 처리할 때 이에 대응하기 위해 고안된 것이라고 할 수 있다.[15)]

15) 『상복의 제도와 이념』, 김용천, 장동우 공저, 동과서, 2007년 11월, pp.91~95 참고.

제3절

상복제도와 종법제도(宗法制度)의 관계

엄밀하고 완전한 상복제도는 종법제도와 분리 할 수 없는 밀접한 관계가 있으며 서로 호응 관계에 있음을 앞서 알 수 있었다. 상복제도는 종법제도의 토대위에 생겨난 산물로서 천자로부터 서인에 이르기까지 가장 광범위하며 깊이 있게 종법관념을 표현한 제도이다. 상복은 특별한 복식으로 망자에 대한 애통함을 표현하는 것이며 또한 다양한 복식을 통해 친소(親疏)의 종법사상을 반영하고 있다. 따라서 상복제도에 대한 진일보적인 이해를 위해서는 종법제도에 대한 더 깊은 이해가 필요하다.

1. 종법제도의 조직과 정신

종법(宗法)은 가족제도이며 씨족사회의 혈연관계가 새로운 역사조건 아래서 계속적인 존재와 변천을 거듭하며 반영되어 왔다. 문헌상의 자료에 따르면 종법제도는 원시시대 부계사회(父系社會)로 부터 시작되었다. 부계를 핵심으로 한 씨족은 주(周)대에 들어서면서 종족과 종법의 관념으로 점차 완벽하게 변화되어 갔다.[1)]

종법제도가 인류사회의 재산승계·혈연친소·신분질서 등에 대한 체계적인 총괄이며 신분사회에서 적장자가 계승하는 제도를 유지하기 위하여 생겨난 것이다. 적장자 계승제도는 종법제도의 핵심이다. 그 목적은 군주자리를 경쟁함으로써 발생하는 일련의 내란을 방지하여 종족 속에서 지위를 지키고 공고히 하기 위해서이다. 적장자 계승제의 규정에 따르면 반드시 정실부인 소생의 장자가 부친의 위치를 계승할 수 있다. 천자와 제후에게만 적장자 계승제 원칙이 있는 것이 아니라 동종(同宗)의 대부와 사(士)역시 종법체계에 포함된다.[2)]

주대 종법제도의 이론에 관해서는 선진문헌 중 『예기』의 「대전」과 「상복소기」 두 편의 문장에 비교적 자세한 기록이 있다.

> 군주는 동족을 모을 권리가 있다. 동족은 군주에게 가까이 할 수 없는 것으로 동족을 군주에게 가까이 할 수 있게 하는 것은 군주의 지위에 있어서만 가능한 것이다. 서자가 제사를 지내지 못하는 것은 그 종자를 밝히기 위한 것이요, 서자가 장자를 위하여 3년의 복을 입지 않는 것은 그 서자가 조상을

---

1) 하(夏)대부터 종(宗)과 군(君)합일의 — 종통(宗統)은 곧 「親之統」이다. 즉 종주를 핵심으로 하는 종계(宗系)의 혈통체계이다. 군통(君統)은 「尊之統」이다. 즉 군주를 핵심으로 한 정치행정체계이다. 종군합일은 즉 종통과 군통을 통합하는 것이다. 종족 내부의 계열로 국가를 조직하는 것이다. — 종법제도가 모든 사회의 조직원칙이 되었으나 주대의 종법형태가 하대의 종법보다 더 엄밀하고 완전하였다. 따라서 선진의 종법사회형태의 고조시기는 주대로 봐야 한다. 劉廣明의 『宗法中國』 上海, 三聯書店, 1993년, p.10. 참고.

2) 王國維, 「殷周制度論」: 「周人嫡庶之制本爲天子諸侯繼統法而說, 復以此制通之大夫以下, 則不爲君統而爲宗統, 於是宗法生焉.」 『觀堂集林』 참고.

계승하지 못하기 때문이다. 별자는 한 집안의 조(祖)가 되고, 별자를 계승하는 사람이 대종이 되고 아버지를 계승하는 자가 소종이 된다. 자손이 백세(百世)가 되어도 옮기지 않는 종가가 있으며, 5세가 되면 옮기는 것이 있는 종가가 있으니 백세가 되어도 옮기지 않는 자는 별자의 뒤를 계승한 자이다. 별자를 계승한 대종은 백세를 옮기지 않고, 그 고조를 계승한 소종은 5세가 되면 옮기는 것이다. 선조를 존경하므로 종가를 공경하는 것이니, 종가를 공경하는 것은 선조를 존경하는 뜻이다. 소종은 있되 대종이 없기도 하며, 대종만 있고 소종이 없기도 하며, 종이 될 다른 공자(公子)가 없고 자기가 종이 될 수도 없는 경우도 있는데 이런 경우는 공자 한 사람만 있는 경우이다. 공자에게는 종이라는 특수한 친족관계가 있다. 예컨데 공자의 군주가 사(士)나 대부인 서형제(庶兄弟)를 위하여 사나 대부의 적자를 종자로 해서 삼을 수도 있는데, 이와 같은 경우 공족인 자에게는 특수한 친족관계가 생기는 것이다.
(君有合族之道, 族人不得以其戚戚君, 位也.庶子不祭, 明其宗也. 庶子不得爲長子三年, 不繼祖也. 別子爲祖, 繼別爲宗, 繼禰者爲小宗. 有百世不遷之宗. 百世不遷者, 別子之後也 ; 宗其繼別子者, 百世不遷者也. 宗其繼高祖者, 五世則遷者也. 尊祖, 故敬宗 ; 敬宗, 尊祖之義也. 有小宗而無大宗者, 有大宗而無小宗者, 有無宗亦莫之宗者, 公子是也. 公子有宗道 : 公子之公, 爲其士・大夫之庶者, 宗其士・大夫之適者, 公子之宗道也. 『禮記・大傳』)

또, 「상복소기」에서는 아래와 같이 말하고 있다.

별자는 한 집안의 조상이 되며, 별자의 뒤를 계승한 사람은 대종이 되고, 다른 공자를 계승한 사람은 소종이 된다. 소종의 집안은 시조로 부터 5세가 지나면 그 종을 옮기는 것이 있으니 고조를 계승하는 것을 한도로 하는 것이다. 이런 까닭에 위로 올라가 시조가 바뀌고, 아래로 내려가 종주(宗主)가 바뀐다. 이것은 선조를 존경하기 때문에 종가를 공경하는 것이요, 종가를 공경하는 것은 선조를 공경하는 것이다. (別子爲祖, 繼別爲宗, 繼禰者爲小宗. 有五世而遷之宗, 其繼高祖者也. 是故祖遷於上, 宗易於下. 尊祖故敬宗, 敬宗所以尊祖禰也.)

「별자(別子)」란 적장자 이외의 다른 서자(庶子, 적장자를 제외한 모든 아들)로 공자(公子)라 칭하기도 하며 군통(君統)의 적장자와 구별하기 위한 호칭이다. 「별자위조(別子爲祖)」라는 말은 주대의 각 제후국의 계승상황을 말한다. 원칙대로는 주 천자(天子)의 적장자가 천자의 지위를 계승하고 기타의 아들 즉 「별자」는 각 지역으로 봉해져 제후국을 세운다. 다른 지역으로 봉해진 주 천자의 「별자」는 그 제후국의 군주가 될 뿐만 아니라 그 나라 종(宗)의 「조(祖)」가 된다.

사실 「상복소기」에서 말한 「별자위조(別子爲祖)」는 두 가지 의미가 있다. 하나는 「자비별어존(自卑別於尊)」 또 하나는 「자존별어비(自尊別於卑)」이다.

제후의 아들이 공자로 일컬어졌더라도 공자가 선군의 사당을 얻지 못하고 공자의 아들이 공손으로 일컬어지더라도 할아버지에게 제사를 올리지 못하면 이것은 스스로 낮아져서 존자와 구별 되는 것이다. 만약 공자의 자손이 봉함을 받아 군주가 되었다면 이 사람을 대대로 시조로 삼고 공자를 시조로 삼지 않는 것이니 이것은 스스로 존귀해져서 낮은 자와 구별되는 것이다.

(諸侯之子稱公子, 公子不得禰先君 ; 公子之子稱公孫, 公孫不得祖諸侯. 此自卑別於尊者也. 若公子之子孫有封爲國君者, 則世世祖是人也, 不祖公子 : 此自尊別於卑者也. 『儀禮・喪服』)

이것은 군통과 구별되는 증거이다. 구체적으로 말하면 적장자만 군주의 지위를 계승하고 군주가 될 수 있다. 따라서 기타의 아들과 군주 자리를 계승한 군주 사이에 형제와 군신관계의 이중관계가 형성된 것이다. 그러나 종법은 제후에게 실행되지 않는다. 제후의 적・서의 형제는 군주의 지위를 계승 할 수 없으며, 다만 공자(公子)라고만 칭 할 수 있으며 공(公)이라고 칭할 수 없다. 공자는 공에 대하여 군신관계로만 요구될 뿐 친속관계라 말해서는 안된다. 즉 혈연관계는 정치관계에 종속되고 종통(宗統) 역시 군통에 따라야 한다. 군주는 군통을 따르는 동시에 종통을 따를 수 없다. 서자는 군통과 엄격하게 구별되어 다른 종통을 세우는 데 이것을 일러 「별자위조(別子爲祖)」라고 한다.

이른바 「계별위종(繼別爲宗)」이란 별자를 계승하여 스스로 새로운 종을 세운 것이다. 이처럼 별자를 계승하여 스스로 종통을 세우는 자는 주대의 적장자가 계승제도 원칙을 따르면 이 종의 후대가 된다.(별자의 적장자손, 즉 종자(宗子)이다.) 별자의 적장자손으로 대대로 계승되는 이 종통은 바로 「백세불천(百世不遷)」의 대종(大宗)이다.

「계녜자위소종(繼禰者爲小宗)」의 이른바 「예(禰)」는 원래 종묘에 있는 돌아가신 부친의 신주를 말한다. 제후서자의 신주는 오세를 거쳐 종묘에서 옮겨 나가야 한다. 따라서 「예(禰)」는 「별자지서자(別子之庶子)」를 말한다.[3] 별자는 종통의 정지(正支, 직계)이다. 비록 백세를 거

---

3) 『禮記・喪服小記』, 孔穎達 疏, 『十三經注疏』, 臺灣, 藝文印書館, 1985년, p.592.

쳐서도 여전히 시조에게 제사를 지내며 대종이다. 별자의 계승자 이외의 서자들은 같은 종의 방계에 속하며 예(禰)만 계승할 수 있다. 이러한 계승관계는 오대까지 내려간 후에 별자와의 관계는 이미 같은 고조 범위 내에서 벗어났기 때문에 더 이상 별자의 조상에게 제사를 지내지 않고 따로 본지(本支, 증손에서 이어진 자손) 조상에게 제사를 지낸다. 즉 소종이 된다. 소종역시 적장자 계승제도를 실행한다. 적장자 외에 다른 서자는 예(禰)를 계승할 수 없으며 예(禰)를 계승하는 자를 종자로 받든다. 그리고 이 종자는 또 별자를 계승하는 자를 종자로 받든다. 이 두 종자를 구별하기 위해서 사람들은 별자를 계승하는 자를 대종(大宗)이라고 하고 예(禰)를 계승하는 자를 소종(小宗)이라고 한다.

종법제도는 주대 통치의 중요한 버팀목이었다. 주(周) 사회에 상호간의 원조와 관심의 풍속형성에 있어서 적극적인 추진기능을 하였을 뿐만 아니라 주왕조와 각 제후국의 관계 및 각 제후국들 간의 상호관계를 강화시키는 중요한 조치였다. 종법관계의 장기적인 유지는 사회풍속에 막대한 영향을 미쳤다.

그렇다면 주대 종법제도의 구체적인 정신은 무엇인가? 상술한 종법제도에 따르면 그 기본적인 정신은 친친의 도이다.

> 인애의 도에 따라 아버지를 경애하는 마음은 위로 올라가면서 선조에게 미치며, 의리의 도에 따라 선조를 매우 존엄한 존재로 여기는 것은 순차로 내려오면서 아버지에게까지 이르는 것이다. 이런 까닭에 사람의 도리는 친족을 친애하는 것이다. 친족을 친애하므로 조상을 공경한다. 조상을 공경하므로 종가를 공경한다, 종가를 공경하므로 종족을 거두어 화합하게 한다. 종족을 거두어 화합하게 하므로 종묘가 존엄하다. 종묘가 존엄하므로 사직이 존중된다, 사직이 존중되므로

백성을 사랑한다.
(自仁率親, 等而上之至于祖 ; 自義率祖, 順而下之至于禰 ; 是故, 人道親親也. 親親故尊祖, 尊祖故敬宗, 敬宗故收族, 收族故宗廟嚴, 宗廟嚴故重社稷, 重社稷故愛百姓. 『禮記 · 大傳』)

그 핵심은 모두 친친의 의미에 있다.

최상의 유덕자(有德者)는 덕으로 두루 백성을 거느리고, 그 다음의 유덕자는 먼저 친척을 친하게 하고 차차 먼 사람과 서로 친하게 한다. …… 그 시의 제 4장에는, '형제가 담 안에서 싸우나, 밖으로는 다른 이의 모욕을 함께 막아 내네' 라고 말했습니다. 이와 같다면, 형제간에는 비록 사소한 분한 일이 있다 하더라도 좋은 친분을 잃는 것은 아니옵니다. 이제 천자께서 조그마한 화를 참지 않으시어 정나라와의 친분을 버리신다면 어찌하겠습니까? 공훈이 있는 이를 등용하고 친척을 친히 하며, 가까이 있는 이를 친히 하고, 어진 이를 존중함은 큰 덕입니다. …… 주나라의 아름다운 덕이 있었음에도 역시 형제보다 더 좋은 게 없다고 말하였습니다. 그래서 친척을 제후로 봉했습니다. 그것은 천하를 다스려 따르게 했었음에도 또한 밖으로 해침이 있을 것을 두려워해서 그랬던 것입니다. 덤벼 해치는 자를 막아 냄에는 친척을 친하게 하는 것보다 더 좋은 방법은 없습니다. 그래서 친척의 나라로 주왕실을 둘러싸게 했습니다.
(太上以德撫民, 其次親親, 以相及也 .…… 其四章曰, 兄弟鬩於牆, 外禦其侮. 如是則兄弟雖有小忿, 不廢懿親. 今天子不忍小忿, 以棄鄭親, 其若之何? 庸勳親親, 暱近尊賢, 德之大者也. …… 周之有懿德也, 猶曰: 「莫如兄弟」, 故封建之. 其懷柔天下也, 猶懼有外侮. 扞禦侮者, 莫如親親, 故以親屛周. 『左傳 · 僖公 · 二十四年』)

여기서 말하는 「형제가 담 안에서 싸우나, 밖으로는 다른 이의 모욕을 함께 막아 내네.(兄弟鬩於牆, 外禦其侮)」라는 말이 바로 종법제도에 친친정신의 묘사이다.

주대종법제도의 이런 친친정신은 가족과 형제 사이에서만 실행되었던 것이 아니라 정치에도 마찬가지였다. 주대 통치자는 이성(異姓)의 제후에게 분봉할 때도 종법제도중의 친친의 도를 근거로 하여 확장시켜 나갔다. 이러한 의식형태는 관료 정치의 구성부분이 되었다.

『주례・대재』에 따르면,

> 팔통으로 왕에게 아뢰고 모든 백성을 부린다. 첫째, 친한 이를 친하게 한다, 둘째, 늙은 신하를 공경한다. 셋째, 어진 이를 등용한다. 넷째, 능력 있는 이를 부린다. 다섯째, 공로 있는 이를 편안하게 한다. 여섯째, 귀한 이를 존경한다. 일곱째, 사무에 능통한 자를 대우한다. 여덟째, 손님을 접대한다. (以八統詔王馭萬民 : 一曰親親, 二曰敬故, 三曰進賢, 四曰使能, 五曰保庸, 六曰尊貴, 七曰達吏, 八曰禮賓.)

「친친」을 관료정치의 첫 번째 구성부분으로 선정한 것을 보면 주대종법제도의 근본정신은 친친의 정신을 토대로 한 것임을 알 수 있다.

춘추시기의 사회 여론은 여전히 종법관계를 중시하였고 이 종법관계를 제후국 간의 교류의 준칙으로 하였다. 종법관계의 장기적인 유지는 사회예속에 미친 영향, 특히 상복제도에 미친 영향은 매우 심원하다고 할 수 있다.

2. 종법제도와 상복제도의 관계

앞서 논술한 상복의 등급차이에서 다음과 같은 특징이 현저히 드러났다.

첫째, 부계와 모계의 구별이다. 「부계(父系)」란 부친의 혈통에 근거하여 친족 관계를 고려한 것이다. 부친과 혈연관계가 있는 모든 사람은 자신의 친족이다. 한 남성의 친족은 부친 쪽의 친인, 모계 쪽의 친인과 부인의 친인들이 포함된다. 부친 쪽의 친인은 종족(宗族), 종친(宗親)이 되며 외가와 처가는 모두 외친이 된다. 부권사회에서는 종족, 종친만 중시하고 외친을 중시하지 않았으며 혈연도 부계만 인정한다. 상복제도에서 나타난 것은 바로 부계 친족의 복상범위가 매우 광범위하다는 것이다. 직계친족은 고조부모부터 현손까지, 방계는 고조부로부터 전해진 모든 종족 구성원이 포함된다. 이들을 위해서 모두 복상을 한다. 모계는 단 외조부모, 외삼촌, 이모 및 이종사촌, 외종사촌 형제를 위해서만 복상을 한다. 게다가 복제(服制)가 부계의 동등한 친족보다 등급이 낮다. 예를 들면, 조부, 백부, 숙부는 모두 재최부장기(齊衰不杖朞)이나 외조부는 소공(小功)에 불과하고 외삼촌은 시마(緦麻)에 불과하다. 이것은 「의례 · 상복」에서 규정한 상복제도는 부계의 종법 특징을 표현하고 있다.

둘째, 친소(親疏)의 구별이다. 상복제도는 부계에 편중되고 있다. 오복(五服) 경중 역시 부계 종친간 친소의 다른 친족관계를 나타낸다. 혈연관계가 가까울수록 복제는 중하고 혈연관계가 멀수록 복제가 가볍다. 예를 들면 부 형제는 종부 형제보다 중하며, 종부 형제는 종조 형제보다 중하며, 종조 형제는 고조의 족형제보다 중하다. 오세 친족의 원칙에 따르면 자신부터 계산하여 상하 오대의 친척까지만 복상을 한다. 고조의 형제 및 그 자손 후대는 단지 동성의 혈연관계 일 뿐, 오복의 범위에서 이미 벗어났기 때문에 복상을 할 필요가 없다.

같은 혈통의 종족 내에서 구성원끼리의 관계는 특별히 중시된다. 오대 안은 모두 한 가족이다. 이러한 개인과 종족 구성원 간의 관계는 상복제도에서 더욱더 뚜렷하게 드러났다. 예를 들면 『예기・상복소기』에서 다음과 같이 말하였다.

> 친족을 친하는 데도 먼저 자기와 부모와 자식과의 삼연(三緣)이 있고, 또 여기에 조부모와 손자를 더한 오연(五緣)의 관계가 되며, 다시 오연에서 증조부와 고조부 및 증손자와 고손자를 더하여 구연의 관계가 있다. 아버지로 부터 위로 갈수록 친족 관계가 멀어지고 아들로 부터 아래로 갈수록 친족관계가 멀어지며, 형제로 부터 방계로 갈수록 친족관계가 멀어져서 마침내 친족관계가 끝나는 것이다.
> (親親以三爲五, 以五爲九, 上殺, 下殺, 旁殺, 而親畢矣.」

여기서 가장 가까운 관계가 자신과 직접적으로 관계가 있는 부(父), 기(己), 자(子)인 직계삼대며 여기서 부터 손위, 손아래, 동년배로 차례대로 계산한다. 부, 기, 자 삼대에 조부와 손자를 더해 오대가 된다. 다시 여기서 부터 증조, 고조와 증손, 현손까지 확대하면 총 구대가 된다. 방계는 즉 밖으로 4등까지 확대하여 족형제 (처 포함) 자매와 자신을 포함하여 5등이 된다. 이 오복에 포함된 구성원들은 모두 가족이 된다. 가족이외의 친척은 모두 무복(無服)이다. 따라서 『예기・대전』에서,

> 4대의 선조나 자손에게는 시마의 상복을 입는 것은 상복으로서는 가장 가벼운 것이고, 5대에게는 윗옷을 벗어 어깨를 드

> 러내고 문(免)하는 것으로 그만인 것은 동성으로의 예를 줄이는 것이니, 6세가 되면 친족으로서의 연이 다하는 것이다.
> (四世而緦, 服之窮也. 五世袒・免, 殺同姓也. 六世, 親屬竭矣.)

라고 기록되어 있다. 상복제도 중 사세는 오복 중 가장 가벼운 등급이며 시마삼월(緦麻三月)의 복상이다. 오대 구성원들은 같은 고조의 부를 계승하였기 때문에 오복에 포함되지 않으며 상례에 단지 단의문관(袒衣免冠) 뿐이며 기타의 상복은 없다. 육대 구성원은 같은 고조의 조부이기 때문에 관계가 더욱 소원하다. 종법제도 규정에 따르면 조문할 수 있으나 친족에 포함되지는 않는다.

셋째, 남녀의 구별이다. 상복제도에 남녀의 구별은 매우 뚜렷하다. 예를 들면, 부부사이에 아내는 남편을 위해 가장 높은 등급의 참최삼년의 복을 한다. 반면에 남편은 아내를 위해 재최장기(齊衰杖朞)의 복을 한다. 마찬가지로 아내의 남편의 부모를 위해 복상하는 등급은 남편이 아내의 부모를 위해서 복상하는 등급보다 훨씬 높다. 또한 부모는 모두 자신을 낳아준 친인인데 「상복」에서 규정한 대로 부친을 위해 참최삼년을 복상하고 모친을 위해서는 단 재최삼년을 복상한다. 만약 부친이 살아계신 경우에 재최장기만 복상한다. 그 외에 종족중 이미 시집간 여성을 위한 복상은 모두 자신의 형제보다 복상이 가볍다.

넷째, 적서(嫡庶)의 구별이다. 고대 남자는 첩을 둘 수 있었지만 정실은 단 한 사람일 뿐이다. 나머지는 모두 첩이다. 처와 첩의 지위, 존귀, 비천은 정도가 다르며 엄격한 구별이 있다. 「상복」에서 첩은 처를 위해서 재최부장기를 복상해야 하나 처는 첩에 대해 무복이다. 첩의 자식은 부친의 처를 적모(嫡母)로 하여 삼년의 중상(重喪)을 하여야 한다. 그러나 정실이 낳은 적자가 대부이면 서모를 위해 무복이다. 사

(士)이면 서모를 위해 시마삼월의 복상을 하고, 만약 생모가 없어서 서모가 키워 줬을 경우에 양육의 은혜에 보답하기 위해 소공오월의 복상을 한다. 조상을 계승하는 장자나 적손은 특별한 지위를 가지며 상복제도에도 반영된다. 부친이 장자를 위해 복상하는 것과 조상이 적손을 위해 복상하는 것은 모두 서자, 서손이라고 부르는 다른 자손보다 중요하다. 종자(宗子), 종부(宗婦)를 위해서 복상하는 등급은 동등한 친척보다 높다. 이것은 선조와 정적(正嫡)에 대한 특별한 존중을 표현하기 위한 것이며 적서의 구별을 구체적으로 드러낸 것이다.

다섯째, 외혼제이다. 즉 동성(同姓)끼리 결혼하지 않는 것이다. 주대는 족외혼제를 규정하였다. 『예기・대전』 따르면,

> 본래의 성으로 연결되어 갈라진 것이 아니며, 때론 동족으로 모여 음식을 먹기도 하는 것이니 완전히 다른 것이 아니다. 비록 백세가 되더라도 통혼하지 않는 것은 주왕조의 도리가 그러하다.
> (繫之以姓而不別, 綴之以食而弗殊, 雖百世而婚姻不通者, 周道然也.)

또한 「곡례상」에 의하면.

> 아내를 취하는데 동성을 취하지 않는 것이다. 그러므로 첩을 얻는데 그 성씨를 알지 못하면 점을 치는 것이다.
> (取妻不取同姓. 故買妾不知其姓則卜之.)

「상복」에서 규정한 상복제도를 보면 이 특징이 상복제도에서도 충분히 잘 드러나고 있다. 예를 들면 『의례・상복・전』에서, 「부인이 비

록 밖에 있더라도 반드시 종으로 돌아감이 있다.(婦人雖在外, 必有歸宗.)」라고 하였다.[4] 여기서 말하는 「재외」는 다른 종족에 시집간 여성을 말한다.

앞서 말한 내용을 종합하면 상복제도는 종법과 밀접한 관계가 있을 뿐만 아니라 완전한 종법제도의 구체적인 표현인 것을 알 수 있다. 상복제도는 종법제도의 표현형식이면서 도리어 종법제도를 더욱 엄밀하게 만들어 서로 분리 할 수 없는 관계가 되었다. 종법제도의 형성은 일순간에 완성된 것이 아니다. 상복은 고대 일정한 규정이 없었을 것이다. 그러나 『의례』상의 상복제도 출현 시기는 아주 이른 시기는 아닐 것이다. 그리고 상복풍속이 출현된 초민사회에서 상복제도 중 표현되는 종법사회 간의 친속관계 관념도 일순간에 확정된 것이 아니다. 친속관계의 관념은 문명의 정도에 따라 다르다. 사회가 문명화 될수록 친속관계의 관념도 더욱 확대되고 상복의 범위도 더욱 확장 된다. 따라서 상복제도도 친속관계의 관념이 확장됨에 따라 점차적으로 형성된 것이라고 할 수 있다.[5]

전국(戰國), 진한(秦漢)이후 서주, 춘추시대의 종족조직이 점차적으로 와해되자 종법이 실행되지 않았다. 따라서 『의례』에 기록된 상복제도는 아마도 후대 유가(儒家)에서 그들이 구성한 엄밀한 종법 친속 망(網)을 근거로 하여 친소, 원근에 따라 제정한 것이다.[6] 그러나 봉건사회 초기의 강종대족문벌제도(强宗大族門閥制度)이든, 봉건사회 후기의 사당족권(祠堂族權)을 특징으로 한 가족제도이든 모두 여전히 농후한

4) 『儀禮・喪服』.
5) 章景明, 『先秦喪服制度考』 臺灣, 中華書局, 1986년, p.11 참고.
6) 同 前注, pp.11~12. 참고.

종법편향을 갖고 있다. 유가 경전의 규범화, 이상화가 된 선진상복제도는 새로운 역사조건 아래에서도 여전히 장기간 유지발전 되었다. 단, 세부 절목(節目)상 약간의 변화가 있을 뿐이며 그 영향은 지금까지도 이어지고 있다.

제4절

거상(居喪)생활의 주요 규정

거상(居喪)은 정우(丁憂), 수상(守喪)이라고 칭하기도 한다. 살아있는 자에 대한 예의상의 요구이며 사망한 친인을 매장한 후에 망자에 대한 애도를 표현하기 위해 생성된 풍습이다. 역사의 발전을 따라 거상풍습의 규정과 금기가 점점 증가 하였다. 음식, 복식 등의 일상생활방면의 내용도 금기에 포함시켰다. 동시에 유가(儒家)는 정치목적의 요구로 인하여 거상에 대해 농후한 흥미가 생겨났다. 후에 이를 인용하여 예제(禮制)와 윤리 도덕적인 형식으로 사람들을 유도하며 등급화 된 거상예의제도를 준수하게 하였다.

거상제도는 유가에서 제창한 이른바 「효도」의 구체적인 표현이며 규정된 예절도 매우 많다. 『예기』의 「곡례(曲禮)」, 「단궁(檀弓)」, 「잡기(雜記)」, 「상대기(喪大記)」, 「문상(問喪)」, 「간전(間傳)」, 「상복사제(喪服四制)」등 문헌자료에 따르면 선진유가의 거상생활 규정은 음식(飮食), 거처(居處), 곡읍(哭泣), 용체(容體), 언어(言語) 등 다섯 가지로 분류 할 수 있다.

1. 음식

유가 거상생활 중에 음식에 관한 규정은 참최상(斬衰喪)이 가장 엄격하다.

> 참최에는 사흘 동안 먹지 않고, …… 그러므로 부모의 상에는 이미 빈장이 끝나면 죽을 먹되 아침에 1일의 쌀로 죽을 끓여 먹고 저녁에도 1일의 쌀로 죽을 끓여 먹는다.
> (斬衰三日不食, …… 故父母之喪旣殯食粥, 朝一溢米, 莫一溢米. 『禮記・間傳』)

또한 「문상」에서,

> 어버이가 돌아가신 처음에는 …… 물과 미음이 입에 들어가지 않아도 사흘 동안 밥을 짓기 위한 불을 때지 않는다. 그래서 이웃과 마을에서 그를 위해 미음과 죽을 쑤어 그에게 마시고 먹게 한다.
> (親始死, ……水漿不入口, 三日不擧火, 故鄰里爲之糜粥以飮食之.)

「상대기」에서는,

> 군주의 상에는 세자와 대부들과 공자들과 여러 사는 모두 3일 동안 밥을 먹지 않고, 세자와 대부와 공자와 여러 사들은 죽을 먹는다. 죽의 양은 아침에 1일의 쌀이며 저녁에도 1일의 쌀이되 그것을 먹는 데는 규정이 없다. 사는 4일째 되는 날부터는 거친 음식에 물을 마시되 그것을 먹는 데는 규정이 없으며, 부인과 세부들과 그 밖의 처첩들도 모두 거친 음식

> 과 물을 마시데, 그것을 먹는 데는 규정이 없다.
> (君之喪, 子・大夫・公子・衆士皆三日不食. 子・大夫・公子・衆士食粥, 納財, 朝一溢米, 莫一溢米, 食之無算. 士疏食水飮, 食之無算. 夫人・世婦・諸妻皆疏食水飮, 食之無算.)

라고 하였다. 또한 대부의 경우는 아래와 같다.

> 대부의 상에는 상주와 가노와 아들과 손자들은 모두 죽을 먹으며, 여러 사들은 거친 음식에 물을 마시고, 처첩들도 거친 음식에 물을 마신다. 사의 경우 대부의 상과 같다.
> (大夫之喪, 主人・室老・子姓皆食粥, 衆士疏食水飮, 妻妾疏食水飮. 士亦如之.『禮記・喪大記』)

『의례・기석례』에 따르면,

> 죽을 마시는데, 아침에 1일의 쌀로 죽을 쑤고, 저녁에도 1일의 쌀로 죽을 쑤어 먹으며 나물이나 과일은 먹지 않는다.
> (歠粥, 朝一溢米, 夕一溢米, 不食菜果.)

이상 인용한 경문에 따르면 친인이 돌아가고 삼일 후 비로소 음식을 먹을 수 있으며 그 제한이 매우 엄격한 것을 알 수 있다. 매일 아침과 저녁에 한 일의 쌀[1])로 만든 죽만 먹을 수 있다. 이러한 상황은『예기』경문에서 사실적인 증거를 얻을 수 있다.[2])

---

1) 一溢의 쌀이 얼마정도 인지 현재 고증할 수 없다. 鄭玄은「二十兩曰溢」이라고 주석하였다.『禮記・喪大記』참고. 王肅은「滿手曰溢」이라고 주장하였다. 楊梧 역시 王肅과 같은 견해이다. 그는 :「溢, 一手所握也, 握容溢, 必有溢於外者, 故云溢米.」라고 하였다. 徐乾學의『讀禮通考』卷54 참고.

매일 아침과 저녁에 쌀 한 움큼의 죽만 먹으면 배부르지 않기 때문에 건강을 해칠 수밖에 없다. 거상 기간 중 음식 때문에 몸을 상하는 것을 방지하기 위해 예제를 조금씩 변통하였다. 복상자의 신분지위와 남녀노소의 체질차이에 따라 일시적인 변통을 취할 수 있다.

> 군주의 상에는 ……사는 4일째 되는 날부터는 거친 음식에 물을 마시되 그것을 먹는 데는 규정이 없으며, 부인과 세부들과 그 밖의 처첩들도 모두 거친 음식과 물을 마시데, 그것을 먹는 데는 규정이 없다.
> (君之喪 …… 士疏食水飮, 食之無算.夫人·世婦·諸妻皆疏食水飮, 食之無算.『禮記·喪大記』)

여기에 공영달은 아래와 같이 설명하고 있다.

> 소는 먹는 쌀을 말하며, 먹는데 규정이 없다는 것은 거상 중에 병으로 인하여 끼니 마다 먹을 수 없어 수시로 먹어야 한다는 말이다. 그러므로 규정이 없다는 것이다. 소는 거칠다는 뜻이며 밥을 먹는 것이다. 사는 신분이 낮아 병도 가볍기 때문에 거친 쌀로 밥을 한다. 수는 마시는 것이며, 부인은 체질이 약하여 죽만 먹어서는 몸과 맘을 상하게 할 수 있기 때문에 거친 밥과 음료를 마신다.
> (疏謂所食之米也, 食之無算者, 言居喪困病, 不能頓食, 隨須而食, 故云無算也. 疏, 粗也, 食飯也. 士賤病輕, 故粗米爲飯. 水

2)『禮記·檀弓上』:「曾子謂子思曰 :『伋! 吾執親之喪也, 水漿不入於口者七日.』子思曰 :『先王之制禮也, 過之者俯而就之, 不至焉者, 跂而及之. 故君子之執親之喪也, 水漿不入於口者三日, 杖而后能起.』」, 그리고「檀弓下」:「樂正子春之母死, 五日而不食. 曰 :『吾悔之. 自吾母而不得吾情, 吾惡乎用吾情』」.

爲飮, 婦人質弱, 恐食粥傷性, 故亦疏食水飮也.『禮記・喪大記・疏』)

이상을 근거해 보면 사(士)는 군주를 위하여, 공경대부의 가신들은 그들의 군주를 위하여, 아내는 남편을 위하여, 첩은 군주를 위해여, 모두 신분지위와 체질의 유약(柔弱)에 따라 죽을 먹지 않고 거친 음식과 음료를 마실 수 있는 것이다.

우제(虞祭)를 지낸 후부터 예제의 규정은 이전보다 약간 완화된다.

> 부모의 상에 이미 우제와 졸곡을 지냈으면 거친 밥에 물을 마시되 채소와 과일은 먹지 않으며, 만 1년이 되어 소상을 지내고는 채소와 과일을 먹으며, 또 만 1년이 되어 대상을 지냈으면 식초와 간장을 상에 올릴 수 있으며, 한 달을 건너뛰어 담제를 지내는데 담제를 지내고는 단술과 술을 마실 수 있다. 처음으로 술을 마시는 사람은 먼저 단술을 마시고, 처음으로 고기를 먹는 사람은 먼저 말린 고기를 먹는다.
> (父母之喪, 旣虞・卒哭, 疏食水飮, 不食菜果 ; 期而小祥, 食菜果 ; 又期而大祥, 有醯醬 ; 中月而禫, 禫而食醴酒. 始飮酒者先飮醴酒. 始食肉者先食乾肉.『禮記・間傳』)

또 〈상대기〉에서,

> 소상(練)을 마치고는 채소와 과일을 먹고, 대상을 마치고는 고기를 먹는다. 죽을 대접으로 먹을 때에는 손을 씻지 않고, 나무그릇에 담아서 먹을 때는 손을 씻으며, 나물을 먹을 때는 초와 간장을 쳐서 먹는다. 처음으로 고기를 먹는 사람은 먼저 말린 고기를 먹고, 처음으로 술을 마시는 사람은 먼저 단술을 마신다.

(練而食菜果, 祥而食肉. 食粥於盛, 不盥, 食於篹者盥. 食菜以醯醬. 始食肉者先食乾肉, 始飮酒者先飮醴酒.)

우제를 지낸 후 남녀와 귀천에 상관없이 쌀밥을 먹을 수 있고 탕류를 마실 수 있다. 또한 연(소상) 이후부터 음식제한은 한층 더 완화되어 채소와 과일을 먹을 수 있다. 대상 이후의 거상음식은 점점 일상생활의 음식과 비슷해지며 사람들은 술과 고기를 마시고 먹을 수 있다.

이상의 내용은 일반적인 경우의 참최거상 음식에 관한 규정이다. 그러나 일부의 경우 이러한 규정들은 변할 수 있다.

> 삼년의 상에 만약 어떤 사람이 술과 고기를 보내오면 그것을 받되 반드시 3번 사양하고, 상주가 최질의 차림으로 받는다. 만일 군주의 명에 의하여 보내지는 것이면 감히 사양하지 않고 받아서 부모의 영전에 바친다. 상중에 있는 사람은 남에게 물건을 보내지 않으며, 남이 보내주는 것은 비록 술이나 고기라도 받는다.
> (三年之喪, 如或遺之酒肉, 則受之, 必三辭. 主人衰絰而受之. 如君命, 則不敢辭, 受而薦之. 喪者不遺人. 人遺之, 雖酒肉, 受也. 『禮記·雜記下』)

거상기간에 만약 존귀한 사람이 술과 고기를 선물 해주면 상주는 존경과 감사의 예를 표하기 위하여 타인이 보내온 음식을 받을 수 있으며 먹을 수 있다. 그러나 술을 마실 수는 없다. 이 외에 만약 상주가 병이 들거나 나이가 많으면 장례를 원만히 치르기 위하여 보양의 목적으로 술을 마시고 고기를 먹을 수 있다.

상중의 음식은 비록 나쁜 음식이라도 반드시 배가 차도록 먹어야 하는 것이다. 주려서 상사를 제대로 행하지 못하는 것은 예가 아니며, 배부르게 먹어서 슬픔을 잊는 것도 또한 예가 아니다. 주려서 보는 것이 밝지 못하고, 듣는 것이 잘 들리지 않고, 걷는 것이 반듯하지 못하고, 슬픔을 알지 못하게 되는 것을 군자는 근심한다. 그러므로 병이 나서 몸이 허약해지면 술을 마시고 고기를 먹는다. 50세가 되면 복상으로 인해 몸이 몹시 상하지 않도록 하고, 60세가 되면 몸이 쇠약해지지 않도록 하고, 70세가 되면 복상중이라도 술을 마시고 고기를 먹는데, 그것은 모두 복상으로 인해 쇠약해져서 목숨을 잃는 일이 없게 하기 위해서이다.
(喪食雖惡, 必充飢. 飢而廢事, 非禮也 ; 飽而忘哀, 亦非禮也. 視不明, 聽不聰, 行不正, 不知哀, 君子病之. 故有疾, 飮酒食肉. 五十不致毁, 六十不毁, 七十飮酒食肉, 皆爲疑死. 『禮記 · 雜記下』)

「곡례상」의 기록에 따르면,

상을 치르는 예는 …… 병이 있으면 술을 마시고 고기를 먹지만 병이 나으면 중지하고 처음과 같이 한다. 상례를 치르는 고통을 이겨내지 못하면 자식 사랑도 못하고 부모에게 불효한 자라고 간주되어 구설에 오르내리는 것이다. 50세에 몸을 극단적으로 훼손시킬 만큼 상례를 치르지 않고 60세에는 몸을 훼손시킬 정도로 상례를 치르지 않는다. 70세에는 최마만 입는 것이요, 술도 마시고 고기도 먹으며 안에서 거처하는 것이다.
(居喪之禮, …… 有疾則飮酒食肉, 疾止復初. 不勝喪, 乃比於不慈不孝. 五十不致毁, 六十不毁, 七十唯衰麻在身, 飮酒食肉, 處於內.)

또한 「잡기하」에서 공자의 말을 인용하였다.

> 공자께서 말씀하셨다. 몸에 종기가 있으면 몸을 씻고, 머리에 부스럼이 있으면 머리를 감으며, 병이 있으면 술을 마시고 고기를 먹는다. 몸이 쇠약해져서 병이 생기는 일을 군자는 하지 않는 것이며, 몸이 쇠약해져서 죽는 것을 군자는 그것을 일러 자식 된 도리가 아니라고 한다.
> (身有瘍則浴, 首有創則沐, 病則飮酒食肉. 毁瘠爲病, 君子弗爲也. 毁而死, 君子謂之無子.)

「잡기」와 「곡례」의 기록을 통해 유가에서 거상시기의 음식규정이 비록 엄격하지만 몸이 병약해질 경우 장례를 원만히 치를 수 없기 때문에 그에 상응하는 보완 조치를 취할 수 있음을 알 수 있었다. 이것은 바로 유가의 「입중제절(立中制節)」과 「지나친 자는 굽혀서 나아가게 하고, 미치지 못하는 자는 발돋음하여 따르게 하였다.」[3]는 입장에서 제시한 인도(引導)사상이다.

2. 거처(居處)

거상생활 중 거처에 대해서도 엄격하고 세밀한 규정이 있다. 이러한 규칙들은 문헌에 많이 기록 되어 있다.

---

3) 「過之者俯而就之, 不至焉者跂而及之.」, 『禮記·檀弓下』.

> 부모의 상에 상주는 의려에 거처하는데, 거기에는 벽을 바르지 않으며, 거적자리에서 자고 흙덩어리를 베개로 삼아 베며, …… 군주의 경우에는 의려를 만들되 장막을 쳐서 집의 울타리를 삼고 대부나 사의 경우에는 장막을 하지 않는다. 이미 장례를 마쳤으면 의려에 기둥을 세우고 벽을 바르는데 사람들에게 보이는 곳은 그렇게 하지 않으며, 군주, 대부 사가 모두 장막을 쳐서 울타리로 삼는다. 무릇 적자가 아닌 사람은 장사지내기 전부터 남에게 보이지 않는 곳에 의려를 만든다.…… 이미 소상을 마쳤으면 악실에 거쳐하고, 다른 사람과 함께 있지 않으며, …… 이미 대상을 마쳤으면 악실의 바닥을 검게 칠하고, …… 담제를 지내고는 여자를 거느릴 수 있고, 길제를 지내고는 침실로 돌아간다. …… 부인은 의려에 거처하지 않고 거적 자리에서 잠자지 않는다.
> (父母之喪, 居倚廬, 不塗, 寢苫枕塊, …… 君爲廬, 宮之, 大夫・士禮之. 既葬, 柱楣, 塗廬, 不於顯者, 君・大夫・士皆宮之. 凡非適子者, 自未葬, 以於隱者爲廬. ……既練, 居堊室, 不與人居, ……既祥, 黝堊. …… 禫而從御, 吉祭而復寢. …… 婦人不居廬, 不寢苫. 『禮記・喪大記』)

「잡기상」에 따르면,

> (군주가 돌아가시면) 대부는 공관에 묵으면서 3년의 상을 마치고, 사(읍재)는 소상을 마치고 집으로 돌아가고, 사(조정의 사)는 3년 동안 공관에서 머무른다. 대부는 공관에 묵으면서 여막에 거처하고, 사는 악실에 거처한다.
> (大夫次於公館以終喪, 士練而歸. 士次於公館, 大夫居廬, 士居堊室.)

또한,

> 3년 상중에는 …… 여막이나 악실 안에서는 남과 함께 앉지 않고, 악실 안에 있을 때에는 때로 어머니를 만나는 일이 아니면 문 안으로 들어가지 않는다.
> (三年之喪, …… 廬・堊室之中, 不與人坐焉. 在堊室之中, 非時見乎母也, 不入門. 『禮記・雜記下』)

라고 하였다. 「간전」에는 다음과 같이 말 하고 있다.

> 부모의 상에 이미 우제와 졸곡을 지내면 문 위에 가로 댄 나무를 조금 버티고, 주위의 풀을 가지런히 깎아 햇빛이 들어오게 하고, 부들가지를 거칠게 엮는다. 만 1년이 되어 소상을 지내면 악실에 거처하면서 자는 데에 자리를 깔며, 또 만 1년이 되어 대상을 지내면 침실로 돌아와 거쳐한다. 한 달을 건너 뛰어 담제를 지내는 데, 담제를 지내고는 침상에서 잔다.
> (父母之喪旣虞卒哭, 柱楣翦屛, 芐翦不納 ; 期而小祥, 居堊室, 寢有席 ; 又期而大祥, 居復寢 ; 中月而禫, 禫而牀.)

「문상」에서는,

> 묘혈을 만들고 돌아와서 감히 거처하는 방으로 들어가지 못하고 여막에 거쳐하는 것은 어버이가 밖에 있는 것을 슬퍼함이요, 거적자리에서 자고 흙덩이를 베고 눕는 것은 어버이가 흙 속에 있는 것을 슬퍼함이다.
> (成壙而歸, 不入處室, 居於倚廬, 哀親之在外也 ; 寢苫枕塊, 哀親之在土也.)

이상의 기록을 종합해 보면 선진유가 거상 중의 거처에 관한 규정을 알 수 있다.

매장하기 전에 상주가 거처하는 곳은「의려(여막)」이다. 이른바「의려」는 가공언은 다음과 같이 설명 하였다.

> 의려에 거처한다는 것은 효자가 기거하는 곳이며 문밖 동쪽 벽에 위치하며 나무로 얽어 메어 여막을 만든다. 그러므로「기석・기」에서 의려에 기거한다 하였다. 정현의 주에는 나무로 얽어 메어 여막을 만들고 중문 밖 동쪽 북호에 위치한다 하였다.
> (居倚廬者, 孝子所居, 在門外東壁, 倚木爲廬. 故「旣夕・記」云 :「居倚廬」. 鄭注云 :「倚木爲廬, 在中門外東方北戶.」)[4]

그렇다면 효자가 왜 문밖 여막에서 거주 하는가? 정현은「어버이께서 흙속에 계시니 효자가 차마 방으로 돌아와 편안히 지낼 수 없음을 말한 것이다.」[5]라고 해석하였다. 이것은 유가의 인효(仁孝)와 불인지심(不忍之心)의 마음을 구체적으로 드러낸 것이다.

『예기・상대기』의 기록에 따르면 망자를 매장한 후에 여막에 나무를 버팀목으로 하여 도리를 만들 수 있으며 바람을 막기 위해 드러나지 않는 곳에 흙을 바를 수 있다고 하였다. 그러나 군주, 대부, 사는 이 경우 모두 매장하기 전과는 달리 여막 밖에 장막을 둘러 엔담을 할 수 있다.[6]

연(소상)이 끝난 후부터는 거주조건을 개선 할 수 있다. 이 시기에 상주는 백토로 벽을 바른 악실(堊室)에서 생활한다. 악실은 여막 보다 거주 조건이 좋다. 악실은 흙 위에 석회를 덮어 장식하기 때문에 환경

---

4)『儀禮・喪服』, 賈公焉 疏,『十三經注疏』, 臺灣, 藝文印書館 1985년, p.341.
5)「言親在外在土, 孝子不忍反室自安也.」. 同 前注.
6)「旣葬, 柱楣, 塗廬, 不於顯者, 君大夫士皆宮之.」,『禮記・喪大記』.

이 여막의 거주 조건보다 당연히 좋을 수 밖에 없다.

대상이후는 악실에서 정침으로 옮길 수 있지만 여전히 침상은 없다. 담제가 끝난 후 비로소 침상을 이용 할 수 있으며 점차 정상적인 일상 생활로 돌아갈 수 있다.

3. 곡읍(哭泣)

친인을 잃고 슬퍼 곡(哭)하는 것은 인정에 당연한 것이지만 곡 역시 규정을 따라 몸을 상하게 해서는 안된다. 따라서 유가는 거상생활 중의 곡읍(哭泣)의 행위를 비교적 중시하며 명확한 규정을 두었다.

> 참최상에는 …… 밤낮으로 때 없이 곡한다. 우제를 지낸 후에는 …… 아침에 한번 곡하고, 저녁에 한 번 곡할 뿐이다. 연제(소상)를 마치면 아무 때나 곡하지 않는다.
> (斬衰, …… 哭晝夜無時 ; 旣虞, …… 朝一哭, 夕一哭而已. 旣練 …… 哭無時. 『儀禮・喪服』)

대상 후의 곡읍 규정은 『예기・상대기』에 기록되어 있다.

> 대상을 지내면 문 밖에서 곡을 하는 자가 없게 하고, 담제를 지내고는 문 안에서도 곡하지 않는데, 그것은 음악을 연주할 수 있기 때문이다.
> (祥而外無哭者, 禫而內無哭者, 樂作矣故也.)

대상을 지내고는 문밖에 나가면 곡하지 않아도 된다. 집안에 있을 때 돌아가신 친인을 그리워하거나 망자에게 제를 올리러 온 빈객이 있으면 그때 곡하여도 된다. 담제 이후부터 평상시와 같이 악기를 연주할 수 있으며 곡하지 않아도 된다.

4. 용체(容體)

거상 동안 용체(容體)에 대한 요구도 매우 구체적이다. 용체는 용모, 몸가짐, 행동거지 등의 측면을 말한다.

> 참최는 어찌하여 암삼의 베로 만든 복을 입는가? 암삼은 색이 검고 모양이 나쁜 것이다. 안에서 일어나는 지극한 슬픔을 밖으로 나타내 보이려는 까닭이다. 참최를 당한 사람의 용모는 암삼과 같고, 재최를 당한 사람의 용모는 수삼(모시풀)과 같고, 대공을 당한 사람의 용모는 풀죽어 있는 것과 같고, 소공과 시마를 당한 사람의 용모는 평상시의 용모라 하더라도 되는 것인데, 이것은 슬픔이 얼굴과 몸에 나타나는 것이다.
> (斬衰何以服苴? 苴, 惡貌也, 所以首其內而見諸外也. 斬衰貌若苴, 齊衰貌若枲, 大功貌若止, 小功緦麻容貌可也. 此哀之發於容體者也.『禮記・間傳』)

위내용은, 즉 거상자는 상복등급에 따라 슬퍼하는 정도와 경중의 차이가 있다는 것이다. 또한,

> 슬프고 애통함이 마음속에 있으므로 형상이 변하여 밖으로 나타나고, 아프고 괴로움에 잠겨 있으므로 입에는 단맛이 없

고, 몸은 편안하거나 즐겁지 않은 것이다.
(悲哀在中, 故形變於外也, 痛疾在心, 故口不甘味, 身不安美也. 『禮記·問喪』)

『예기』에서 거상 자의 용체는 반드시 애통해 하는 정을 나타내야 한다고 하였다. 체형은 말라야하고 얼굴은 어두워야 하며 기뻐하는 기색을 나타내면 안 된다. 또한 거상 동안에 살찌고 얼굴이 환하면 불효라고 비판받는다. 따라서 「큰 근심이 있는 자는 얼굴에 짙은 검은 빛이 드리우고, 기쁘고 즐거운 일에 동요 되지 말아야 한다.」[7]고 하였다. 이로써 유가가 추구하는 슬픈 용모는 내면적인 감정전달을 중요시 하면서 외면적인 용모와 상호작용을 하는 것임을 알 수 있다. 즉 이른바 「표리여일(表裏如一)」이다.

5. 언어

수상(守喪)과 관련 없는 내용은 일체 말하지 않으며 가능한 침묵하는 것은 바로 언어로 나타나는 슬픔이다. 따라서 유가는 거상 때의 언어에 대해서도 규정을 하였다.

부모의 상에 …… 상사에 관한 일이 아니면 말하지 않는다. …… 이미 장사를 지내고 남과 함께 있을 때 군주는 왕사(천자의 일)에 관해서는 말을 하되, 국사에 관해서는 말하지 않

7) 「有大憂者, 面必深黑, 不動於喜樂之事.」, 『禮記·間傳』, 鄭玄 注, 『十三經注疏』, 臺灣, 藝文印書館, 1985년, p.955.

으며, 대부와 사는 공사(제후의 일)는 말하되 가사는 말하지 않는다. …… 이미 소상을 마쳤으면, …… 군주는 국정을 도모하고, 대부와 사는 집안일을 도모한다.
(父母之喪, …… 非喪事不言, …… 旣葬, 與人立, 君言王事, 不言國事, 大夫・士言公事, 不言家事 .…… 旣練, ……君謀國政, 大夫・士謀家事. 『禮記・喪大記』)

「잡기하」 기록에 따르면,

3년의 상중에는 혼자서는 말을 하되 남과는 말을 하지 않고 남의 말에 대답은 하되 남에게 묻지는 않는다. (三年之喪, 言而不語, 對而不問.)

또, 「간전」에서는 다음과 같이 말하였다.

참최에는 응대는 하되 대답하지 않고, 재최에는 대답은 하되 말하지 않고 대공에는 말은 하되 의논하지 않고, 소공과 시마에는 의론은 하되 즐기지는 않는데, 이것은 슬픔이 말에 나타나는 것이다.
(斬衰唯而不對, 齊衰對而不言, 大功言而不議, 小功・緦麻議而不及樂. 此哀之發於言語者也.)

즉 거상(居喪) 동안에 효자의 말투는 수식하지 않으며 상사(喪事)와 관련 없는 말은 일체 하지 않고 가능한 한 침묵해야 한다. 그 이유는 무엇인가? 바로 「어버이를 생각하고 그리워하며 정을 다하는 것이다」[8)]

8) 「思慕盡情也」, 『白虎通義・喪服』, 北京, 中華書局, 1997년, p.518.

이 말은 유가 거상 언어예절의 규정을 만든 의도를 잘 표현하고 있다.

이상의 서술을 통하여 유가의 거상생활 규정은 친소(親疏), 원근(遠近)의 관계에 근거하여 제정된 것임을 알 수 있다. 그리고 신분 등급에 따른 차이 역시 가지고 있음을 알 수 있다. 관계가 가까울수록 거상기간의 행위절제와 규범도 더욱 엄밀하다. 원시사회이래로 지금까지의 수상(守喪)습속은 유가의 거듭된 노력과 개선으로 인해 일련의 표준화, 체계화 된 규정이 형성되었을 뿐만 아니라 인정(仁情)에 근본을 둔 수기응변(隨機應變)식의 조치도 포함하고 있다. 동시에 이를 사람들의 도덕행위를 형량(衡量)하는 기준으로 삼았으며 이러한 거상생활의 규정은 후대 동양사회에 심원한 영향을 미쳤다.

부 록

- 의례궁실도(儀禮宮室圖)
- 상복도(喪服圖)
- 예기(禮器)

儀　禮　宮　室　圖

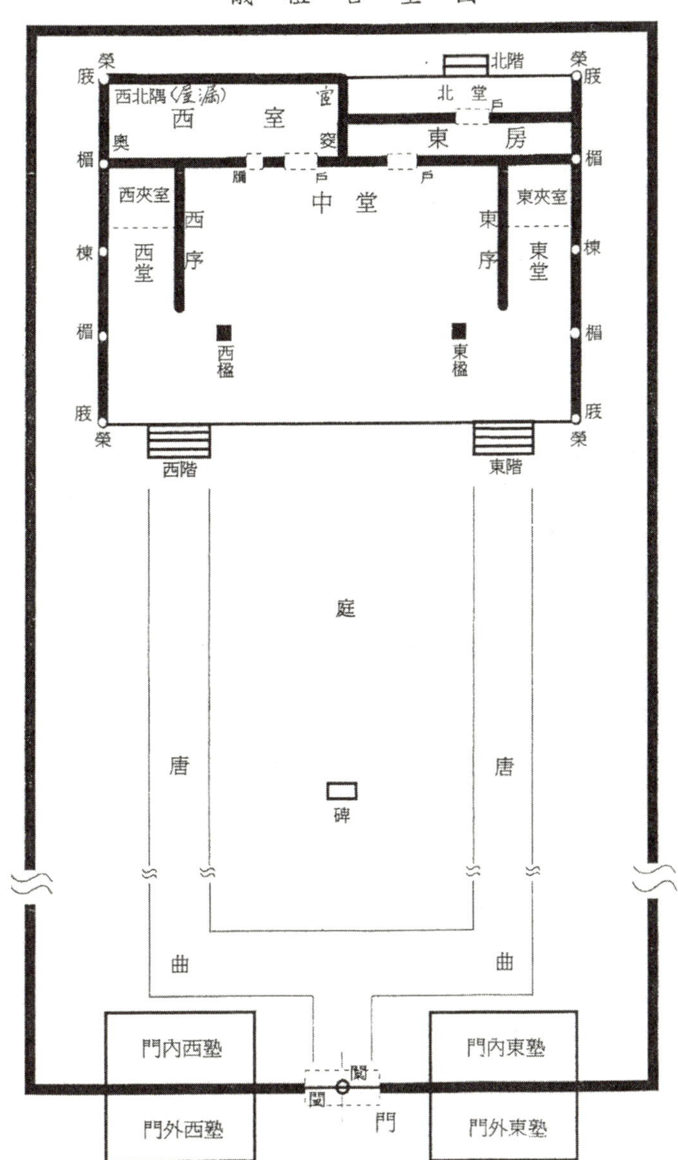

* 由於篇幅所限，以〰表示距離業已縮短。又，碑之位置，當庭中三分之一，靠北。

一、本宗五服圖

				高祖母(齊衰三月)	高祖父(齊衰三月)				
			族曾祖母(緦)	曾祖母(齊衰三月)	曾祖父(齊衰三月)	族祖父(曾祖父之兄弟也)(緦)			
		族祖母(緦)	從祖祖母(小功服)	祖母(齊衰不杖期)	祖父(齊衰不杖期)	從祖祖父(祖之兄弟)(小功報)	族祖父(族曾祖父之子也)(緦)		
	族母(緦)	從祖母(小功服)	世叔母(齊衰不杖期)	母(父亡齊衰三年 父在杖期)	父(斬衰)	世叔父(齊衰不杖期)	從祖父(從祖祖父之子也)(小功報)	族父(族祖父之子也)(緦)	
族昆弟之妻	從祖昆弟之妻	從父昆弟之妻(緦)	昆弟婦(小功)	妻(齊衰杖期)	己	昆弟(齊衰不杖期)	從父昆弟(世叔父之子也)(大功)	從祖昆弟(從祖父之子也)(小功)	族昆弟(族父之子也)(緦)
	從祖昆弟之子婦	從父昆弟之子婦	昆弟子婦(小功)	婦(適大功 庶小功)	子(爲子斬衰 爲庶不杖期)	昆弟之子(齊衰不杖期)	從父昆弟之子(小功報)	從祖昆弟之子(緦)	
		從父昆弟之孫婦	兄弟之孫婦(緦報)	孫婦(適小功 庶緦)	孫(適不杖期 庶大功)	兄弟之孫(小功報)	從父昆弟之孫(緦)		
			兄弟曾孫婦	曾孫婦(無服)	曾孫(緦)	兄弟之曾孫(緦)			
				玄孫婦	玄孫(緦)				

姑姊妹女子子在室服並與男子同嫁反者適人無主者亦同

出處：《文淵閣四庫全書》一〇四冊二〇一頁
楊復《儀禮圖》卷十一

二、天子諸侯正統旁期服圖

天子諸侯絕旁期尊同
則不降正統之期不降
於衆子絕而無服

高祖父母 齊衰三月			
曾祖父母 齊衰三月 (爲曾祖後者斬衰三年)			
祖父母 齊衰期 (父有廢疾及先卒孫爲祖後者斬衰三年)			
父 斬衰三年 母 齊衰三年		世叔父 無服 姑	君爲姑嫁於國君者大功
己	君爲姊妹嫁於國君者大功	兄弟 姊妹 無服	兄弟俱作諸侯服不杖期
適子 斬衰長中殤大功 適婦 大功	君爲昆弟女子子嫁於國君者大功	衆子 無服	君爲女子子嫁於國君者大功
適孫 齊衰期 (有適子者無適孫) 婦 小功			
曾孫 (適期)			
玄孫 (適期) 緦			

出處：《文淵閣四庫全書》一〇四册二〇一頁
楊復《儀禮圖》卷十一

三、己爲母黨服圖

	外祖父母 君母之父母小功 母之父母小功	
從母 君母之姊妹小功 小功報 長殤緦報	母	舅 君母之昆弟從服緦 緦
從母之子 緦	己	舅之子 緦

出處：《文淵閣四庫全書》一〇四冊二〇四頁 楊復《儀禮圖》卷十一

四、母黨爲己服圖

	外祖父母	
從母	母	舅
從母之子	己 外祖爲外孫緦 舅報甥緦 從母報姊妹之男女小功 舅之子報姑之子緦 從母昆弟緦	舅之子

出處：《文淵閣四庫全書》一〇四冊二〇五頁 楊復《儀禮圖》卷十一

五、妻爲夫黨服圖

		夫之曾祖母（緦）	夫之曾祖父（緦）		
	夫之諸祖母（緦報）	夫之祖母（大功）	夫之祖父（大功）	夫之諸祖父（緦報）	
夫之從祖母（緦）	夫之世叔母（小功報）	姑（齊衰不杖期）	舅（齊衰不杖期）	夫之世叔父（大功）（夫之叔父長殤小功中下殤緦；夫之姑小功報長殤緦）	夫之從祖父（緦）
夫之從父昆弟之妻（緦）	娣姒婦（小功報）	己	夫（斬衰）	夫之昆弟（夫之姊妹小功報長殤緦）	夫之從父昆弟
夫之從父昆弟之子婦	夫之昆弟之子婦（緦）	婦	子（長子齊衰三年）	夫之昆弟之子（齊衰不杖期）（子女子子長中殤大功下殤小功；女子適人者大功）	夫之從父昆弟之子
夫之從父昆弟之孫婦	夫之昆弟之孫婦（緦）			夫之昆弟之孫（緦）	夫之從父昆弟之孫

出處：《文淵閣四庫全書》一〇四冊二〇六頁
楊復《儀禮圖》卷十一

六、己爲妻黨服圖

案服問云有從重而輕爲妻之父母有從有服而無服公子爲其妻之父母

妻父 緦	妻母 緦
己	妻

出處：《文淵閣四庫全書》一〇四册二〇六頁
楊復《儀禮圖》卷十一

七、妻黨爲己服圖

妻父 爲婿緦	妻母 爲婿緦
己	妻

出處：《文淵閣四庫全書》一〇四册二〇六頁
楊復《儀禮圖》卷十一

八、臣爲君服圖

天子王后
諸侯爲天子斬衰
諸侯之夫人爲天子期
服問云夫人如外宗之爲君也
天子之女嫁於諸侯
　爲父斬衰爲母齊衰
公卿大夫爲天子斬衰
公卿大夫之妻爲天子期

卿大夫適子爲天子亦如士服
　斬衰
諸侯之大夫爲天子繐衰裳
庶人爲國君齊衰三月
　注天子圻内之民爲天子亦
如之

仕而未有祿者違而君薨弗爲服也
　違大夫之諸侯違諸侯之大夫不反服世子不爲天子服
　天子圻外之民不服
大夫不待見天子者無服
士不接見亦無服

諸侯夫人
卿大夫爲諸侯斬衰
大夫之妻爲諸侯期
　雜記云外宗爲君夫人猶内宗也
諸侯之女嫁於大夫
　爲父斬衰爲母齊衰
與諸侯爲兄弟雖在異國服斬衰
與諸侯五屬之親皆服斬衰
大夫之適子爲君如士服斬衰
寄公爲所寓齊衰三月

大夫致仕者爲舊君齊衰三月
大夫待放未去者爲舊君齊衰三月
大夫在外待放已去者其妻長子
　爲舊國君齊衰三月
庶人爲國君齊衰三月
　庶人兼府史胥徒在官者言之

公卿大夫
貴臣爲公卿大夫斬衰
　傳曰室老士貴臣也
其孫皆衆臣也
　注云室老家相也士邑宰也
衆臣爲公卿大夫布帶繩屨斬衰
　疏曰言厭於天子諸侯故降其
衆臣布帶繩屨二事其餘服杖冠
經則如常也

士
士無臣雖有地不得君稱
　故僕隸等爲其喪弔服如麻

出處：《文淵閣四庫全書》一〇四册二〇六頁
楊復《儀禮圖》卷十一

九、臣從君服圖

君之祖父母 齊衰不杖期
君之父母 齊衰不杖期 大夫致仕者爲舊君之母齊衰三月
爲王后齊衰期諸侯公卿大夫同卿士大夫爲小君期内宗外宗爲主人期 小君 齊衰不杖期 大夫之適子爲君夫人如士服期天子卿大夫之適子爲王后亦然大夫致仕者爲舊君之妻齊衰三月
世子 齊衰不杖期 大夫之適子爲太子如士服期天子卿大夫之適子爲太子亦然

出處：《文淵閣四庫全書》一〇四冊二〇七頁 楊復《儀禮圖》卷十一

十、君爲臣服圖

天子 王爲三公六卿錫衰 不見三孤者六卿 爲諸侯緦衰 爲大夫士疑衰
諸侯 公爲大夫齊衰以居 案文王世子同姓之士緦衰異姓之士齊衰以其卿大夫已用錫衰以三衰施於同姓異姓之士
大夫 貴臣緦 此謂公士大夫之君也士卿士也殊其臣妾貴賤而爲之服

出處：《文淵閣四庫全書》一〇四冊二〇七頁 楊復《儀禮圖》卷十一

十一、沈文倬據武威簡本所擬服圖

				高祖父母 ·齊衰三月	
			族曾祖父母 ·緦	曾祖父母 ·齊衰三月	
		族祖父母 ·緦	從祖祖父母 ·小功	祖父母 ·不杖期	
	族父母 ·緦	從祖父母 ·小功	世叔父母 ·不杖期	父 ·斬衰三年	母（父在·杖期 父卒·齊衰三年） 繼母 慈母 如母
族昆弟 ·緦	從祖昆弟 ·小功	從父昆弟 ·大功	昆弟 ·不杖期	己	妻 ·杖期
	從祖昆弟之子 ·緦	從父昆弟之子 ·小功	昆弟之子 ·不杖期	嫡子 ·斬衰三年 眾子 ·不杖期	嫡婦 ·大功 庶婦 ·小功
		從父昆弟之孫 ·緦	昆弟之孫 ·小功	嫡孫 ·不杖期 庶孫 ·大功	
			昆弟之曾孫 ·緦	曾孫 ·緦	
				玄孫 ·緦	

出處：沈文倬《文史》第二十四輯
漢簡《服傳》考（上）九一頁

□代表陳夢家所認爲刪除之服喪範圍

十二、三父八母服制之圖

繼父

同居繼父父子皆無
大功以上親乃義服
不杖期
不同居謂先隨母嫁
繼父同居後異或雖
同居而繼父有子已
有大功以上親服齊
衰三月
先不同居則無服附
異父同母之兄弟姊
妹各服小功五月

嫡母

妾生子謂父正室曰
嫡母正服齊衰三年
母爲嫡子亦報服
爲衆子則服不杖期
庶子爲嫡母之父母
兄弟姊妹小功母死
不服

繼母

謂父再娶之母義服
齊衰三年
繼母爲長子報服齊
衰三年
爲衆子乃服不杖期
繼母出則無服
若父卒繼母嫁而已
從之乃服杖期繼母
報服不杖期
母出爲繼母之兄弟
姊妹小功

庶母

謂父妾之有子者衆
子爲之義服緦麻
士之庶子爲其母齊
衰三年爲父後則降
庶子爲父後者爲其
母緦而爲其母之父
母兄弟姊妹則無服
庶子之子爲父之母
不杖期而爲祖後則
無服
庶母爲其子爲君之
衆子齊衰不杖期
爲君之長子齊衰三
年
妾爲君斬衰三年
爲女君爲其父母不
杖期
庶母慈已者謂自小
乳養已者義服小功

慈母

謂庶子無母而父命
他妾之無子者慈己
也同親母義服齊衰
三年不命則小功

乳母

謂小乳哺曰乳母義
服緦麻

養母

謂養同宗及三歲以
下遺棄之子者與親
母同義服齊衰三年

出母

謂被父遺棄降服杖
期母爲子降服不杖
期
子爲父後者則不服
女適人爲出母乃降
服大功母爲女亦報
服

嫁母

謂父亡母再嫁降服
杖期母爲子乃服不
杖期
女子已適人者乃服
大功母爲女報服
子爲父不服
之子從已者服不杖
期

出處：《文淵閣四庫全書》一一一冊七一二頁
車垓《内外服制通釋》卷一

十三、《元典章》三父八母圖

同居繼父	
謂子無大功之親從母適人 齊衰不杖期 所適者亦無大功之親	

不同居繼父	從繼母嫁人夫
謂先同今異居者 齊衰三月 元不同居則無服	繼母嫁而子從之育者 齊衰杖期 若不從或繼母出無服

養母	嫡母	繼母	慈母
養同宗及遺棄子 齊衰三年 同親母	妾生子喚父正室 齊衰三年 曰嫡母	父再娶母 齊衰三年 同親母	妾無子妾子無母 齊衰三年 而父命之爲子

嫁母	出母
父亡母改嫁適人者 齊衰杖期 母爲子乃齊衰不杖期	父在而離棄被出之者 齊衰杖期 母爲子乃齊衰不杖期

乳母	庶母
小年乳哺己者 緦麻三月	妾所生子喚曰庶母 緦麻三月

出處：《文淵閣四庫全書》一一二冊一〇四頁《讀禮通考》卷三

十四、徐乾學擬訂五父十三母之圖

同居繼父	所後父	父	本生父	不同居繼父
繼父與己身兩無大功之親 齊衰不杖期 如兩有大功之親齊衰三月	爲人後爲所後父 斬衰三年	斬衰三年	爲人後者爲本生父 齊衰杖期	謂先同居今不同居 齊衰三月 如元不同居則無服

所後母	嫡母	母	繼母	本生母
爲人後者謂所後母 斬衰三年	妾生子謂父之正室 斬衰三年 曰嫡母	斬衰三年	謂父之繼室 斬衰三年 同親母	爲人後者謂本生母 齊衰杖期

養母	慈母	生母	庶母
謂自幼過房與人 斬衰三年	妾子無母 斬衰三年 父命他妾無子者養之	庶子爲所生母 斬衰三年	嫡子衆子爲父妾有子者 齊衰杖期

從繼母嫁	嫁母	出母	乳母
前夫之子從繼母改嫁 齊衰不杖期 爲改嫁繼母	即親母因父死改嫁他人 齊衰杖期	即親母被父出 齊衰杖期	即奶母 緦麻

出處：《文淵閣四庫全書》一一二冊一〇四頁
《讀禮通考》卷三

十五、清律同宗九族五服正服之圖

凡嫡孫父卒爲祖父母承重服斬衰三年若爲曾高祖父母承重服亦同祖在爲祖母止服杖期

				高祖父母 齊衰三月				
			族曾祖姑 在室緦麻 出嫁無服	曾祖父母 齊衰五月	族曾祖父母 緦麻			
		族祖姑 在室緦麻 出嫁無服	從祖祖姑 在室小功 出嫁緦麻	祖父母 齊衰不杖期	伯叔祖父母 小功	族伯叔祖父母 緦麻		
	族姑 在室緦麻 出嫁無服	堂姑 在室小功 出嫁緦麻	姑 在室期年 出嫁大功	父母 斬衰三年	伯叔父母 期年	堂伯叔父母 小功	族伯叔父母 緦麻	
族姊妹 在室緦麻 出嫁無服	再從姊妹 在室小功 出嫁緦麻	堂姊妹 在室大功 出嫁小功	姊妹 在室期年 出嫁大功	己身	兄弟 期年 兄弟妻 小功	堂兄弟 大功 堂兄弟妻 緦麻	再從兄弟 小功 再從兄弟妻 緦麻	族兄弟 緦麻 族兄弟妻 無服
	再從姪女 在室緦麻 出嫁無服	堂姪女 在室小功 出嫁緦麻	姪女 在室期年 出嫁大功	長子 期年 長子婦 期年 眾子 期年 眾子婦 大功	姪 期年 姪婦 大功	堂姪 小功 堂姪婦 緦麻	再從姪 緦麻 再從姪婦 無服	
		堂姪孫女 在室緦麻 出嫁無服	姪孫女 在室小功 出嫁緦麻	嫡孫 期年 嫡孫婦 小功 眾孫 大功 眾孫婦 緦麻	姪孫 小功 姪孫婦 緦麻	堂姪孫 緦麻 堂姪孫婦 無服		
			姪曾孫女 在室緦麻 出嫁無服	曾孫 緦麻 曾孫婦 無服	曾姪孫 緦麻 曾姪孫婦 無服			
				玄孫 緦麻 玄孫婦 無服				

凡男爲人後者爲本生親屬孝服皆降一等惟本生父母降服不杖期父母報服同

凡姑姊妹女及孫女在室或已出嫁被出而歸服並與男子同出嫁而無夫與子者爲兄弟姊妹及姪皆不杖期

凡同五世祖族屬在緦麻絕服之外皆爲袒免親遇喪葬則服素服尺布纏頭

出處：《文淵閣四庫全書》一一二冊一〇〇頁《讀禮通考》卷三

은대「후(원작사)모무」동정
(殷代「后(原作司)母戊」銅鼎)

신석기시대편족도정
(新石器時代扁足陶鼎)

서주「우」동정
(西周「盂」銅鼎)

모공정 서주만기
(毛公鼎 西周晩期)

현문력 상전기
(弦紋鬲　商前期)

전국착금기경동개두
(戰國错金夔絅銅蓋豆)

전국감송석동방개두
(戰國嵌松石銅方蓋豆)

채회도두
(彩繪陶豆)

상대사양동준(商代四羊銅尊)

신석기시대도응준(新石器時代陶鷹尊)

상대동상준(商代銅象尊)

수면문준 상전기
(獸面紋尊 商前期)

수사환족백자반
(隋四環足白瓷盤)

당류금웅사문은반
(唐鎏金雄獅紋銀盤)

춘추쌍용삼륜동반
(春秋雙龍三輪銅盤)

산씨반 서주만기
(散氏盤 西周晩期)

상대「부을」동궤
(商代「父乙」銅簋)

상대각문석궤
(商代刻紋石簋)

春秋秦公銅簋
(春秋秦公銅簋)

진후오궤 전국
(陳侯午簋 戰國)

춘추동보(春秋銅簠)

이족동편종(彝族銅編鐘)

호북수현전국증후을묘출토동편종
(湖北隨縣戰國曾侯乙墓出土銅編鐘)

종주종 서주만기
(宗周鐘 西周晚期)

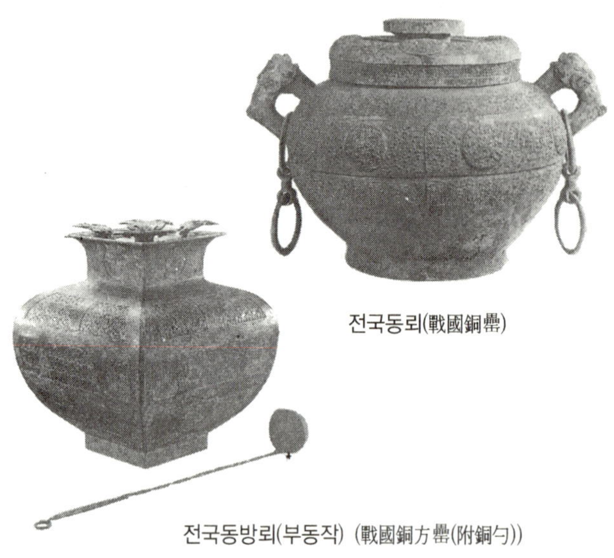

전국동뢰(戰國銅罍)

전국동방뢰(부동작) (戰國銅方罍(附銅勺))

반기문뢰 춘추조기
(蟠夔紋罍 春秋早期)

춘추루공동조(春秋鏤孔銅俎)

부정화 상만기 (父丁盉 商晩期)

백정화 서주조기 (伯定盉 西周早期)

진백원이 춘추중기 (陳伯元匜 春秋中期)

왕자이 춘추중기 (王子匜 春秋晩期)

수면문작 상전기 (獸面紋爵 商前期)

단주수면문작 상만기 (單柱獸面紋爵 商晚期)

자복형고 상만기
(子蝠形觚 商晩期)

장사마왕퇴서한일호묘출토홍칠채회관
(長沙馬王堆西漢一號墓出土紅漆彩繪棺)

호북기남성출토초국귀족묘출토채회칠관
(湖北紀南城出土楚國貴族墓出土彩繪漆棺)

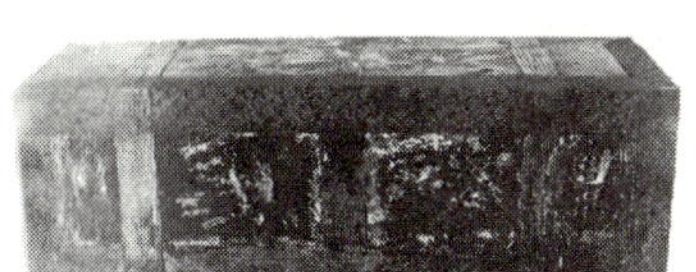

장사마왕퇴서한일호묘출토흑칠내관
(長沙馬王堆西漢一號墓出土黑漆內棺)

장사마왕퇴서한일호묘출토흑칠채회관
(長沙馬王堆西漢一號墓出土黑漆彩繪棺)

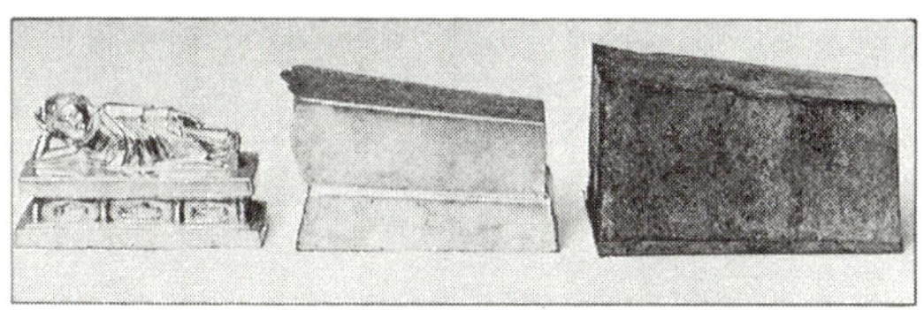

남경명홍각사탑내출토류금열반상급류내관청동외곽
(南京明弘覺寺塔內出土鎏金涅槃像及鎏內棺靑銅外槨)

신석기시대홍도항형기
(新石器時代紅陶缸形器)

찾아보기

공병석(孔炳奭)

경남 창원에서 태어나 자랐다.

대구한의대학교 한문학과를 졸업하고 성균관대학교 교육대학원과 한국고전번역원을 거쳐 대만(臺灣) 사립 동오대학(東吳大學) 중문연구소에서 중문학석사 학위를 취득하였으며 국립대만사범대학(臺灣師範大學) 국문(중문)연구소에서 달생(達生) 공덕성(孔德成)선생의 지도하에 중문학박사 학위를 취득하였다.

연구 분야 : 경학(經學), 삼례학(三禮學)

저서 :『공자예학연구』,『예기와 묵자 상장사상비교연구』

논문 :「『예기』 상장관의 인문의식」,「『묵자』의 상장관」,「상례의 이론적 의의와 그 기능 —『예기』를 중심으로」,「『예기』를 통해본 중국고대 교육제도와 교학이론」 등 다수

『예기』 상례의 인문관

초판 인쇄 2013년 11월 25일
초판 발행 2013년 12월 10일

저　　자 | 공병석
펴 낸 이 | 하운근
펴 낸 곳 | 學古房
표　　지 | 김지학
편　　집 | 박은주 · 조연순

주　　소 | 서울시 은평구 대조동 213-5 우편번호 122-843
전　　화 | (02)353-9907 편집부(02)353-9908
팩　　스 | (02)386-8308
홈페이지 | http://hakgobang.co.kr/
전자우편 | hakgobang@naver.com, hakgobang@chol.com
등록번호 | 제311-1994-000001호

ISBN 978-89-6071-347-5 93150

값 : 22,000원

이 도서의 국립중앙도서관 출판시도서목록(CIP)은 서지정보유통지원시스템 홈페이지(http://seoji.nl.go.kr)와 국가자료공동목록시스템(http://www.nl.go.kr/kolisnet)에서 이용하실 수 있습니다.(CIP제어번호: CIP2013025562)